高职院校思想政治理论教育核心读物

新时代工匠精神与高职思政课融合研究

孙晓玲◎著

时事出版社
北京

图书在版编目（CIP）数据

新时代工匠精神与高职思政课融合研究/孙晓玲著．—北京：时事出版社，2021.9

ISBN 978-7-5195-0440-3

Ⅰ.①新… Ⅱ.①孙… Ⅲ.①高等职业教育—思想政治教育—研究—中国 Ⅳ.①G711

中国版本图书馆 CIP 数据核字（2021）第 166599 号

出版发行：时事出版社
地　　址：北京市海淀区彰化路 138 号西荣阁 B 座 G2 层
邮　　编：100097
发行热线：（010）88869831　88869832
传　　真：（010）88869875
电子邮箱：shishichubanshe@ sina. com
网　　址：www. shishishe. com
印　　刷：北京良义印刷科技有限公司

开本：787×1092　1/16　印张：17.75　字数：308 千字
2021 年 9 月第 1 版　2021 年 9 月第 1 次印刷
定价：115.00 元

本书为教育部2018年度高校示范马克思主义学院和优秀教学科研团队建设项目——“新时代工匠精神内涵构建与高职高专思想政治理论课融合研究”（项目编号：18JDSZK076）成果之一

目　　录

工匠精神培育与高职思政课融合篇

绪 论

党的十八大以来，“工匠精神”逐渐成为风靡中国的词汇和概念，它不仅被纳入政府公共政策话语体系，与中国产业升级换挡、国家自信和国际竞争力提升，甚至与中华民族复兴伟业等宏大目标关联紧密，而且几乎在不到十年间，高频次地出现在众多企事业单位的价值追求之列。若说“工匠精神”是新时代中国的一个重要精神符号，实无夸大。

2016 年，“工匠精神”被写入政府工作报告，此后十九大报告、“十四五”规划等不断提及，全国各行各业积极响应国家号召，弘扬工匠精神。不同人基于不同立场、背景与诉求，对其进行不同的界定。各类团体组织，根据机构内在或外在的需要赋予其内涵。这带来一个问题，如果“工匠精神”是个被随意解读的概念，那么它就会像网络流行语一样，用不了多久就会消失于无形。这绝非国家倡导工匠精神的初衷。政府话语中的新时代工匠精神，其内涵与本质，应该需要严谨构建与解读，工匠精神的弘扬与落实则值得系统探究。

笔者来自高职院校，从事思想政治教育工作。高职院校思想政治教育如何承担起培育并弘扬工匠精神的使命，是笔者的团队从 2016 年就开始关注的话题。因为无论是从实现政府“坚定文化自信，推动社会主义文化繁荣兴盛”的目标、“弘扬劳模精神和工匠精神，营造劳动光荣的社会风尚和精益求精的敬业风气”的要求来看，还是从行业专家就高职教育目标与本质的研判来说，加强工匠精神教育都是高职院校的重要工作。正如广东省职业技术教育学会前会长李小鲁所认为的：工匠精神是职业教育的灵魂，工匠精神培育，应该成为高职教育内涵化建设的重要标志。

话题的实践价值与重要意义驱使笔者做了一些前期相关调研，发现在高职教育领域同样存在对工匠精神不作严谨界定和探究，只谈其重要性的现象。可是如果不对工匠精神内涵进行历史性、现代性和系统性的挖掘，就不能回答如下一系列疑问：工匠精神只是现代文明的产物吗？工匠精神培育就是回到过去，学习忠孝诚信的执着吗？工匠精神是中国特色文化还是世界各民族共有的文化？中国共产党、中国革命对新时代工匠精神的塑造具有何种影响？工匠精神在现代社会和未来社会的表现形式有本质差异吗？这些问题的实质是没有做好基础性理论研究工作。

2018 年，笔者和项目团队成员对全国有代表性的二十多所高职院校开展了定量调研，结果发现：工匠精神培育已列入多数高职院校的顶层管理文件，但是落实程度和落实质量参差不齐。思想政治理论课（简称“思政课”）是高职工匠精神培育的重要渠道，但是如何在思政课教学中融入工匠精神培育的内容、通过何种有效的方式贯彻，怎样实现系统可持续性，实际的探索并不理想。本书旨在做精细化的理论内涵探索和实践融入路径的探索，希望能为高职工匠精神培育工作献出绵薄之力。

一、问题之提出及其研究意义

十九大报告指出，“经过长期努力，中国特色社会主义进入了新时代，这是我国发展的历史方位”。新时代是中国特色社会主义新的发展阶段，它表明在新中国成立特别是改革开放以来的重大成就基础上，中国发展站到了新的历史起点上。新时代条件下，为实现“两个一百年”奋斗目标、实现中华民族伟大复兴的“中国梦”，必须因应中国社会主要矛盾的变化，贯彻“质量第一、效益优先”的新发展理念，进行供给侧改革，弘扬劳模精神和工匠精神，营造劳动光荣的社会风尚和精益求精的敬业风气。工匠精神的研究与弘扬，对于质量强国，展现中国特色社会主义制度优越性，培固民族价值共识，具有重要意义。

十九大报告还指出，“文化是一个国家、一个民族的灵魂。文化兴国运兴，文化强民族强。没有高度的文化自信，没有文化的繁荣兴盛，就没有中华民族伟大复兴。”回望历史，中国有非常悠久的匠人文化，但是匠人文化是否就是今天我们要培固的工匠精神？专注、守正、精益求精是传统匠人文化的内核，但是它的保守性、内向性和阶级性，真的适合中国现代社会的发展吗？真的是推动中国特色社会主义建设目标的积极力量吗？无疑，工匠精神要想真正成为当代中国人的职业价值指引，必须进行中国特色社会主义先进文化的构建，对此学术界和教育界责无旁贷。

2017 年，教育部关于教育系统学习宣传贯彻十九大精神提出了六点要求，分别是“学起来”“教起来”“传起来”“研起来”“干起来”“实起来”，客观上为高职院校学习与弘扬工匠精神指明了方向。从 2016 年政府工作报告提到工匠精神，教育界立刻刮起培育工匠精神的旋风，但至于什么是工匠精神，如何系统地、有计划地开展工匠精神培育，以及为什么高职院校更应该加强工匠精神培育，工匠精神培育应该和高职教育的哪些目标相契合，该通过哪些途径、采用什么方式达成契合目标等，则缺乏系统理性科学的探究。结果“学起来”“传起来”是有了，但是“研起来”“实起来”方面有待加强。调研发现，思政课是工匠精神培育的重要阵地，但是工匠精神与思政课融合研究与实践，尚且远远不能满足现实的需要。教育容不得浮躁，需要理性探究工匠精神的内涵，调研高职学生对工匠精神的认知度现状，思考高职院校可以在哪些方面将工匠精神培育真正落实下去。

二、国内外研究现状述评

“工匠精神”一词属新词，高频使用是在 2016 年政府工作报告之后。但是与之相关的叙述与研究呈现井喷式增长，2020 年稍有回落。从 2016 年到 2018 年，绝大多数的期刊研究论文，对“工匠精神”只作简要界定，似乎工匠精神是一个人人皆知的约定俗成的概念。还有不少文章将工匠精神等同于提高企业效益的工具或手段，对工匠精神的理解停留在功利性的价值指标。还有些个人或机构用“短、平、快”的方式，趁着“工匠精神”热，迅速出版了多本与之相关的图书，多采用国外一些知名企业的管理案例，辅之以少部分国内知名企业或成功人士的案例，结果在管理领域吸引了不少受众。不能说这类图书毫无价值，毕竟它们能让那些对工匠精神毫无了解的人形成宏观概念，但是它也可能造成人们对工匠精神理解的简单化或片面化。

从社会现实出发，固然不能完全离开功利性目标谈职业动力，即使员工是为自身利益而在工作上精益求精，对企业来说也是福音，但是这种动力是否可以经受非物质的考验？是否可以持续，最终指向何方？如果不对工匠精神的内涵外延深入探究，将工匠精神解读简约化，无视其本质与灵魂，仅仅通过列举一些国内外成功人士和成功企业的案例，能否持久激发员工的职业热情？事实上未必。这类现象被李小鲁批判为“过于庸俗表浅”。①2015年，中国人民大学肖群忠教授、刘永春博士专门撰文论述过工匠精神的内涵及其当代价值。②职业教育专家庄西真教授从地域、时空、领域、层次四个维度分析了工匠精神内涵。③这些研究对工匠精神内涵的深入探究起到了抛砖引玉的作用。从2018年开始，笔者团队开展工匠精神内涵构建研究与相关实践探索，也是基于这一现实——中国工匠精神研究还有深入系统的空间。

2016年之前，虽然直接与工匠精神关联的研究较少，但是相关研究还是不少的，以与职教相关的职业道德研究为例，便有百年历史。早在20世纪初，我国近代职教创始人黄炎培就非常推崇在职教中贯彻“尊重劳动”“职业平等”“为群服务”等理念。④在中国革命时期和社会主义建设早期，共产党人展开了马克思主义劳动观的研究与宣传，特别是将反对剥削、“劳动光荣”等理念注入生产与学习中。⑤改革开放之后，高职教育复兴，最初走了一段“重器轻道”的片面道路，到21世纪初，教育界开始认识到这种培育方式的局限性，学者们呼吁在高职教育中加强素质教育，⑥特别是职业道德层面的素质培育，⑦这些研究要么强调个体道德修为对职业与劳动的积极影响，要么从服务雇主的角度探究人才培养的目标改进，为当前工匠精神培育奠定了基础，但是职业劳动的时代与社会意义，只在新中国成立初期的宣传与研究中有所体现，而改革开放后的研究则少有关联。新中国成立之初的宣传与研究非常

---

① 李小鲁：《对工匠精神庸俗化和表浅化理解的批判及正读》，《当代职业教育》2016年第5期。
② 肖群忠、刘永春：《工匠精神及其当代价值》，《湖南社会科学》2015年第5期。
③ 吴潜涛：《劳模精神的内涵、时代价值与弘扬路径》，《工会信息》2014年第10期；庄西真：《多维视角下的工匠精神：内涵剖析与解读》，《中国高教研究》2017年第5期。
④ 黄炎培：《黄炎培职教文选》，上海教育出版社1985年版。
⑤ 参考20世纪30—60年代出版的《陕甘宁边区教育资料》、《人民日报》。
⑥ 张铃：《加强素质教育是高职教育的当务之急》，《思想教育研究》2000年第3期。
⑦ 翟惠根：《创新型德育刍议》，《教育与职业》2006年第5期；孙晓玲：《基于职业素质的高职职业精神内涵论》，《职教论坛》2012年第6期。

重视劳动的社会价值与意义，但改革开放后，市场经济勃兴，人们更为热衷劳动的经济价值，有关劳动社会价值的研究相对衰弱。进入21世纪之后，特别是党的十八大召开后，国家强调弘扬劳模精神、工匠精神，关于劳动社会价值的探讨又日益增多。吴潜涛、庄西真等在尊重历史的基础上倡导“劳模精神”，引领劳动价值回归。① 之后，学术界有关工匠精神的时代价值与意义探究走向内涵探究阶段。

高职院校职业价值观培育如何落到实处，从而有别于笼统的职业道德培育，这是个亟待解决的问题。针对以上不足，多位学者撰文呼吁高职院校加强工匠精神培育，② 高职院校职业价值观培育的具象问题似乎日渐明晰。2016年政府工作报告提出“工匠精神”倡议，引发高职研究者的极大关注，2016—2018年是中国高职“工匠精神”研究的小高峰，在“中国知网”检索以“高职工匠精神”为主题的论文显示：2016年有159篇、2017年有551篇、2018年有584篇、2019年有1072篇，2020年有所回落，也有900多篇。③ 从目前看来，这股研究热远未过去。

2014年，王丽媛最早在《职教论坛》撰文呼吁高职院校加强工匠精神培育，她的贡献在于初步论证了高职院校加强工匠精神培育的必要性和重要性，但未涉及高职教育培养工匠精神的困境和可能路径。2016年，黄君录在《高职院校加强“工匠精神”培育的思考》④ 一文中阐述了工匠精神的历史意蕴与当代内涵，在分析当代意蕴时提到当代工匠精神必须包含创新精神和团队合作精神，一定程度上丰富了前者对工匠精神的界定。

2016年，胡冰、李小鲁在《高教探索》上撰文，一针见血地指出“高职教育所关注的‘工匠精神’是为了适应产业转型升级带来的新人才观而提出的”，但是其培育却存在困境，其中很重要的一点就是理性缺失。他们认为，如果高职院校“工匠精神”培育离开两大纬度——技术理性与价值理性，有

① 庄西真：《倡导劳模工匠精神引领劳动价值回归》，《中国职业技术教育》2017年第34期。

② 王丽媛：《高职教育中培养学生工匠精神的必要性和可行性研究》，《职教论坛》2014年第8期；冯昭奎：《“创客”当学“匠人精神”》，《中国质量报》2015年12月15日版；冯昭奎：《“工匠精神”：日本制造业发展的动力》，《中国与世界观察》2015第3—4期。

③ 数据来源：“中国知网”数据库，截止时间：2021年2月25日。

④ 黄君录：《高职院校加强“工匠精神”培育的思考》，《教育探索》2016年第8期。

可能沦为空谈，专业精神、职业态度和人文素养则无从养成。他们认为，高职院校思想政治教育在发掘学生两大理性方面具有重要使命。[①] 几乎与此同时，张坤晶发文指出“高职思政教育是培养大学生工匠精神的主阵地，两者的有效融合不仅有利于大学生自身的未来发展，更有利于中国特色社会主义事业的发展”。[②] 同年，北京工业大学出版社出版了陆文的《高职院校思想政治教育中加强工匠精神的理论研究》[③] 一书，为高职思政教育与工匠精神培育的融合提供了基本研究框架。此后，有关高职思政课与工匠精神的融合研究和实践探索陆续增多，到2021 年2 月初，直接相关的论文有80 多篇。这些研究主要涉及几个方面：工匠精神融入思政教育的意义与价值；工匠精神培育与思政教育之间的联系；工匠精神与思政课融合的方式方法与路径；高职工匠精神培育与思政课融合存在的问题与困境。这些研究有宏观角度和微观角度，宏观角度如联系国家发展和人才培养目标，微观角度如紧贴思政课课程特色，分析可以融合的具体方面。周少斌、张翠英、田文艳的研究团队在其承担的教育部2016 年度示范马克思主义学院和优秀教学科研团队建设项目（重点选题）——“行业类院校思想政治理论课建设研究”中，阐述高铁工匠精神的科学内涵及融入轨道交通类高职院校的路径。他们的研究有两点比较新颖，一是让高职思政教育有了较为鲜明的工匠精神特色，二是让课程思政有了有力的抓手。[④] 这客观上为高职高专技能人才的工匠精神培育做了较好的引领。

综合来看，前人研究紧跟热点，即时捕捉到高职德育改革增效的方向，对新时代工匠精神的弘扬和方式创新有积极参考价值。但是，目前的研究仍存在几个问题：（1）对工匠精神的内涵和外延学术界定不够。工匠精神不是顶时髦的帽子，是否能扣在德育头上需要谨慎论证。比如它是纯粹的舶来品还是中国传统文化与近现代世界文明的融合物？它的主要内涵包括哪些方面？

---

① 胡冰、李小鲁：《论高职院校思想政治教育的新使命———对理性缺失下培育“工匠精神”的反思》，《高教探索》2016 年第5 期。

② 张坤晶：《论工匠精神培养与高职思政教育的有效融合》，《职教通讯》2016 年第6 期。

③ 陆文：《高职院校思想政治教育中加强工匠精神的理论研究》，北京工业大学出版社2016 年版。

④ 周少斌、张翠英、田文艳：《对话与塑造——高铁工匠精神融入轨道交通类高职院校思政课教学》，中南大学出版社2018 年版。

它的哪些方面适合于德育？它与职业道德、职业精神、职业素养培育有着怎样的联系？（2）有些高职研究者陷在高职圈子关注具有社会意义的话题，易造成研究思维同质化，在思政课与工匠精神的融合研究方面，造成的问题是缺乏一定的价值开放性，就重要性谈重要性，理论说服力欠佳，实际可操作性一般。（3）宏观分析多，细致研究少，比如不少文章提到了思政课与高职工匠精神的融合，但是在如何融合方面多泛泛列举式呈现，深入系统的探究比较少。（4）多中观学理层面与“应然”层面分析。不少研究是从高职的市场导向、类别特色等中观层面探究必要性，使得工匠精神培育过于工具化。任何价值都是社会性价值和时代性价值，价值观念的培育不能离开社会发展，也不能不结合特定时代而进行理想化倡导。党的十九大提出中国特色社会主义进入新时代，新时代有新内涵，如何从“新时代”的高度理解职业院校工匠精神培育的意义与要求，如何在社会主义先进文化视阈内构建中国工匠精神的内涵，如何结合高职院校学校特色、专业特色、所在地区的经济文化结构特色进行工匠精神的弘扬与实践，这是党的十九大交给高职院校的新命题，值得仔细研究。

国外较早系统探讨职业伦理，且至今仍然发挥重要影响的著作是马克斯·韦伯的《新教伦理与资本主义精神》①。有形象展示职业精神状态的著作，如哈伯德的《把信送给加西亚》②、亚力克·福奇的《工匠精神》③。也有从社会发展层面阐述积极劳作的动力源泉和社会意义的作品，如法国社会学家涂尔干的《职业伦理与公民道德》④、犹太裔政治家汉娜·阿伦特的《人的境界》⑤，美国社会学家理查德·桑内特的《匠人》⑥ 等。这些研究为理解西式敬业精神提供了某些参照，尤其在职业的信仰层面具有启发意义。在职业精神的培育研究方面，美欧发达国家很早就在大学教育中注入职业伦理教育

① ［德］马克斯·韦伯著，于晓、陈维纲等译：《新教伦理与资本主义精神》，三联书店 1987 年版。

② ［美］阿尔伯特·哈伯德著，余小译：《把信送给加西亚》，江西人民出版社 2012 年版。

③ Alec Foege, *The Tinkerers*: *The Amateurs*, *DIYers*, *and Inventors Who Make America Great*. Basic Books, 2013.

④ ［法］涂尔干著，渠敬东译：《职业伦理与公民道德》，商务印书馆 2015 年版。

⑤ ［德］汉娜·阿伦特著，王丽寅译：《人的境况》，上海人民出版社 2009 年版。

⑥ ［美］理查德·桑内特著，李继宏译：《匠人》，上海译文出版社 2015 年版。

理念，详见笔者撰写的《职业伦理教育研究综述及对高职院校的启示》[①]一文。

三、本书的研究价值

（一）时代价值

中国特色社会主义进入新时代，新的时代有新的使命和新的发展理念与要求，中国由追求数量与速度向追求质量与公平转变。工匠精神作为中国特色的职业精神，将是促使转变的重要“推进器”。

高校思想政治教育伴随中国特色社会主义进入新时代而迈入新征程，习近平总书记指出：做好高校思想政治工作，要因事而化、因时而进、因势而新。那么高职院校思想政治工作如何就切实肩负起新时代赋予的新使命交出满意答卷?

研究工匠精神，探索弘扬与实践工匠精神的路径，尤其是探索其与高职思政课之间的关系与融合渠道，既是高职院校的时代责任，又是新时代改革高职思政教育，提升高职思政教育效果，服务国家育人大业的需要。

（二）理论价值

“工匠精神”于近年提出，应景式的宣传与倡导很多，但学术界对工匠精神的先进性挖掘不够，表现为没有将传统工匠文化进行创造性转化，对社会主义革命和建设时期马克思主义劳动观对传统观念的改造研究不足，对中国特色社会主义工匠文化缺乏完整构建等问题，如此会造成工匠精神理解的宽泛化、模糊化，没有从社会主义先进文化高度系统构建工匠精神的内涵与本质，不利于学生从源头上、本质上，从时代和信仰高度上认知工匠精神对中国特色社会主义建设的巨大意义，以及工匠精神对于学生自身成就有价值的人生的意义。本书希望稍稍弥补此类理论不足，为高职院校工匠精神培育提供理论参考。

---

① 孙晓玲：《职业伦理教育研究综述及对高职院校的启示》，《职教论坛》2016 年第 10 期。

（三）实践价值

能够指导实践的理论才是活的理论，研究成果能够为实践提供指引才具有现实价值。笔者希望本书能够帮助有志于高职教育的教师落实教育部关于宣教十九大的部署，将工匠精神教育回归到价值教育的本源，同时也在实践中拓展工匠精神培育的域场。从教育，特别是高职教育着手，将工匠精神培育与学生的职业价值理性培育完美结合起来。本书的实践部分章节，联系实际，讲述了笔者以及研究团队成员所认同的工匠精神与思政课融合的内容、模式、路径与形式。

四、本书结构

全书总体上分为内涵探究与实践融合两部分。内涵探究部分致力于新时代工匠精神的内涵挖掘与系统构建。当前教育界和业界习惯于将工匠精神看成是一个约定俗成的概念，视之为确定的研究起点。在笔者看来，如果不对工匠精神内涵做细致研究，不明白工匠精神的历史底蕴、时代特征、国别特色以及制度特色，直接把重点放到应该如何加强工匠精神培育上，实际上是一种本末倒置的研究与实践路径。因此，本书理论部分主要回应这些问题。论述路径是联系时代背景，即中国特色社会主义进入新时代，通过纵向和横向两条线，构建新时代工匠精神内涵。纵向主要是遵循历史发展脉络，研究中国工匠精神的形成、发展、挫折、重生和创新过程，横向是在中外对比中挖掘中国工匠精神的要素与特质。

书中努力厘清已有研究中尚未完全明晰的几组关系：“工匠精神”与中国传统工匠伦理与文化的关系；“工匠精神”与中国革命时期革命文化之间的关系，特别是陕甘宁边区“劳模运动”与新劳动观形成的关系；“工匠精神”与新中国成立后“劳动光荣”为主题的社会主义劳动观改造和确立之间的关系，重点关注以“铁人精神”“雷锋精神”等为代表，以“为人民服务”为核心的社会主义工匠精神的形成；“工匠精神”与改革开放后社会主义市场经济内在需求之间的关系，重点关注以“载人航天精神”、知名企业文化为代表，以“创新”为核心的中国现代工匠精神；“工匠精神”与“职人气质”

“志业精神”“专业主义”等之间的关系；“工匠精神”与人类的未来发展命题之间的关系。2016年，习近平总书记在全国哲学社会科学工作座谈会上的重要讲话为厘清这几组关系提供了重要指导，即“要按照立足中国、借鉴国外，挖掘历史、把握当代，关怀人类、面向未来的思路，着力构建中国特色哲学社会科学，在指导思想、学科体系、学术体系、话语体系等方面充分体现中国特色、中国风格、中国气派”。通过历史的纵向梳理挖掘和国内外横向比照，可以发现工匠精神作为社会意识的一部分，既依赖于社会存在，又是社会存在的反映。它既受生产力和生产关系的制约，又影响着生产力和生产关系的发展。新时代工匠精神内涵的现代构建与完善，归根结底是社会主义社会本身发展和完善的产物，同时作为意识形态，它对社会主义社会的发展也起着推动作用。

实践融合部分，主要围绕新时代中国特色工匠精神培育如何融入高职思想政治教育这一具体命题开展。这部分的研究起点从社会调研开始，通过选取全国各地有代表性的高职院校，针对性开展“工匠精神培育与学生获得感”定量调研，了解现有高职院校对工匠精神培育的重视程度、现有措施和成效与不足。在此基础上，本书探究了工匠精神培育融入高职思政课教育的总体路径。这是在剖析现有学校工匠精神教育弊端的基础上，提出的比较系统的设计。为了将这些系统设计细化，本书进一步深入挖掘了工匠精神培育与高职思政课核心课程——思想道德修养与法律基础（简称“基础”）和毛泽东思想和中国特色社会主义理论体系概论（简称“概论”）的结合点与重难点、方式与方法等。因应目前思政课教育改革增效要求，本书就工匠精神如何与课程思政教育相结合，工匠精神培育如何与思政实践课程和活动相结合等展开了进一步的阐述。本书最后一部分展示了笔者所在学校已经开展的工匠精神培育融入思政教育的主要做法，希望能为有兴趣的师生提供可信、可操作的参考。

新时代工匠精神内涵探究篇

第一章　工匠精神词源探究与界定不足

前两年，有媒体就工匠精神开展了一项调查，请老百姓谈谈什么是工匠精神，结果有不少受访者提到工艺大师、大国工匠，认为他们工作时的气质品性就是工匠精神。不可否认，大师与杰出工匠确实是工匠精神的代表人物，但是如果工匠精神是这些人的精神气质专利，恐怕就有问题了，如此，工匠精神不就是普通人可望却难以企及的了吗？联系到中国职教界，当前有些学校出现了一种比较明显的倾向，即将培养一流工匠、杰出工匠作为教育教学的目标。一般来说，目标具有引导的作用，定的高一点，不仅无害而且有益。问题是不少职业院校在追求目标时，方式方法很有探讨空间。比如，有些学校热衷于举办或组织学生参加各种类型的竞赛，将争金夺银作为硬目标。教师能在技能大赛中辅导学生获得名次或奖牌固然好，但是若高职院校将主要精力放在技能大赛上面，学生获得了成绩，是否就意味着工匠精神教育结出了硕果呢？这是否在印证工匠精神只能是技术精英才能具备的精神？如果真是如此，这和中国倡导的工匠精神具有一致性吗？

还有人谈到工匠精神很自然地将它与德国制造、日本制造联系起来，言下之意，西方发达国家的工匠文化才是学习的对象，中国本土缺失真正的工匠精神。不单是没有专业研究的人士持这种看法，不少学者、社会活动家也认为传统中国社会封建保守，不太尊重工匠，很难产生工匠精神。中国制造业界也流传着这样的顺口溜“千年匠心看日本，百年匠心看德国”，可见德国、日本工匠文化在世界的影响力。“工匠精神”一词在中国兴起后，一时间，国内不少企事业单位、协会团体、教育机构组团到德国、日本学习参观。广东地区也有不少高等教育机构高举“双元制”旗帜，声称要办“有匠心”的大学或学院。

持开放的心态向外界学习固然很好，但是有些单位和组织学习过程基本照搬外国模式，这样真的能培养中国匠心吗？也许并不见得。《晏子春秋》有云："橘生淮南则为橘，生于淮北则为枳，叶徒相似，其实味不同"。凡事需要联系实际情况思考和行动，有必要联系时代对中国工匠精神做探知。

一、"工匠精神"一词独创且新颖

"工匠精神"一词看似全球通用，2016 年《政府工作报告（海外版）》将"工匠精神"译成"craftsman's spirit"，但是它是一个非常"中国化"的英文词组，词典中没有这样的习惯表达。那么英文中与"工匠精神"相关的词是什么呢？其实查找下来，只有相关译意的单词或词组，比如 professionalism（职业性）、work ethics（工作伦理）、professional ethics（职业伦理）、professional spirit（职业精神）等。日文中同样没有"工匠精神"一词，比较对应的叫職人気質しょくにんきしつ（shokuninnkishitsu）。"职人"（shokuninn），这个词在日文中既有手工艺人也有专家行家之意。德文中同样没有"工匠精神"一词，据德国开姆尼兹工业大学博士熊火金考证，"德国没有合适的词语对应'工匠精神'，可能'职业性'这个词比较接近。因为除了技能培训外，它还包括了道德标准、规范、知识、经验等内容"。[①] 由此可见，"工匠精神"在国外没有契合的词语对应。在国内，"工匠精神"还是个新词，20 世纪 90 年代前，中国几乎无人如此表达，也基本没有听说过它。

二、"工匠精神"一词的使用历史及其意涵

这个词作为比较正式的用语在全国性的、正式场合下提出，应该是在 1989 年，时任中国残联主席邓朴方在全国第一届残疾人职业技能竞赛闭幕式上讲到"工匠精神"。他说："什么是'工匠精神'？它是这样一种精神，劳

① 2016 年 5 月 22 日，熊火金在"深圳市民大讲堂"（2016 年第 15 场）讲了"工匠精神——德国'双元'职业教育解密"，同年 7 月 15 日，《解放日报》刊发了《德国人是怎样培养"工匠精神"》一文，精编了他的演讲录。

动者把自己的身心全部注入自己的劳动产品之中，使产品成为作品，成为艺术品，使自己的才能与智慧形象化、物质化。”他还认为，工匠精神是“残疾人自立于社会的内在文化基础”，有了这种精神，残疾人才能自立自强。① 20世纪90年代“工匠精神”一词已经有所提及，2000年，欧阳鸣在《中国残疾人》上撰文，直接以“工匠精神”为题，他在文中提到邓朴方多次强调与提倡工匠精神，希望残疾人以此精神为鼓舞，拥有一技之长，自强自尊，书写人生。② 无论是邓朴方的讲话，还是欧阳鸣的论述，他们都提到了鲁班等中国传统能工巧匠为中国留下的精神财富。可见，这时期的“工匠精神”一词有很强的传统“工匠文化”的痕迹和意味，实际上是传统“工巧”“匠心”文化的另外一种表达。追根溯源，中国的“工巧”文化早在“匠”诞生后就随之产生，在《楚辞》《考工记》等先秦有文字记录的作品中就已存在，而“匠心”则在唐以后的文学作品中并不鲜见，到了清代出现频次越高。③

2001年中国加入WTO，中外贸易提速，外国大量的工业品、奢侈品进入国内，日常生活中，老百姓钟爱外国精致产品已是见怪不怪的现象，深圳由于特殊的地理位置，见证了中国人对“洋货”的追逐。发达国家在产品做工、设计、服务上的精细，对中国人无论是感官还是心理上均刺激很大。种种现象在某种程度上激发了中国人的思考：怎样做才能使产品或服务既有质量又受欢迎？研究奢侈品品牌的专栏作家王迩淞对香奈尔公司“御用”鞋匠的工匠精神有过很文艺化的描述。④ 精细管理专家汪中求在对比中外企业的管理中，总结出细节决定成败的道理。⑤ 他结合外企管理的实践经验，写作的《细节决定成败》《契约精神》《谁能超越丰田》《零缺陷工作》等著作，在渴望追赶西方、寻求先进管理之道的中国企业界和管理界引发了追读旋风。美资

① 1989年，邓朴方在全国第一届残疾人职业技能竞赛闭幕式上的讲话。中国残疾人联合会网站：http://www.cdpf.org.cn/ywdt/201604/t20160405_ 548174.shtml。

② 欧阳鸣：《工匠精神——全国残疾人职业技能选拔赛观感》，《中国残疾人》2000年第8期。

③ 本结论可以通过古诗文网（https://www.gushiwen.org/）检索予以确认。

④ 王迩淞：《工匠精神》，《中华手工》2007年第4期，第132页；曾伟：《学日本式管理最难在于工匠精神》，《东莞日报》2010年10月25日版；曾伟：《重塑“工匠精神”缓解制造业逃离》，《东莞日报》2011年4月11日版。

⑤ 汪中求：《细节决定成败》，新华出版社2004年版。

企业德胜（苏州）洋楼在2005年前后，将其企业管理的经验《德胜管理守则》分享给社会，强调美式契约精神、规则文化、敬业态度，也让不少中国职业人耳目一新。时任德胜高层的聂圣哲，2013年主导德胜洋楼与安徽休宁县政府合作创办“德胜—鲁班（休宁）木工学校”，以“诚实、勤劳、有爱心、不走捷径”为校训，培养木工，合格者颁发“匠士”学位，并留用在德胜洋楼。德胜的职业教育实践因经过中外媒体报道，并获得美国驻沪领事的支持，引发较大的中外反响。聂圣哲也身体力行倡导德胜式“工匠精神”。

2008年世界金融危机前后，对外依存度高的一些中国制造企业受到冲击，广东东莞的企业处于前沿，受冲击尤甚。仅2008年，倒闭企业就多达857家。劳动密集型、科技含量低的生产加工或代工企业举步维艰。如何求变的问题摆在中国人面前。2010年，《东莞日报》发表了时任中山大学EMBA教授、曾被中国经济出版社称为“中小工厂控制之父”——曾伟的多篇文章，比如《学日本式管理最难在“工匠精神”》《重塑“工匠精神”缓解制造业逃离》等引发了企业界的一些思考。2013年在基层企业摸爬滚打多年的企业讲师付守永出版《工匠精神》一书，[①] 鼓励人们做有“工匠精神”的价值型员工。该书以施华洛世奇、爱马仕、德胜洋楼、稻盛和夫、乔布斯为案例，读来通俗易懂，受到企事业单位热烈欢迎，一定程度上推动了“工匠精神”一词在企业与行业的流行。

2010年前后，中国的智能手机开发势头变猛、竞争激烈。美国苹果手机无疑是当时的行业标杆，乔布斯执着于细节的职业精神让国内的不少手机生产商仰望。而“工匠精神”一词成为最接近于乔布斯式工作品质的中国名词，受到手机制造商罗永浩、黄章等人的推崇。“工匠精神”一词的知名度大涨。

2000—2014年，这段时期“工匠精神”一词出现频次比20世纪90年代高，相对集中于企业宣传、培训和管理领域，其含义倾向于外来现代工业文明下的精细生产方式和管理方式，与90年代“工匠精神”一词包含的中国传统文化意涵关联比较弱，西方先进的外来职业价值观和工作伦理影响与内渗较为活跃与强烈。汪中求在2012年出版的《中国需要工业精神》一书，[②] 既

---

① 付守永：《工匠精神》，中华工商联合出版社2013年版。

② 汪中求：《中国需要工业精神》，机械工业出版社2012年版。

是这种影响与内渗的体现，也是一个精细化管理者针砭中国现代化和工业化发展境况发出的理性呼吁。细究起来，中国这段时期对“工匠精神”一词的理解基本等同于工业精神。

三、“工匠精神”一词的流行与工匠精神内涵构建的系统性界定不足

2014 年前后，中国经济增长下行压力增大，生产方式转型升级成为迫切需求，而升级的关键依靠什么呢？“工匠精神”一词进入了国家决策者的视野。2014 年，李克强总理在人民大会堂接见全国职业工作会议代表时提出“要用大批的技术人才作为支撑，让享誉全球的‘中国制造’升级为‘优质制造’”。2015 年 5 月，中国推出《中国制造 2025》制造业发展战略文件，优质制造成为强国之基石。优质制造绝不仅仅是机械重复的劳作所能达成的，它必然与技术创新以及高标准的劳动者素质相关联。“工匠精神”——这个在全国已有一定知名度的词，顺利地进入了媒体的视野。2015 年 5 月，央视推出《大国工匠》，用非常具象的方式，让老百姓感受到了杰出制造者的匠心魅力。随着媒体的跟进宣传，2015 年下半年，“工匠精神”出现的频次明显增高，并且迅速得到职业院校的呼应。2015 年，全国职业院校技能大赛期间，如何培养学生的工匠精神成为参会职业院校校长们关注的热门话题。2016 年 3 月，李克强总理在全国两会上首次正式提出“工匠精神”一词后，它迅速成为年度“热词”。2017 年，李总理在两会上再次提及，其产生的巨大影响使各行各业都在讨论培育工匠精神的重要性。十九大报告中，习近平总书记再次提倡弘扬工匠精神。2020 年 12 月，习近平总书记致信祝贺首届全国职业技能大赛顺利举办，强调“大力弘扬劳模精神、劳动精神、工匠精神”，“培养更多高技能人才和大国工匠”。

一个 20 世纪 90 年代之前几乎无人使用，90 年代之后被人零星提起的词，突然在这几年里大热，成了发展中国制造转型升级的法宝、中国服务赶上世界一流的“关键词”，甚至还成了商业宣传的噱头。如果随机询问身边的人，什么是中国真正的“工匠精神”，答案往往莫衷一是。正如本章开篇几点质疑中所提及的，比如将工匠精神看成是中国传统工匠专属的精神，或将它看成

是只有大国工匠才能具备的精神，亦或者将工匠精神看成是一种外来文化，即西方发达国家的工业文化。这些理解片面而不系统，并不能代表当前所提倡的“工匠精神”。联系到工匠精神的培育，如果学术界或教育界不对工匠精神进行系统构建，则会在源头上制约学校引导与培育的系统性、方向性与深刻性。

在现有的“工匠精神”相关研究中，肖忠群、刘永春算是国内学术界比较早对工匠精神进行理论探究的，他们分别从中西方角度挖掘了传统中的工匠精神，然后指出其当代价值与意义。他们从古为今用、洋为中用的角度来观察工匠精神对于当今中国的意义。在探讨“中国工匠精神”时，他们认为，中国文化视野下的工匠精神，实际上是一种传统文化视觉。① 那么，现在的工匠精神，是像他们文章中所提的“工匠精神回归”，还是指蕴涵古代优秀匠人文化基因的一种现代的新职业精神的形成与积极指引呢？笔者认为是后者，文化是时代的精神记录与反馈，经历过旧民主主义革命和新民主主义革命的中国，被马克思主义思想引领与改造的中国，人们的劳动观、价值观相比以往肯定有很大的变化，跨越这段变化来谈回归，并不充分。庄西真先生也曾从地域、时空、领域等多维视角解读过工匠精神的内涵，条理清晰，是很好的分析当代工匠精神的基本框架。他指出：“现代意义上的工匠精神脱胎于传统的工匠精神，但又不拘泥于传统。而是在此基础上融入了更多现代性的元素。”② 这一判断客观上为工匠精神的现代性内涵预留了解读空间。但是他并没有花费笔墨去研究古代工匠文化与现代工匠精神是如何建立联系的，现代工匠精神又如何获得了现代性特色，以及有哪些因素促成工匠精神的现代性。这些仍需要进一步研究。

四、构建工匠精神内涵的指导思想

习近平总书记指出，“要坚持道路自信、理论自信、制度自信，最根本的还有一个文化自信”。中国人在当代提出的“工匠精神”，所植根的人类历史

① 肖忠群、刘永春：《工匠精神及其当代价值》，《湖南社会科学》2015 年第 7 期，第 6—10 页。
② 庄西真：《多维视觉下的工匠精神：内涵剖析与解读》，《中国高教研究》2017 年第 5 期。

更长，语境更丰富，与中国特定的国家传统、制度、人们的思维方式和价值观有着相当大的关联。中国古代与近代工匠精神是提炼中国工匠精神的思想源泉，若否认中国传统、脱离中国社会结构和制度文化，以西方外来工匠文化和职业价值观指引中国劳动者，是否可以实质性提高国人的质量意识？答案显然是否定的。

中国工匠精神不是无源之水、无本之木，它来自于中国优秀的传统文化。忘记本来，一味吸收外来，不是科学的当代中国工匠精神。固守本来，不吸收借鉴优秀外来文化成果，不面向未来，就不是建设性的中国工匠精神。中国特色工匠精神应该是一种理性的、建设性的、经受得起时空与真理检验的，以中国话语构建的新时代职业精神，包含传统内涵、革命内涵、当代内涵、外来内涵和未来内涵。本书分别在下面几章中论述工匠精神的这几层内涵及它们之间的内在联系。

需要补充的是，在前文中，笔者认为“工匠精神”是一个很现代的中国特有词，构建“工匠精神”内涵，在表述时，本应该直接使用“工匠精神”一词，但在实际使用中，不难发现，“工匠精神”一词已被泛化使用，并用附加词来突出国别差异和年代差异，比如“日本工匠精神”“德国工匠精神”“古代工匠精神”“现代工匠精神”等等。因此本书在论证“工匠精神”内涵时，不得不使用“新时代工匠精神”以做论证上的区别。

第二章　新时代工匠精神的传统内涵

细究新时代工匠精神的内涵，离不开关键词“新”，新时代坐标下探究工匠精神，很容易产生一个错觉：将对中国的观察放在当下，或者将时间最多宽泛到新中国成立以来的中国。若以此为时间轴探究新时代工匠精神之源，很快便能发现其局限性。只有把时间维度拉长到五千年的中国，我们才能有足够的底气谈新时代工匠精神的源头。穿越漫长历史，不难发现，新时代工匠精神脱胎于“中国工匠的精神”，亦即“工匠的精神”是工匠精神的最初来源。新时代工匠精神与中国“工匠的精神”紧密相关，但是并不等同。工匠精神的传统内涵需要从中国传统的工匠文化中找寻。

第一节　中国古代工匠与工匠地位

“工”，本义见《说文解字》：“工，巧饰也，象人有规榘也”，意即工匠的曲尺；“匠”，本意为筐里装着刀斧工具的木工。“工匠”原指木工，后用来代指所有手艺人。在阶级和国家概念诞生前，工农等并未分离，“工”并未独立存在，到原始社会末期，工匠劳动渐渐与农业劳动分离，“工”从农业中分离出来，最初是氏族工匠，为整个氏族服务，与氏族成员地位平等。到了夏商之后，他们被称为“百工”，“国有六职，百工与居一焉”①。中国古代第一部科技著作《周礼·考工记》中已经出现“王公、大夫、百工、农夫、妇

① 闻人军译注：《考工记》，上海古籍出版社 1993 年版，第 117 页。

功、商旅”的六大分类，“百工”是其中之一，主要管理和从事手工业生产。联系春秋战国时期的社会结构，“百工”中应该有工匠管理者，还有自由民和奴隶，等级身份有差异，但是他们有一点应该是共同的，都是“工”，可以是工官也可以是工匠。“在古汉语中，‘工’兼有名词、动词等多重词义。作为名词，它指具有专业技能的劳动者及其从事的技术性工作；作为动词，它指人某方面的技术专长。”[①] 正如《考工记》中所说的“百工”能“审曲面埶，以饬五材，以辨民器”。[②] “百工”要具备一定的社会阅历和专业技术能力，能充分了解自然材料的形状、性能，能够利用各种各样的自然材料生产或制作出各种各样便于使用的器物。

先秦之前，工匠地位尚可，甚至可以劝谏王侯。在中华文明的发展过程中，始祖黄帝、炎帝就被塑造成伟大的工匠。《考工记》认为“百工之事”都是有智慧的人创造的成果，通过有工巧的人加以传承，工匠世代遵循，都是圣人之作。《尚书·胤征》有云：“每岁孟春，遒人以木铎徇于路。官师相规，工执艺事以谏”。[③] 诗经的《魏风·伐檀》反衬出不劳而获掠夺的横蛮，呈现出质朴而悠远的原始平等观。

先秦时期对于工匠劳动敬仰的原因，在北京师范大学过常宝教授看来，主要是因为先秦时期很多王室器物工艺较为复杂，经常需要集中不同的工匠才能完成。《国语》中有“工商食官”的记载。当时，不少工匠技艺相当成熟，非其他行业能比拟，工匠制作的器物在祭祀和国家礼仪等活动中发挥着巨大作用，比如距今有2500多年的越王勾践剑，就是战国时期一件重要的礼器。国之大事，在祀在戎，工匠作品的特殊效用使得工匠成为除巫吏之外更重要的专业阶层。[④] 战国时期，由于战争的缘故，百工工匠有些继续在官府服役，有些流落到民间继续生产。

随着中国封建社会逐步建立与完善，农本文化和儒家政治文化结合造成工匠地位下降。分封制和宗法制下，中国社会家国同构，家是最小的国，国是最大的家，嫡长子是家族的核心，国君是最大的家长。整个社会分为“士

① 刘成纪：《百工、工官及中国社会早期的匠作制度》，《郑州大学学报》2015年第5期，第102页。

② 闻人军译注：《考工记》，上海古籍出版社1993年版，第117页。

③ 孔安国传，孔颖达疏：《尚书正义》，北京大学出版社1999年版，第182页。

④ 过常宝：《论先秦的工匠文化形象》，《北京师范大学学报》2012年第1期，第73—75页。

农工商”四个阶层。儒家倡导的君子文化将个体对家庭的孝亲和对国家（帝王）的忠君有机融合，各司其职，各尽其责。孔子主张“居处恭，执事敬，与人忠”，“不在其位，不谋其政”，认为人人踏踏实实做好分内事，就体现了君子仁德。荀子认为，天下最好的状态就是“农以力尽田，贾以察尽财，百工以巧尽械器，士大夫以上至于公侯，莫不以仁厚知能尽官职”。在一个身份、地位平等的社会结构下，人人各尽其职是完美的。

受儒家“劳心者治人，劳力者治于人”的传统思想制约，“工匠”被认为不能登大雅之堂。孔子的学生樊迟向他请教如何种庄稼，孔子斥之为“小人”。他的学生子夏则深得老师衣钵，说“虽小道，必有可观者焉；致远恐泥，是以君子不为也”，意思是工匠劳作有些存在价值，但是恐怕它妨碍远大的事业，君子才不去掌握它。① 由此，在封建社会工匠的地位比较卑微。从外在服装穿着来说，很多贫苦工匠根本买不起什么衣服，做体力活时多赤膊。即便少有资产的，也禁止穿丝质衣服，只能穿与其地位相匹配的衣服。到了宋代，据《东京梦华录》记载：“士农工商……衣装各有本色”，人们凭借穿着就可以看出某个人是不是属于工匠阶层。晋代曾经有过一个特别的命令，要工商业者“一足着白履，一足着黑履”，目的是标示出其不入流的社会身份。② 工匠在求学、求职、婚嫁等方面也处境艰难。“汉代规定不允许工匠充任皇家及政府军营的警卫；北魏时期不允许工匠读书，不允许私立学校教其子女读书，违者诛灭全家，连应聘的教师也要被处死。”③ 唐代富裕而开放，但在工匠地位问题上改进不大。唐太宗曾说过：“工商杂色之流，假令术逾侪类，止可厚给财物，必不可超授官秩，与朝贤君子比肩而立，同座而食。”④ 工匠嫁娶基本也以同行或奴婢为主。

工匠不仅地位低，而且阶层的流动性非常小。封建统治者为了剥削和稳定农耕政权的需要，将“卒”“徒”“婢”等充当官方工匠，派有一定技术的人严格管理。后来在此基础上，制定“匠籍”制度，唐、宋、元、明各代政

① 杨伯峻：《论语译注》，中华书局 1980 年版，第 193 页。

② 胡长荣、胡勇：《中国传统工匠》，中国农业科学技术出版社 2016 年版，第 23—26 页。

③ 胡长荣、胡勇：《中国传统工匠》，中国农业科学技术出版社 2016 年版，第 6 页。

④ 《旧唐书（卷 177）·曹确传》，转引自理绥：《试论唐代商人社会地位的变化及其限度》，《中国社会经济史研究》1988 年第 4 期。

府把为官府制造手工产品或修建工程的工匠编入特种户籍，身份世袭，很难变更，世代依附官府，充当官匠。只是到了明清时期，匠籍管制才松动一些，表现突出的工匠可以入仕，工匠可以以银代役、纳资代役，他们的地位、身份、自由程度远高于前朝。根据苏州大学余同元教授的研究，明代仅江南八府一州就有248位工匠入仕。[①] 还有一些获得自由的工匠，可以自由从事工商业。最终匠籍、匠户制度在清朝顺治年间走向消亡。

除官匠以外，也有一些被称为“民匠”，主要是一些失地破产农民、无地游民、脱离匠籍的少数官匠、补贴家用的少数农民（匠为兼职）。民匠多靠手艺维持生计，通常以家庭为单位开展小规模生产加工，他们同样要承担繁重的徭役负担。民匠多以普通百姓的日常为服务中心，形成了各种各样的分工，比如有染布匠、打铁匠、纺织匠等等。多数民匠收入仅为谋生，到了明清时期，有些民间工匠虽有自己的独立作坊、临街店铺，甚至还组成了一些行业组织，有了一定的经济实力。但仍受到封建统治阶级在徭役赋税等方面的诸多限制。

在此社会背景下，除了少数匠人有反抗和斗争意识外，多数官匠只能守着自己的一方空间劳作，心无旁骛以修匠德，提高匠艺以制良器，服务以帝王为中心的“大家”。保质保量，做好产品，才可确保无过、免遭责罚，乐观地讲，可以获嘉许与自我满足。作为依附官府生存的官匠，客观上受儒家文化影响与熏陶，造出精美、实用、独特的物件，在他们自己看来，也是为人臣子的重要责任。好好做工、做好工，顺理成章成为实现孝忠的手段。另外，用侍奉的心态去对待技艺，其实也是匠人寻得内心安慰的途径。明清时期，中国工商业有了一定的发展，对匠人的人身控制相对松动，优秀工匠可以入仕，变相鼓励了匠人提升匠艺与匠德。

民匠较之官匠，虽有适度的自由，但生活稳定性差，田地给他们的支撑极少，他们游走在农业和商业之间。手艺对于他们来说，就是“饭碗”，生存、发展和名节皆在手艺中体现。民间通常很重视技艺的精进、手艺的传承。由于“饭碗”的有限性，传统工匠相对较为保守，一般只将技艺传授给自己

---

① 余同元：《传统工匠现代转型研究——以江南早期工业化中工匠技术转型与角色转换为中心》，天津古籍出版社2012年版。

的后辈，如果外人要学，拜师要求很高，师傅会在意志力、人品、能力等各方面严格要求徒弟，有时甚至很挑剔。师傅还会注重培养弟子的封建宗法观念，要建立“一日为师，终身为父”的认知。小农经济条件下，民匠以家族为单位，产品和服务会自觉或不自觉地被冠上家族之名，例如×家的剪刀、×家的鞋垫等。在村社意识和宗法意识盛行的封建社会，捍卫家族名声的需要、更好地在村社生存的需要等均会成为民匠苦练本领或诚信经营的外在鞭策。此外，在长期的历史发展中，生存需要以及受认知和信仰局限，民间匠人会自发组成一些民间行业团体，或者行业色彩浓厚的香会组织，定期以敬拜行业神灵为名聚会、议事，交流技艺，规范行业标准，建立业缘关系。这些行业组织，在隋朝时期被称为“行”，宋元明时期称为“团行”，明清时期称为“公所”或“会馆”。[①] 民间工匠又会多另外一道约束，那就是神明的敬畏以及行会的同业约束，所以民匠虽然身处民间，但是并非没有自我职业操守的人群。

在中国传统社会结构和政治文化制度下，形成了一套中国特色的古代工匠的伦理和文化，这是中国工匠精神的古典性来源。

第二节 传统视域下的“工匠精神”

数千年中国传统中走过的一代代手艺人，身份卑微，除了双手，无以依傍，其精神气质却留存悠久。他们以勤劳、坚韧与智慧创造了中国大到都江堰工程，小到精美剪纸的奇迹。越过数千年，中国传统匠人身上的这股精气神，成为中国工匠精神的古典底色。传统的“工匠精神”主要体现在哪些方面？又在哪些方面深刻地影响着当代中国人的思想呢？笔者以中国第一部科技著作《考工记》为主要考察蓝本，分析中国传统的“工匠精神”，即体现于古代传统优秀工匠群体的精神气质。主要体现在如下几大方面。

---

① 邓庆平、王崇锐：《中国的行业神崇拜：民间信仰、行业组织与区域社会》，《民俗研究》2018年第6期，第125—126页。

一、以技立身，技高为尊

《考工记》所说的“百工”能“审曲面势，以饬五材，以辨民器”[①]，“百工”要具备一定的社会阅历和专业技术能力，要么能够辨析器物的曲直、阴阳、面背之势，要么能够利用各种各样的自然材料生产或制作出各种各样便于使用的器物。是否具备以上技艺和能力的人就自然成为工匠呢？《考工记》做出限定，突出工匠技艺的稀缺性，它指出如果特定技艺在某地人人能够掌握，那么该地就不再需要此类工匠。它以粤地无人专门造镈（锄草工具）、燕地无人专门制作铠甲为例加以说明。工匠永远是特定社会需要和环境中的角色。技艺是工匠的立世之本。中国民间有句俗语“良田万顷，不如薄艺压身”，表达的也是匠人对技艺的渴望，而这种随时能够转化成生产力的渴望，渐渐成为中国人的精神共识。同时，中国工匠明白，技艺并非一劳永逸，它的生命力取决于它赖以生存的环境，工匠必须根据时代与社会环境的变化更新技艺，使之保持独特性、稀缺性，才能永葆工匠的社会魅力。工匠精神某种程度上是一种追求专业技艺不懈怠的精神。用今天的话说就是专业的创新精神。

二、工巧精业，技道合一

追求技艺之巧，对于中国传统工匠具有极其特别的意义。这里的“巧”，指“工巧”，而不是“淫巧”。“工巧”强调技艺高超，创造出有益生活的作品。“淫巧”指过于奇巧，让人着迷却又无益的技艺与制品。古代重视工巧，却反对“淫巧”，清代管同《禁用洋货议》曾有记载：“昔者，圣王之世，服饰有定制，而作奇技淫巧者有诛”。这对今人也有一定的指导意义，即力戒华而不实。

工必尚巧，它是古代工匠最基本的职业要求，也是工匠努力追求的重要美德。《诗经·卫风·淇奥》曰“如切如磋，如琢如磨”，描述了工匠在切割

① 闻人军译注：《考工记》，上海古籍出版社 1993 年版，第 117 页。

打磨或雕刻玉器、象牙、骨器时仔细认真和反复琢磨的工作态度。长沙马王堆墓出土的素纱禅衣，身长128厘米、袖长190厘米，重仅49克，“薄如蝉翼”，举世无双。现代人以多种技艺去复制，却很难成功。秦朝的兵马俑规模庞大，但每一尊都栩栩如生，甚至细致到衣服的皱褶。中国的丝绸、陶瓷等工艺品以其精湛的技艺远销欧亚，号称“丝绸之国”“陶器之都”。至宋代，冶炼、建筑、织造、陶瓷、制茶、酿酒等工艺技术水平已经达到了相当高的水平，民间的许多传统手工艺制作，比如剪纸、年画、雕刻、皮影、泥塑等也以精巧而著称。

工巧既不凭空而生，也非逾矩而作。工巧多来自长期反复试验、琢磨、推敲以及传承。工巧的最高境界是技和道的合一，技对道顺应，道对技升华。“道”看似玄乎，在工艺上，它可以解读为“合乎事物自然本性的合理的、最优的途径和方法”[①]。道无形，亦有形，它来源于有形的实践，形成于无限的对实践活动与自然关系的感知。在谈剖材做弓的技巧时，《考工记》说，如果是做要射得远的弓，要反顺木材的曲度，如果要做能射得深的弓，干材就要厚实一些。同时剖材时要剖直，且不损害木理。这是一种长期实践摸索后方能达到的善用自然之巧。《考工记》中还有一个特别有意思的地方，就是古人为了最大化地利用自然之巧，甚至不惜代价地“拙”。突出的例子就是造一张弓是“一年之事”：冬季剖析干材就比较容易治理好，春季煮治角就较易使角柔韧，夏季治理筋就不会紊乱，秋季再用胶、漆、丝，组合干、角、筋三种材料才能坚固而严密，隆冬冰冻时检验弓体张弦时就不再变形。古人之“巧”是以物的质量与功效为中心的巧，为此力戒急功近利、自以为是、心浮气躁，其间包含着匠人的耐心与执念。传统手工多数以官府为服务对象，产品不在市场流通，皇家御用品更是不计成本、不求利润，这也是安顿匠人专事工巧的客观原因。相反，现代制造有利润的需求，有竞争的压力。那么，客观环境变化了，我们就不能追求工巧，不能追求技道合一了吗？其实当然还是可以的。巧，在古人眼里，其实是多动脑筋，开动智慧，制造精品或提供极佳的服务，而不是投机取巧，根本性的“道”没有变。

---

① 王前：《“道”“技”之间——中国文化背景的技术哲学》，人民出版社2009年版，第12页。

三、敬天爱人，以人为本

中国传统天人合一的思想对工匠影响很大，古人认为匠活之“良”根植于对自然的敬畏和天道规律的遵循，“天有时、地有气、材有美、工有巧，合此四者，然后可以良”。[①]《考工记》中有多处强调工匠应因时而作、因材而作的记录。比如关于车轮制作，不同时节、不同地理位置、树木的材质纹理均有区别，而这些因素对车轮制作及其耐久程度均影响极大，工匠要随时考虑这些因素，因势利导。同时古人敬畏自然，还体现在有珍惜之心，材料来自大自然，那么就不能浪费和亵渎。如果不珍惜使用，就是暴殄天物。

传统工匠不仅限于人对天的敬畏，更主张人的主观能动性，注重“爱人”“以人为本”“技道合一”。《考工记》中有不少地方体现这一点，要求工匠造物以人为中心，有人性化关怀。比如造车，不少关键数据是相对人而定：车辕的弯曲度要适中，驾驶起来平稳舒适，既要让坐车的人不因常坐而疲倦，也要照顾到马和车夫的利益，使马蹄不因劳顿受伤，车夫不因整天驾车衣衫不整而失去尊重，即“进则与马谋，退则为人谋，终日驰骋，左不楗，行数千里，马不契需，终岁御，衣衽不敝”[②]。除造车外，《考工记》中的人性化设计还有不少，如造弓箭，它强调：“各因其君之躬志虑血气”[③]。如果使用者是矮胖的、行动迟缓的人，就给他制造强弓柔箭，如果是行动灵活又果断的人，就需要为他配备柔弓缓箭。这与今天的“个性化定制、柔性化生产”异曲同工。提高产品的生产质量，其实就是一种爱人之心的外化。

四、物勒工名，爱物惜名

所谓“物勒工名”，“勒”可以理解成刻的意思，“物”就是所有的器物，在器物上面要刻上制造者和管理者的姓名，以便质量检验和日后的追查。据

---

① 闻人军译注：《考工记》，上海古籍出版社 1993 年版，第 117 页。
② 闻人军译注：《考工记》，上海古籍出版社 1993 年版，第 121 页。
③ 闻人军译注：《考工记》，上海古籍出版社 1993 年版，第 134 页。

《礼记》记载："物勒工名，以考其诚，工有不当，必行其罪，以究其情"。"物勒工名"在春秋时期开始出现，是国家对产品质量进行检验的制度，也是政府官员质量负责制。秦汉时以法律的形式确定下来（秦国在春秋战国时期能雄霸天下，得益于其精良兵器和城池，物勒工名功不可没），之后，唐宋一直沿用至明清时期。这一制度要求工匠的名字与产品质量优劣终身相伴，它直接造就了中国人骨子里素有的对精湛技艺孜孜以求的"工匠精神"，成就了灿烂辉煌的中国古代文化。秦始皇兵马俑、明北京城、十三陵及长沙天心阁都是"物勒工名"制度为人类历史创造出的绝世经典杰作。明南京城墙是世界上最长、规模最大、保存最好的城市城墙，600 多年后仍然固若金汤，从城砖就知道工匠技巧的厉害之处。每块砖在大小、重量、质量上都有统一规定，砖块上还有各级责任人的名字，从府、州、县，再到总甲、甲首、小甲、制砖人夫、窑匠等。当时所有的城砖都是由官府统一订制、收购、运输、调用的。官府对制砖每道工序的要求都极其苛刻。质检官吏检验质量时，每一批次都要抽检，只要发现不合格的砖块比例达到了规定的限额，整批次报废重新烧制，如果再不合格，按级别按规定逐级处罚，有些甚至要背负杀头之罪。据说当时检验城砖也是有一套标准的，"通常由两名精壮士兵抱砖相击，要确保不掉渣、不脱皮、不破碎，且声如洪钟者，方为合格。即使能蒙混过关，砌入墙体若干年后，经风雨侵蚀而暴露出质量问题，仍按照砖上刻名处罚"①。

历代封建王朝，大都通过"物勒工名"之制，对产品质量不合格的责任人——工匠和官吏处以鞭笞、没收、罚款，撤职、降职等处罚。劣质产品上的"工名"把许多失职工匠和官吏统统写进了历史的"黑名单"；同时，传世精品上留下"工名"也让许多精品良匠载入史册。"物勒工名"从正反两面，保证中国产品质量追溯制度的延续和发展，也带给后人许多有益的启示。"物勒工名"固然有它的残酷一面，但是工匠在物勒工名制度下，也会将自己的产品视为自己的名片、自己的脸面，长此以往产生造物惜名的精神追求，历史上的"香山帮""样式雷"莫不如此。

随着大工业社会的到来，社会上充斥着急功近利的思想，人们越来越追求产品的规模化和批量化生产。生产流水线上，工人机械地重复同一个动作。

① 王丹誉：《从"物勒工名"到"产品追溯"》，《新华每日电讯》2016 年 4 月 5 日第 9 版。

固然，生产效率的提升，促进了经济效益的增长，但这些产品终究少了些文化与精神的沉淀和凝练，很容易使制造业大而不强。让每一个生产者都树立“物勒工名”的质量责任意识很重要，产品如同人的脸面，是终身名片，因此工作只能干好，不能做差。制造任何产品，都要做到位，做到家，这样才能让中国古典文化不断发扬光大。

五、慎重传承，尊师重道

古代工匠技艺的传承，不是现代的学校教育，主要是父子传承和师徒传承。《考工记》讲“巧者述之守之，世谓之工”①，并注“父子世以相教也”。无论是官匠还是民匠，手艺的传播主要是这两种形式。“传授”和“敬孝”因此成为古代工匠文化中的重要组成部分。好的工匠需要有将技艺传承下去的责任感和使命感，因此慎重地选择徒弟会是他的分内事，他挑选徒弟通常需要考虑此人是否忠心、是否能吃苦、人品如何、是否有潜质、是否有责任心等等。从徒弟方面来说，他必须要有经得住师傅重重考验的耐心和定力。同时徒弟要谨言慎行，要时刻敬重师傅，更不得冒犯师父。

六、传统悠久，亦有局限

在我们今天谈论中国传统工匠文化时，需要补充的一点是：我们既要看到传统工匠文化的积极方面，也要看到它的消极方面。积极方面如上文所详述，是在家国同构的社会结构下，遵循积极入世的儒家伦理，匠人明白自身角色和责任，专注于产品本身，尊重制造的基本规律，对技术及细节的雕琢精益求精，爱名惜物，这些传统文化值得后世好好学习并发扬光大。

但是中国传统匠人文化的消极方面也是比较明显的。“传统社会对于‘工匠精神’的态度一直存在矛盾，而最为突出的问题就是物质生产发展需求与身份价值地位之间所产生的矛盾。”② 受历史条件所限，工匠劳动虽然是社会

① 闻人军译注：《考工记》，上海古籍出版社1993年版，第117页。

② 杜学文、齐常辉：《关于“工匠精神”内涵的探讨》，《职业教育研究》2018年第10期，第6页。

发展的必然之需，但是传统匠人社会地位低下，被局限在有限的空间里，自由选择度极其有限。传统匠人多为贫苦下层百姓，不识字的居多，极少数人接受过系统教育。因此，就整体而论，他们既没有能力表达自身阶层的价值，囿于愚忠愚孝文化，也无法表达自身阶层的利益诉求。另外一方面，因为文化水平所限，传统匠人很难把他们的经验、直觉等进行抽象化、系统化和理论化总结，导致传世至今的有关匠人、匠艺的作品比较少，在一定程度上制约了中国传统工匠文化的传承、完善与进一步发展。就像清朝洋务派李鸿章《致总理各国事务衙门函》所说的，“盖中国之制器也，儒者明其理、匠人习其事，造诣两不相谋，故功效不能相并。艺之精者，充其量不过匠目而止”。

在世界均处于农耕文化时代，中国工匠文化与技艺闪耀全球，但是当西方进入文艺复兴时代，人性的自由被激活时，中国工匠文化的局限性就越来越明显，这或许可以从另外一个角度上解释“李约瑟之问”①。再有就是传统匠心有一定的狭隘性。它的服务对象突破不了“家”的空间，比如官匠的服务对象为王公贵族，民匠服务对象为其活动范围所及的乡民，属于身边的“熟人”。在古代，服务质量的好坏直接事关服务者的生死与邻里关系，这是儒家差序伦理②在工匠身上的反映，“爱人”在传统工匠眼里其实有高下、亲疏差别，但这些放在实行市场经济的今天就很不合时宜。现代社会的生产、服务具有很强的开放性和互动性，其服务对象遍及全国甚至全球。因此，现代中国工匠精神，需要汲取中国传统匠人文化之精华，保留传统中的精益求精、技道合一的追求，同时摒弃“家文化”的狭隘性，突破差序结构下“敬天爱人”的局限性。

① 《中国科技史》作者、英国科学史学家李约瑟提出：为什么近代科学革命没有在中国发生？

② 费孝通：《乡土中国》，北京大学出版社 1985 年版，第 1、23、24 页。

第三章　新时代工匠精神的革命内涵

去过敦煌的人，都会对敦煌莫高窟精美的壁画和栩栩如生的泥塑赞叹不已，好奇心会驱使人们追问：是谁创造了这些独特的艺术形式？在古代，答案是洞窟供养人，这些供养人通常是王公贵族、地主僧侣。他们有权势有财力，出钱修了这些洞窟，满足生前身后的愿望与内心安定。在现代，这个问题的答案是古代敦煌工匠。如果要进一步去追问，这些工匠是谁？他们如何思考？他们怎么创作？他们有什么追求？他们的生活怎么样？能找到的资料寥寥。仅有的一些资料只存在于记录供养人的故纸堆中或存于壁画中某些极不显眼的角落里。

敦煌无名工匠其实是中国古代工匠的一个缩影，他们在社会生活中极为重要，但他们中的绝大多数人在绝大多数时间里都是默默无闻的。正如前文所言，古代匠人多不识字，活在底层，没有话语权，是受主流社会挤压的边缘群体。即使有宋应星那样的耿直之士愤懑现实为之发声："纨绔之子，以赭衣视蓑笠……知其味而忘其源者众矣"，[①] 也无以撼动当时之困境。古代工匠文化中的文化糟粕，只有通过根本性的革命才能剔除掉。中国民主主义革命就承担了重要的对传统工匠文化的革命和改造工作，经过近一个世纪的努力，中国工匠精神的革命内涵才慢慢得以显现，即劳动者是社会的主人，工匠是社会系统中的重要的且平等的成员，人人皆可为工匠，劳工神圣，劳动光荣。

---

① 宋应星：《天工开物》，中国画报出版社 2013 年版，第 2 页。

第一节　劳工神圣——传统工匠文化的一次改良

一、传统工匠到城市劳工的变与不变

中国古代工匠的身份转型与中国社会的变迁密切相关。鸦片战争以后，中国被迫开埠通商，允许英、法、美等资本主义国家在中国设厂，外国商品大量倾销，中国原有的小农经济在帝国主义经济侵略面前不堪一击。大量破产农民和乡村工匠不得不到就近的城市讨生活，他们是城市工匠和其他劳动力的重要来源。甲午战争之后，帝国主义外资工厂、中国官营洋务工厂、民营资本工厂次第涌现，需要大批劳工，破产农民和乡村工匠自然而然地加入进来。没有技术底子的，干一些体力活，成为黄包车夫、码头杂工、送报工、运货工等等；有点技术底子的，或者年轻的劳动力，可以经过培训进入工厂，成为工人。

同样是靠双手劳动吃饭，但是早期工人与古代工匠生活环境有根本的不同，他们离开了熟悉的家族、村舍以及曾经束缚他们却又能庇护他们的“宗法小社会”，来到陌生的城市，凭借双手谋生，成为城市游民。有活干的，充当学徒或工人，受着中介、监工、工厂主、资本家的层层剥削。没活干的无所依靠，受人鄙视。工厂代替了家庭，契约制代替了师徒制，原先家族作坊劳作时的温情，在近代城市与工厂里消失殆尽。机器生产残酷地剥夺了多数工匠的自我创造，工匠成为生产线上的一枚“螺丝钉”。劳动与产品出现了分离现象，中国传统工匠文化由此式微。

19 世纪下半叶到 20 世纪初期的中国身陷内忧外患，战乱频繁，城市游民暴增，工匠在几十年时间内，快速而不由自主地完成了身份转变，成为早期产业工人。甲午战争以前大约有 10 万产业工人，1913 年增至 65 万人左右。他们成为资本家雇佣的廉价劳动力，早期产业工人劳动环境非常恶劣。他们需要像机器一样长期繁重劳作才能获得微薄的收入，去应对衣食住行所需。

艰苦的工作给他们带来病痛甚至死亡。20 世纪二三十年代，作家郁达夫、夏衍等人的作品，诸如《春风沉醉的晚上》和《包身工》等对此都有反映。[①]悲惨的生活境遇迫使他们或组建或加入同乡组织、行会和帮口，但这些组织或多或少带有旧社会的宗法作风，虽然有时确实能帮助产业工人解决一些眼前的问题，但是对整体阶级意识的确立和觉醒、劳动与职业尊严，其实没有根本的推动和促进。

中国早期劳工看似突破了古代工匠的传统社会之壳，但实质上他们没有认识到自身的价值和利益。他们从一个自在的阶级发展成为一个自为的阶级，他们从对自身疾苦的关注到为社会公正、平等努力，经历了几十年的时间。而让整个社会认识到劳动是所有人分内的事、劳动是荣耀的，则是从一场由资产阶级民主革命家和共产主义者领导的精神文化上的革命开始的。

二、“劳工神圣”与阶层觉醒

西方以及苏俄的工人运动对中国早期工人、匠人的命运和地位均产生了重要影响。当然，这种影响最初不是工人和匠人们自发产生的，而是由致力于改变中国封建落后状况的资产阶级民主主义者推动的，其中最主要的人物是蔡元培和李大钊（后来李转变为共产主义者）。

（一）马克思及国外早期工人运动对中国的影响

英国工业革命以后，西方国家的产业工人渐渐形成，18—19 世纪，他们和中国的早期劳工一样境遇悲惨，表面上脱离了封建人身依附，实质上并没有自由。19 世纪下半叶到 20 世纪初，英、法、美、德、俄等国家的产业工人队伍已经相当庞大，他们采取包括破坏机器、罢工等手段与资本家对抗，他们还组建了各式各样的组织，甚至形成了工会，与资本家谈判。他们已经从自在的阶级发展成为自为的阶级，或寻求改良，或寻求革命，为自身赢得权益，为劳动赢得尊严。马克思主义思想在其间发挥了重要的作用。

① 郁达夫：《春风沉醉的晚上》，安徽文艺出版社 2015 年版；夏衍：《包身工》，工人出版社 1959 年版。

马克思在揭露资本家对工人剩余劳动和剩余价值的疯狂剥削的基础上，时刻关注当时世界的工人境况，他将毕生的精力投入到无产阶级的解放事业中。他确认劳动的价值，领导了世界工人运动。在马克思主义哲学中，劳动是基本概念，也是核心概念。“正是在改造对象世界的过程中，人才真正地证明自己是类存在物。这种生产是人的能动的类生活”。[①] 一句话，劳动是人之为人的确证，是人的世界的本原。不仅如此，马克思还认为劳动不仅创造了人自己，还创造了自然和社会历史。马克思认为“整个所谓世界历史不外是人通过人的劳动而诞生的过程”。[②] 剥削阶级是劳动异化的产物，尽管他们也劳动，但是他们鄙视劳动，否认自己劳动，也否认自己是劳动者，他们这样做无非是确保自身阶级的独特性，并为自身对其他劳动者的剥削预设前提。[③] 对比之下不难发现，劳动才是社会进步的重要力量，劳动是神圣的，劳动者是神圣的。为此，马克思以思想为剑，走上了引领产业工人体认自身劳作的价值，寻求自我解放的道路。

1864 年，马克思建立国际工人联合组织（第一国际），号召无产阶级在国际范围内联合起来。第二年，第一国际提出劳动者实行 8 小时工作制口号。1886 年 5 月 1 日，美国芝加哥 21.6 万余名工人为争取实行 8 小时工作制而举行大罢工。为支持这次工人运动，欧洲各地纷纷举行了抗议活动。1889 年 7 月 14 日，由恩格斯领导的第二国际在法国巴黎召开了第一次代表大会，会议通过了《劳工法案》和《五一节案》，决定以同盟罢工作为工人斗争的武器，并把 5 月 1 日这一天定为“国际劳动节”，这一决定立即得到世界各国工人的响应。1890 年 5 月 1 日，欧美各国的工人率先走上街头，举行盛大的示威游行与集会，争取合法权益。从此，每年的这一天，世界各国的劳动人民都要集会游行，以示庆祝。

① 中共中央马克思恩格斯列宁斯大林著作编译局：《马克思恩格斯文集（第 1 卷）》，人民出版社 2009 年版，第 163 页。

② 中共中央马克思恩格斯列宁斯大林著作编译局：《马克思恩格斯文集（第 1 卷）》，人民出版社 2009 年版，第 196 页。

③ 曹云明：《马克思劳动伦理思想的哲学研究》，人民出版社 2015 年版，第 40—41 页。

（二）资产阶级民族主义者对“劳工神圣”的倡导

欧美劳工运动和对自我权利的争取，引起了中国早期开眼看世界的知识分子和技术精英的注意，他们在反思中国落后的原因，同时想结合中国的现状开出救国图存的药方。甲午中日战争一役，清朝的衰亡已经昭然于世。随着中国工人队伍的不断扩大，新的生产关系慢慢形成，工人劳动的公共空间扩大。民国时期，中国被迫逐渐开放，中外交流频繁，既体现在人员交流上，也体现在思想观念上。1917 年，俄国十月革命后，数万旅俄华工回到国内，他们给中国工人带来了一些国外的新思想和新做法，影响了中国工人对自身权利的认知。另外，早期工厂客观上改变了传统工匠之间的关系，由传统宗法关系演变为契约关系。传统工匠有一部分向现代技术工人、工程师及科技专家等转变。划分的依据既有动作的熟练、经验的丰富，实际也包含着对于技能展开过程中思维的介入程度。① 工人劳动的独特性使得其中部分人的阶层意识萌动了。

受资产阶级革命人士和接受马克思主义者思想先进分子的影响，部分工人对于自身的存在状况和精神需求有了自为的认知，但是大多数还处于城市游民状态，这让不少中国知识精英焦虑，他们纷纷寻找解药。以梁启超为首的资产阶级改良派，主张学习西方发展工商业，改善劳工境遇。以蔡元培为首的资产阶级民族主义者既从中国传统墨学中汲取智慧，又主张打破旧有的教育秩序，提倡“实业救国”“知行合一”与奉献精神，目的是要让劳动者获取更多的知识，让有知识的人能更多地参与劳动，“我们理想的世界，就是全世界的人都能合于‘各尽所能、各取所需’的公则。尽所能，便是工；不管他是劳力，是劳心，凡是有益于人类的生存、文化的进步的，都是”②。

“蔡元培既是旧民主主义革命的元老，又是新民主主义革命的热诚的支持者。他不但在客观上助成了中国共产党的成立，而且还同共产党的活动有过

① 叶龙、王磊、唐伟：《以“思”为生：技能的本质与新时代工匠精神的重构》，《清华大学学报（哲学社科版）》2019 年第 34 期，第 125—132 页。

② 蔡元培：《蔡元培全集（第 3 卷）》，中华书局 1984 年版，第 378 页。

多方面的关联，是中国共产党的一位诤友。”[①] 蔡元培对共产党的帮助主要有两个方面：一方面主要由他倡导并组织的留法勤工俭学运动，客观上为中国共产党的成立储备了一批宝贵的先进知识分子，他们中的周恩来、邓小平、蔡和森、向警予、陈毅、聂荣臻、蔡畅等在旅法期间接受了马克思主义思想。没有这些先进分子，马克思主义思想也难有传播者和宣传者引入中国。另一方面，他在北大倡导的“思想自由，兼容并包”的办学理论，使得北大成为新文化运动的摇篮。

早期共产党人李大钊受蔡元培之聘担任北大图书馆主任，参与了蔡元培、张静江、吴玉章等发起的赴法勤工俭学组织工作。当蔡元培将“劳工神圣”观念引入中国，将矛头直指封建剥削和纲常名教，主张还劳动者应有的体面与尊严时，李大钊热烈支持。李大钊还通过他和陈独秀等人创办的《新青年》在先进知识分子和工人群体中做宣传。1918 年 11 月 16 日，蔡元培借用天安门露天讲台，做了《劳工神圣》的演讲，他在演说中唾弃巧取豪夺者、不劳而获者，唾弃官僚、军阀、政客等，称他们为“寄生虫”。他划时代地在中国喊出“劳工神圣”的口号。他说：“我说的工，不但是金工、木工等等，凡用自己的劳力作成有益他人的事业，不管他用的是体力、是脑力，都是劳工。所以农是种植的工，商是转运的工，学校职员、著述家、发明家，是教育的工，我们都是劳工，我们要自己认识劳工的价值。劳工神圣！”[②]“劳工神圣”有极强的政治批判意识：“我们不要羡慕那凭藉遗产的纨绔儿！不要羡慕那卖国营私的官吏！不要羡慕那克扣军饷的军官！不要羡慕那操纵票价的商人！不要羡慕那领干修的顾问咨议！不要羡慕那出售选举票的议员！他们虽然奢侈点，但是良心上不及我们的平安多了。我们要认清我们的价值！劳工神圣！”[③] 这些先进思想突破了中国传统社会对工匠以及劳动阶层的偏见，有助于中国劳工阶层的阶级觉醒。李大钊紧随其后，作了《庶民的胜利》，宣告在俄国发生的十月革命是世界革命的先声。他指出：“须知今后的世界，变成劳工的世界。我们应该用此潮流为使一切人人变成工人的机会，不该用此潮流

① 梁柱：《蔡元培与中国共产党》，《高校理论战线》2008 年第 7 期，第 33 页。
② 蔡元培：《蔡元培全集（第 3 卷）》，中华书局 1984 年版，第 219 页。
③ 蔡元培：《蔡元培全集（第 3 卷）》，中华书局 1984 年版，第 219 页。

为使一切人人变成强盗的机会。”“照此说来，我们要想在世界上当一个庶民，应该在世界上当一个工人。诸位呀！快去工作呵！”

（三）早期中国共产党人对劳动平等与劳工神圣的宣教

早期中国共产党人在吸收世界工人运动的经验时，对工匠和劳工有了更为积极和建设性的认知。为了宣传劳工神圣的思想，他们创办刊物，宣传劳动平等、劳动解放思想。共产党人的早期刊物《劳动界》就曾用非常朴素的语言，公开宣传马克思主义劳动观，比如，一切都是劳动创造出来的，没有劳动者的劳动，便没有社会的一切。“人人做工，才是正当的社会。现在不正当的社会，不做工的丰衣美食，做工的反忍饥挨饿，这实在是很不平等的”，“做工是人类应尽的义务，衣食住便是我们的报酬，不做工的人，便应该没有衣食住。因为他们是社会的寄生虫，阻碍社会进化，那些劫夺劳动生产的，便是人类社会的蟊贼，罪大恶极，比强盗还利害咧”。① 李大钊说：“中国的劳动运动，也是打破孔子阶级主义的运动。孔派的学说，对于劳动阶级，总是把他们放在被治者的地位，作治者阶级的牺牲。现代的经济组织，促起劳工阶级的自觉，应合社会的新要求，就发生了‘劳工神圣’的新伦理。”②李大钊“劳工神圣”的新伦理实质是对中国传统等级制的工匠文化的批判，也是对资产阶级剥削伦理的否定，李大钊认为它“不是神的道德、宗教的道德、古典的道德、私营的道德、占据的道德；乃是人的道德、美化的道德、实用的道德、大同的道德、互助的道德、创造的道德”，他深信这样的道德才是属于新社会的，劳工的世界才是属于未来的，对传统工匠文化的近代改良由此拉开大幕。

早期中国共产党人还在学习马克思主义思想的过程中，认识到尊重劳动，就是要尊重劳动者的人权，努力改善劳动者的待遇，让劳动者能体面劳动，能享受“人的生活”。同时他们认为真正能够解放劳工，给劳工自由的只有工人自己。建党时期的中国共产党人用通俗易懂的语言向工人解释了什么是社会主义，然后在此基础进一步指出：“社会主义正是‘做工不够饱，没钱养老

---

① 震瀛：《无工无食》，《劳动界》第14册，1920年11月14日。

② 李大钊：《李大钊全集》，河北教育出版社1999年版，第440页。

小，出力不讨好的人底救星’。”① 这些质朴的宣传不仅为劳动证明，也为劳工权益证明，更为劳工的觉醒打下了强有力的基础。此后不久，中国就出现了数次工人的罢工活动，中国工人阶级在寻求改良的过程中成长起来，客观上为中国工人找到社会主义这条解放自身的光明大道提供了可能。当然，这种可能仅凭资产阶级民主主义者的改良倡议是难以实现的，历史把这个任务交给了具有革命精神的政党——中国共产党。

第二节　中国共产党对传统工匠文化的革命改造

中国共产党是无产阶级的政党，是马克思主义同中国工人运动相结合的产物。马克思主义的形成是从马克思对人的科学认识开始的，而马克思终其一生都在关注人，关心人类的解放和人类的命运。中国共产党成立后，以马克思主义人民观为指导，在党章中明确规定要为无产阶级谋利益，要通过革命的途径消灭剥削、消灭阶级。无产工匠、早期产业工人都是中国共产党的依靠力量，要为他们谋取利益，自然离不开对剥削文化的彻底革命。通过持续的革命斗争、文化改造，劳动光荣、劳动为革命事业服务、劳动为工人自己服务、劳动为社会主义建设服务的理念逐渐形成。

一、延安时期革命劳动伦理的形成

新中国建立之前，从第一个中华苏维埃政权建立到陕甘宁边区政府，再到新中国建立最初 10 年，中国共产党均对与传统工匠文化相关的劳动观进行了革命性的改造，形成中国特色革命劳动伦理——劳动是为了革命和建设的需要。1931 年，中华苏维埃共和国临时中央政府成立后，在江西设立了一些公营工厂，对如何区别这些工厂的性质，体现苏维埃政权下的工厂与资本主义工厂的不同，时任中华全国总工会苏区中央执行局委员长刘少奇有过自己

① 杨宏雨、吴昀潇：《建党时期中国共产党人的劳动观——以〈劳动界〉为中心的研究》，《江苏社会科学》2013 年第 10 期，第 204—211 页。

的思考。他在苏区机关报《斗争》上发表文章——《用新的态度对待新的劳动》，他对工人、职员们说："你们现在再不是为地主资本家而劳动了，而是为工人阶级自己、为人类的最后解放而劳动着。这种劳动性质的变换，是我国历史未曾有过的最大变换，你们应该用新的态度来对待新的劳动。"① 新的态度就是在新制度下工作是为了与敌对反动势力斗争。而当时苏区存在时间较短，战乱频仍，刘少奇的这些思考，在长征后的延安边区治理中才有落实的可能。

延安时期特指中共中央在陕甘宁边区的13年，从1935年10月红军长征到达陕北吴起镇起，再到1948年3月中央离开陕北止。初到延安，中共中央的主要工作是稳定人心，加强根据地建设。但是随着抗日战争逐步蔓延到全国，国共合作龃龉不断。1941年，国民党甚至停发约50万中共军队的军饷，雪上加霜的是边区粮食生产产量不佳。另外一方面，连年的战争使得边区流民众多，对边区的稳定造成很大的干扰。为了激发群众的积极性，恢复生产，早日脱困，自力更生，中共中央尝试了不少办法。1938年，边区留守军团开展农业生产，还组织农副业工人制造品竞赛展，奖励优秀的工厂、合作社、劳动英雄，效果显著，毛泽东认为值得推广。1938年12月到1940年，是大生产运动的初期，延安军队开展屯田搞农业生产，兼办工业、手工业、运输业、畜牧业和商业。1939年2月2日，毛泽东在延安党政军生产动员大会上讲话时说："陕甘宁边区204万人中，有学生、军人、老百姓等等，今年都要种田、种菜、喂猪，这是农；要办工厂，织袜做鞋，这是工；要办合作社，这是商；全体都要学习，老百姓要开展识字运动，这是学；最后是军，八路军自然是军，学生要受军训，老百姓要组织自卫军。这样，工农商学兵都有了，聚集在每一个人身上，叫做工农商学兵团结起来，也叫做知识与劳动团结起来，消灭了过去劳心与劳力分裂的现象。"② 两个月后，在抗大生产运动初步总结大会上，针对在官兵中有些人受封建社会"劳心者治人，劳力者治于人"等思想影响较重，愿意做政治工作、军事工作，却不愿意从事技术工作，不愿意从事劳动生产。毛泽东在会上对延安的青年说："孔子虽然也是圣

① 刘少奇：《刘少奇选集（上卷）》，人民出版社1981年版，第19—22页。
② 逄先知主编：《毛泽东年谱（1893—1949）（中）》，中央文献出版社2013年版，第110—111页。

人，但有一个缺点，就是不耕地”，[①]“他的学生向他请教如何耕田，他就说：‘不知道，我不如农民。’又问如何种菜，他又说：‘不知道，我不如种菜的。’中国古代在圣人那里读书的青年们，不但没有学过革命的理论，而且不实行劳动。”[②] 毛泽东激励年轻人说：“历史上几千年来做官的不耕田，读书人也不耕田，假使全国党政军学，办党的，做官的，大家干起来，那还不是一个新的中国吗？你们将工农商学兵结合起来了。文武配合，知识与劳动结合起来，可算是天下第一。”同时他还告诫青年人：“区分革命的、不革命的和反革命的知识分子的标准只有一个，就是看他是不是同工农相结合……革命的知识分子只有同工农结合在一起，才能成为一个真正革命的知识分子。”[③]

1941 年到 1943 年，中共将大生产运动推广到全边区，发动全体官兵和群众，积极投入到劳动中去。同时，采用惩罚和褒扬两手抓。惩罚措施是指对好吃懒做、好逸恶劳，想不劳而获的流民，当时称“二流子”，进行革命改造，鼓励他们重新认识劳动的意义，改掉图谋寄生剥削的坏习气。另外一方面，积极树立典型，奖励劳模。1941 年，边区开展五一劳动大竞赛，评选出 274 位劳动模范，对他们进行奖励、报道并利用各种形式（歌曲、地方戏、版画等）广泛宣传。

大生产运动在各行各业都有体现，但是最有名的是 1942 年开展的农业方面的学习“吴满有运动”和工业方面的学习“赵占魁运动”。吴满有是一位因土改获得土地的农民，因为勤劳肯干、善用方法，他种的地产量特别高。与此同时，他的政治觉悟很高，主动多交公粮，让中央大为感动，被评选为劳模代表，得到毛主席的接见。他自己也现身说法，多次在大会上给农民朋友讲解如何劳作与收获，吴满有的形象被印在报纸上，被制成宣传画，吴满有本人出席各类大型活动，以往受人歧视的“泥腿子”农民的地位前所未有地提高了。农民受其感染，生产激情被大大激发出来。

赵占魁是陕甘宁边区一家农具厂的化铁工人。据当时的报道，他工作特别认真，不怕吃苦，总是“冲锋在前，退却在后”，从不计较个人得失，把精

---

① 毛泽东：《在抗大生产运动初步总结大会上的讲话》，《党史研究资料》1989 年第 11 期。

② 毛泽东：《青年运动的方向（1939 年 5 月 4 日）》，《毛泽东选集（第 2 卷）》，人民出版社 1991 年版，第 568 页。

③ 毛泽东：《在抗大生产运动初步总结大会上的讲话》，《党史研究资料》1989 年第 11 期。

力放在钻研节能工艺、提高产量和质量上，且从不邀功。他所参与的劳动正是刘少奇当年提及的“新劳动”，所体现的精神正是中共中央努力发掘并构建的革命时代新工人伦理。

革命时代新工人伦理特点主要体现于如下几个方面。

第一，这是一种突破阶级阶层差别的工作伦理。延安时期，领导者带领知识分子和普通劳动人民一起拿起锄头劳作，这其实非常具有教育意义，它在政治与精神方面的溢出效应，不亚于其创造的物质财富。“劳动原有的阶级差别悄然削弱，劳动真正成为有价值的创造”。① 大生产运动中劳动模范毫无保留地分享成功经验或者技术秘方，目的是所有单位能够更快更好地进步，而不是为了自我的私利，中国传统工匠文化的狭隘性和保守性被大大削弱。

第二，这是一种与中国革命的伟大事业紧密相连的革命伦理。朱德当年称赞赵占魁是用革命者的态度对待工作的“新式劳动者”。中国政法大学的游正林在他的研究中将这种伦理称之为“革命的劳动伦理”，有效地回答了“为谁努力工作”的问题，工人劳动是为了革命事业的集体共识，使得劳动的意义得到了更大的彰显。② 而且中国共产党人通过这一阶段的摸索，探索出了新民主主义地区公营工厂工人所应有的新的劳动态度和劳动价值观。在职工与公营工厂之间的关系上，由原先的“工厂本身工人（或工人阶级）自己也有一份”等观念，延伸为“工厂是职工的家庭”“职工是工厂的主人”“工厂的利益与全厂职工的利益是一致的”，并要求“一切职工都应以主人翁的态度来对待自己的工厂”。③ 这种将工作视为革命使命，视为自己应尽的革命义务的革命价值观，是新民主主义革命赋予传统工匠精神的新的革命性特色。

第三，这是让劳动变得光荣起来的革命伦理。改造“二流子运动”使得轻视劳动的思想被涤荡，乡村民众牢固地确立了劳动光荣，劳动有饭吃，劳

① 王建华：《“赤脚天堂”里的劳动叙事——多重紧张情境下的延安大生产运动》，《中共历史与理论研究》2017 年第 2 期，第 155 页。

② 游正林：《革命的劳动伦理的兴起——以陕甘宁边区“赵占魁运动”为中心的考察》，《社会》2017 年第 9 期，第 107 页。

③ 游正林：《革命的劳动伦理的兴起——以陕甘宁边区“赵占魁运动”为中心的考察》，《社会》2017 年第 9 期，第 123 页。

动才能不被人轻视，劳动才能赢得尊重和权威等劳动至上的观念。[①] 此外，当不少普通工人、农民成为劳动模范时，群众在劳动问题上的目标已经不仅仅是温饱，还有挑战不可能的主观能动性展现以及自我社会价值追求。劳动观念得到了价值升华。从陕甘宁边区文件记述中可以看出当时边区人的劳动荣耀感："中国旧社会一向是看不起工农的，看不起劳动者的。然而现在在我们这里，劳动者却受到空前未有的尊重。他们是劳动英雄，是新社会的'状元'。"[②]

第四，这是一种让中国共产党人印证马克思主义人民观的劳动伦理。大生产运动和劳模运动过程中，边区人民的生产积极性与实际收益大大增高，中共中央进一步确认了人民群众的伟大力量。在劳模运动取得成功之后，毛泽东在党的七大上说："只要我们依靠人民，坚决地相信人民群众的创造力是无穷无尽的，因而信任人民，和人民打成一片，那就任何困难也能克服，任何敌人也不能压倒我们，而只会被我们所压倒。"

大生产运动"在边区和根据地不仅解决了财政经济困难的问题，巩固了抗日的物质基础；而且革除了轻视生产劳动、轻视经济技术工作、轻视劳动者的错误的旧观念，树立劳动光荣、人民至上、生产力最终起决定作用的新观念"。[③] 如果说中华苏维埃时期，中共初步尝试通过劳动挖掘人民群众的力量，战胜敌人围堵，在延安陕甘宁边区对传统劳动观念的大力改造，以及大生产运动，则让中国共产党人进一步确认了树立劳动光荣观念不仅对中国革命事业具有积极价值，而且对于提升劳动人民的自我存在价值，追求平等有尊严的新社会具有积极引导意义。

二、为人民服务——毛泽东对革命劳动伦理观的价值升华

（一）毛泽东与"为人民服务"思想的提出

与早期共产党人提倡"劳工神圣"不同，毛泽东既吸收了"劳工神圣"

① 雷小倩：《陕甘宁边区二流子改造及其影响》，《延安大学学报》2011 年第 4 期，第 41 页。

② 陕西省社会科学院编：《陕甘宁边区政府文件选编》，档案出版社 1988 年版，第 390 页。

③ 曹应旺：《毛泽东发动和领导大生产运动再认识》，《毛泽东研究》2015 年第 6 期，第 44 页。

思想中的精华，即肯定劳工的社会价值，又在肯定“劳工神圣”价值的基础上，以他为首的中国共产党人在新民主主义革命时期以及社会主义国家建立初期，为中国工匠文化赋予了新的革命伦理内涵，而且还将这种精神上升到“为人民服务”的价值高度，这是古代传统工匠文化和资本主义工匠文化所难以企及的高度。

毛泽东国学基础雄厚，在学生时代就非常注重从优秀传统文化中汲取营养，孟子的“民本主义”思想对其影响很大，客观上为他后来提出“为人民服务”思想奠定了基础。参加革命后，毛泽东在马克思主义唯物史观指引下，越来越看清楚劳动人民在历史发展进程中的伟大作用。他认为：人民，只有人民，才是创造世界历史的动力，“工业无产阶级是我们革命的领导力量。一切半无产阶级、小资产阶级，是我们接近的朋友”。[①] 对于“工”字，毛泽东也有自己独特的理解，“‘工’字上面一横代表天，下边一横代表地，中间一竖代表我们工人，我们工人可以顶天立地!”[②] 与封建社会的“民为贵、君为轻”思想相比，毛泽东务实地看到，如果只是口头提倡这些思想，不进行革命斗争，这些思想只是理想主义想象，因为“奴隶的人民”不可能直接地、自发地推翻旧有的统治，成为“主人的人民”。他们只有集中自身的精华，形成能与统治阶级相抗衡的先进思想和阶级先锋，取得革命成功，才能完成由奴隶上升到主人的质变过程。[③]

此外，在领导群众进行新民主主义革命过程中，毛泽东不断面临诸多现实问题，比如中国共产党人为谁服务？知识分子应该为谁服务？文艺工作者为谁服务？工人劳动为谁服务等等。毛泽东不仅活学活用马克思主义人民观，而且将它与中国革命的实际情况相结合。从大革命失败到井冈山根据地的建立，从红军长征再到陕甘宁边区的建设，中国革命的艰苦探索，让毛泽东看到了人民群众的伟大力量。离开了人民群众，毛泽东和他领导的中国共产党不可能抵抗得住国民党的“围剿”。正是在对理论和实践的多方探究验证基础上，毛泽东在多个场合回应了上述各类问题。1939 年 2 月，毛泽东写信给张

① 毛泽东：《中国社会各阶级的分析》，《毛泽东选集（第 1 卷）》，第 9 页。

② 刘成纪：《先秦两汉艺术观念史（上卷）》，人民出版社 2017 年版，第 332 页。

③ 《〈孟子〉的“民为贵”与毛泽东的“为人民服务”》，人民网 http：//politics. people. com. cn/GB/1026/11440808. html，2019 年 7 月 31 日。

闻天，在党内第一次使用了“为人民服务”的概念。1939 年12 月1 日，毛泽东在《大量吸收知识分子》的决定中，提到知识分子应该“为工农服务”和“为群众服务”。1939 年 12 月 21 日，毛泽东发表《纪念白求恩》，指出白求恩是有益于人民的人，白求恩精神是毫不利己专门利人的共产主义精神。1940 年1 月，他在《新民主主义论》中认为，新民主主义文化是大众的民主的文化，“它应为全民族中百分之九十以上的工农劳苦民众服务，并逐渐成为他们的文化”。1942 年 5 月，毛泽东在《在延安文艺座谈会上的讲话》中明确回答文艺的目的是为了创造出为人民服务的东西来。[①] 1944 年 10 月，毛泽东在接见新闻工作者时指出，“为人民服务，不能是半心半意，不能是三心二意，一定要全心全意”。从这几次讲话中，为人民或群众的利益服务，出现的频次很高，说明毛泽东关于共产党领导下的新社会的道德标准已经有了比较成熟的思考。

1944 年 9 月 8 日，毛泽东在中共中央警备团追悼张思德的会上发表《为人民服务》演讲，这篇演讲以纪念普通士兵张思德同志为引，由张思德之鞠躬尽瘁的品德出发延伸到对所有共产党人的使命与要求的探讨上。毛泽东指出，无论从事的是什么具体的工作，只要是为了人类解放的共同目标，“不管是炊事员，是战士，只要他是做过一些有益的工作的”，都是为人民利益奋斗和奉献，都是为人民服务。同时他还提醒，“因为我们是为人民服务的，所以，我们如果有缺点，就不怕别人批评指出。不管是什么人，谁向我们指出都行”,[②] “这篇演说明确地把为人民服务提高到党和人民军队宗旨的高度，是毛泽东精粹的著作之一，也是在传播‘为人民服务’思想方面影响大的著作”[③]。1945 年 4 月，党的七大召开，开幕词中，毛泽东正式提出“全心全意为人民服务”作为中国共产党的根本宗旨，号召全党要“谦虚谨慎，戒骄戒躁，全心全意为人民服务”。1945 年 6 月，毛泽东在党的七大上发表了题为《愚公移山》的闭幕词，他号召全党要学习“愚公移山”的坚忍不拔，他说：“我们一定要坚持下去，一定要不断地工作，我们也会感动上帝的。这个上帝

① 刘建军：《“为人民服务”的命题史考察》，《马克思主义研究》2011 年第 7 期，第 111 页。
② 毛泽东：《毛泽东选集（第 3 卷）》，人民出版社 1991 年版，第 1004 页。
③ 刘建军：《“为人民服务”的命题史考察》，《马克思主义研究》2011 年第 7 期，第 111 页。

不是别人，就是全中国的人民大众。”① 在这次会议上，毛泽东更进一步地强调了中国共产党和中国共产党领导的军队的宗旨——为人民服务。这条要求适用于党内一切人员，给他们的工作和生活提出了不同于以往的道德标准和要求。因为正如毛泽东所言，一切剥削阶级的价值观，都是以对自己是否有利作为观察和判断的标准，而无产阶级则相反，它首先是以对社会、对人民是否有利作为价值判断的标准。毛泽东的“为人民服务”思想当时在陕甘宁边区影响非常之大，成为共产党员和革命队伍的座右铭，边区形成了“只见公仆不见官”的风气。中国封建社会的等级制劳动文化已完全不在主流。

新中国成立后，以雷锋为代表的新中国建设者，用自己的实际行动让毛泽东倡导的“为人民服务”理念走进千家万户。雷锋 1940 年出生于湖南一个贫农家庭，在苦难的旧社会，父母亲人相继去世，他 7 岁就成了孤儿。新中国建立后，雷锋迎来了成长和发展的难得机遇，他接受了党的教育，也感恩党的关怀，小小年纪就在乡里当上了通讯员。在当地治理水患的过程中，他被评为工地模范。1958 年，他响应国家建设号召，不远万里到鞍钢参加社会主义建设，当上了推土机手，多次被评为先进生产者、红旗手和标兵等。1960 年 1 月，雷锋参加解放军，因为表现突出，荣获二等功、三等功等嘉奖，被誉为“毛主席的好战士”。1962 年雷锋因公殉职。1963 年 3 月 5 日，毛主席题词，号召全国人民“向雷锋同志学习”。“雷锋精神”从此成为全心全意为人民服务、为了人民的事业无私奉献的代名词，它与下文所提及的劳模精神一起构成中国特色社会主义的工匠精神。

（二）作为新中国工匠精神代表的“雷锋精神”

1. 崇高的信仰与强烈爱国主义的有机统一

中国共产党把雷锋从旧社会的苦难中解救出来，给予他新社会里学习和工作的机会，因此他十分感激党，也十分敬畏党，将党领导人民的中心任务看成是自己的事情，将建设新中国看成是自己的责任。“1958 年入厂的时候，我只是一个抱着感恩的思想埋头苦干的工人，在生产上只能做到完成自己的任务和达到每天的定额。后来，在党的教育下，特别是受到党的社会主义建

① 毛泽东：《毛泽东在七大的报告和讲话集》，中央文献出版社 1995 年版，第 235 页。

设总路线和全国人民冲天干劲的鼓舞，才使我的思想和眼界变得更加开朗和远大，才使我的干劲越来越高涨。”① 可见，信仰在雷锋的工作过程中发挥着引领作用。在信仰的支撑下，雷锋对待工作是充满激情和自豪感的。他曾经在日记里写道：“当个人利益与国家、党和人民的利益发生矛盾的时候，我就想起了过去家破人亡、受苦受难的苦日子，就感到党的恩情永远报答不完”，②“当我想起我所经历的一切太平凡了的时候，我就时刻准备着：当党和人民需要我的时候，我愿意献出自己的一切”③。这些质朴的语言体现了雷锋至纯至高的信仰、忧国忧民的情怀，以及将自我的发展与祖国的进步紧密联系在一起的高度责任感。

2. 螺丝钉式的敬业精神

雷锋做过通讯员、公务员、拖拉机手、汽车兵等。无论做什么工作，无论把他放在什么工作岗位，他都要求自己在岗位上努力发光发热。他认为，一个人的作用对于革命事业来说，就如一架机器上的一颗螺丝钉。机器由许许多多的螺丝钉的连接和固定，才成为一个坚实的整体，才能够运转自如，发挥它巨大的工作能力。螺丝钉虽小，其作用是不可估量的。可以看出，雷锋职业角色定位和职业目标均非常明确且坚定。受雷锋精神影响，后世才涌现诸多“雷锋”，他们服从国家建设大局，干一行，爱一行，钻一行。“高楼大厦都是一砖一石砌起来的，我们何不做这一砖一石呢！我所以天天都要做这些零碎事，就是为此。”④为了做好每件小事，他有一种“钉子”精神，像钉子一样勇敢地追寻探究，让自己在各行各业都能成为人才。

3. 无私的奉献

雷锋将有限的生命投入到无限的为人民服务中去。他曾经自问：“如果你是一滴水，你是否滋润了一寸土地？如果你是一线阳光，你是否照亮了一分黑暗？如果你是一颗粮食，你是否哺育了有用的生命？”⑤ 这是一种勇于担当

---

① 彭国华：《雷锋精神是工匠精神的典范与标杆》，雷锋网，http：//www. leifengwang. org/h – nd – 6794. html，2020 年 10 月 3 日。

② 石军玲：《雷锋精神学习读本》，新华出版社 2012 年版，第 87 页。

③ 石军玲：《雷锋精神学习读本》，新华出版社 2012 年版，第 74 页。

④ 石军玲：《雷锋精神学习读本》，新华出版社 2012 年版，第 83 页。

⑤ 石军玲：《雷锋精神学习读本》，新华出版社 2012 年版，第 51 页。

的积极能量。他经常以主人翁的姿态投身工作。他在日记里写道："人民的困难就是我的困难，帮助人民克服困难，贡献自己的一点力量，是我应尽的责任。我是主人，是广大劳苦大众当中的一员，我能帮助人民克服一点困难，是最幸福的"，[①]"每当我得到福利和享受的时候，就想起了白求恩，就先人后己，把享受让给别人"，[②]这种无私的情怀是他众多助人为乐义举背后的力量，也可以帮助我们去思考在职业劳动中义和利如何辩证取舍。

雷锋这种以服务国家和人民为己任，立足本职岗位，从平凡做起，从细微处钻研，将细小工作做对、做好、做实的精神状态，在20世纪60年代到80年代成为全中国人民学习的榜样。

三、新中国成立后"劳模运动"助力中国特色社会主义工匠精神的形成

前文提到新中国成立前中共中央开展了不少动员群众转变观念，积极参与劳动，发展生产，为中国革命和社会发展做贡献的活动，这些前期工作有助于广大工人、农民和知识分子认识到个体存在的价值和意义以及劳动本身的价值。但是客观审视，我们会发现新中国成立前的这些活动存在如下几个问题：主要在中央苏区和陕甘宁边区开展，地域有限；20世纪三四十年代战火频仍，生产和劳作具有很强的革命和战争痕迹，且经常被各类规模的战争干扰；主要对象是中共党员和红军、解放军战士，虽然对普通群众有影响，但是影响面有待拓展。

新中国建立后，这种状况有了极大的改善。国家摆脱长期的战乱状态，工人农民翻身获得解放，他们非常珍惜来之不易的和平环境，鼓足干劲想建设新中国，这是非常积极的复兴中国的力量。但是毕竟经历了多年战争，新旧交替，百废待兴，各种生产和管理关系有待理顺，有些观念需要转变，因此必须想办法树立标杆，动员全国人民拿出百倍的热情去建设国家。为此，党和政府沿用了革命战争时期的经验做法，依托社会主义劳动竞赛和生产运

① 石军玲：《雷锋精神学习读本》，新华出版社2012年版，第79页。
② 石军玲：《雷锋精神学习读本》，新华出版社2012年版，第87页。

动开展了形式多样的劳模运动。新中国成立后十年，中国一共召开过四次全国性的劳模和先进生产者大会（前者来自企业职工、农民和其他劳动者，后者来自机关事业单位职工），从基层或生产一线评选出万余名杰出代表，涉及工农林牧副渔等各个行业，其中最为后世熟知的是时传祥、孟泰、王进喜、倪志福、李四光、钱学森、华罗庚、焦裕禄、郭凤莲等，他们的共同特点是都来自各行各业，政治觉悟高，具有很强的奉献精神，把自己的才华、精力奉献到无限的社会主义建设中；不畏困难、艰苦奋斗、自力更生、刻苦钻研、勇于创新、不怕牺牲；他们的劳动与贡献在全国范围的各行各业产生了非常积极的影响。一时间，发挥主人翁意识，为国家为人民积极工作已经成为全国信奉的劳动价值。“文革”结束后，受到影响的劳模评选逐渐恢复，吸取十年动乱浮躁不稳的教训，1977—1979 年期间的劳模形象侧重于有实干型品质的,[①] 以铁人王进喜为代表的“大庆精神”成为这一时期社会主义工匠精神的重要代表。

王进喜是新中国第一代石油钻井工人，他出生于旧社会的贫苦农民家庭，儿时生活困苦，受尽折磨，十几岁在国民政府经营的小油矿上做童工。新中国让他有机会堂堂正正做了工人，宿舍安上了木板床，工作时穿上新工服，闲暇时还看上了新歌剧。他充满感恩，工作积极性特别高，他说：党把我们当主人，主人不能像长工那样磨磨蹭蹭、被动地干活。[②] 当时处于冷战包围下的新中国，外围环境形势严峻，国际敌对势力对我国经济进行着长期的禁运和封锁，军事上面临着威胁和挑战，国家亟需发展，但是普遍缺少石油，如何才能摆脱贫油帽子，国家着急，王进喜更着急。他暗下决心要打一场攻坚战，争取为祖国多打井快出油。为此，他创造性提出“蹲井”、24 小时“全天滚”的工作法，带领工人吃住在油田，创新思维，巧用各种办法克服当时技术薄弱、设备有限的难题，创下一月钻井进尺 5009. 47 米的世界纪录，王进喜因此被评为全国劳模。而他在北京出席劳模大会，看到北京公交车普遍背“煤气包”上路，他才知道玉门产油虽多，却根本满足不了全国的需求。

① 王永玺、张晓明：《简述中国劳模的历史发展》，《北京市工会干部学院学报》2019 年第 7 期，第 8 页。

② 中共甘肃省委党史研究室：《王进喜“铁人”称号的由来》，《百年潮》2014 年第 3 期，第 31 页。

他觉得是自己的工作没做好，为此自责到流泪。1960 年，王进喜响应国家号召，参加大庆石油钻井会战，有时为了工作甚至忘了吃饭，被当地老乡称为“铁人”。东北自然条件恶劣，钻井缺技术、缺机械，但是这些都没有难倒王进喜，他直面挑战毅然提出“有条件要上，没有条件创造条件也要上”的口号，极大地调动了工人们的积极性。作为从基层走上领导岗位的同志，王进喜跟工人打成一片，用工人易于接受的办法鼓舞工人的工作热情，比如说编写一些喜闻乐见的顺口溜写在黑板上，如中国人比较熟悉的“石油工人一声吼，地球也要抖三抖”，“石油工人干劲大，天大困难也不怕”，这些口号不仅能给工人鼓劲，而且某种程度上也是工人工作热情和工作自信的写真。王进喜在大庆开钻第二口井时，由于缺乏压井用的晶石粉，发生井喷，王进喜毅然用水泥代替晶石粉，并带着腿伤跳进拌浆池，用身体搅拌水泥浆以压住井喷，这种为国献身的精神令人动容。

王进喜干工作务实求真。他喜欢调研，条件艰苦从来不会阻碍其“蹲井”的热情，他不仅吃住在工作一线，而且利用这种工作形式充分地了解了矿井的工作过程以及工人的工作状态。虽然他记忆力很好，但是他习惯随身带着笔记本，喜欢把调研过程中发现的问题、想到的方法及时地记录下来，有时间就琢磨解决问题的方法，他发明了“深井快钻”“三泵齐开”“钻机整体搬家法”“并车起钻”等方法和措施，大大提高了工作效率，创造了我国石油开采的新纪录。王进喜有着匠人的求实精神，反对为了虚名弄虚作假。1961 年石油大会战关头，有人为了追求速度，打斜了油井，他首先检讨自己工作未监督到位，继而要求填井重打。队友们说：“填了这口井，就给咱们队史上写下了耻辱的一页。”王进喜反驳说：“没有这一页，队史就是假的。我们填掉的不单是一口废井，而是填掉了低水平、老毛病和坏作风。”这种务实的习惯，有效地保证了安全。据说，王进喜还有一个“特异功能”，他能通过听声音判断钻头工作的状态，从而排查安全隐患。而这个特殊本领竟然是他常年听着钻井声练就的。

王进喜忠于党的思想，学习毛泽东思想，但是他绝对不是死记硬背，而是活学活用。他学习毛泽东的《实践论》和《矛盾论》，提出“干，才是马列主义”，“人活着就要为国家、为人民干点事，哪怕少活他 20 年、30 年。

国家的事不干、人民的事不干，这样的人没用，活多少年有什么用?”① 由于王进喜长期不规律饮食，积劳成疾，最终因胃癌去世，年仅47岁。他的一生虽然短暂，但是他用行动活出了人生的厚度和质量。

劳模王进喜的“铁人精神”是新中国的工匠精神的主要代表，主要体现为如下品质：崇高的理想与家国情怀，以马克思主义思想为指引，以国家主人的身份为国家发展殚精竭虑，具有高度的使命感和责任意识；拼命钻研工作的忘我精神；练就一身硬功夫、真本领的科学求实精神；埋头苦干、不计个人得失的无私奉献精神。以王进喜为代表的劳模精神在20世纪50年代到70年代末，得到全国广大人民的认同，影响了当时社会共有的职业价值观。

如果说王进喜式的“铁人精神”是新中国成立后工匠精神的一种体现，那么“热爱祖国、无私奉献，自力更生、艰苦奋斗，大力协同、勇于登攀”的“两弹一星精神”则是新中国专业技术人员在应对外来强权压力下，维护中国尊严与安全的一种新的工匠精神气质。

新中国成立后到改革开放前较长一段时间内，中国处于中西方冷战的前沿，发达国家对中国的敌视情绪浓重，技术和资金壁垒高企。为了打破西方国家的核垄断和核讹诈，20世纪六七十年代，在爱国主义激情之下，国内外一批在核能、航天、航空、化工等领域的科学家、专业技术人员放弃国外和国内东部沿海地区优越的生活条件，隐姓埋名，扎根人烟稀少的荒漠戈壁，在条件艰苦、没有外援的情况下硬是把中国人造核弹、氢弹以及卫星送上天。赵九章、钱学森、邓稼先、钱三强、程开甲、于敏等一批科学家与广大基层科技工作者将爱国主义、集体主义激情与科学精神结合起来，自力更生、只争朝夕、勇攀高峰、忘我奉献，为新中国的工匠精神赋予了更为丰富的社会主义内涵。

“雷锋精神”“铁人精神”“两弹一星精神”……成为人们耳熟能详的中国精神组成部分。一群已经渐渐远去的新中国社会主义建设者，用他们的劳动和智慧铸就了工匠精神新内涵。劳动光荣、艰苦朴素、公而忘私的主人翁精神，是火红年代留给我们最重要的精神财富。

新中国工匠精神与传统工匠文化最本质的不同，就是通过旧民主主义革

① 曹荣辉：《铁人王进喜的人生轨迹与价值追求》，《大庆社会科学》2011年第5期，第26页。

命和新民主主义革命，逐步剥离、消解了传统工匠文化中的剥削性、阶级性以及重道轻器、轻视体力劳动，甚至不尊重劳动的狭隘倾向和错误观念，走向劳动光荣，劳动创造人民的幸福生活，劳动创造美好未来的新中国价值观、职业观。像王进喜、雷锋这样的新中国劳动者，在新时代成为社会平等的一员，与此同时，他们用辛勤的劳动和忘我的奋斗获得了价值与认同。正如2015年习近平在庆祝“五一”国际劳动节暨表彰全国劳动模范和先进工作者大会上指出：“一切劳动者，只要肯学肯干肯钻研，练就一身真本领，掌握一手好技术，就能立足岗位成长成才，就都能在劳动中发现广阔的天地，在劳动中体现价值、展现风采、感受快乐。”①

① 习近平：《在庆祝“五一”国际劳动节暨表彰全国劳动模范和先进工作者大会上的讲话》，人民出版社2015年版，第14页。

第四章　新时代工匠精神的当代内涵

中国历史上习惯于把从五四时期到新中国建立这段时期称为“现代”，把新中国建立到现在的时间称为“当代”。有必要强调的是，本书所指的当代与习惯分法有一定的区别，是指从中国改革开放至2050年前后这段时期。划分的理由是，这段时期是新中国建立后国家发展和稳定建设的重要时期。2050年以后，按照现在的预期，中国将进入社会主义现代化强国阶段，未来将朝着共产主义目标努力。

经济史学家可能把全球化的起点拉远至地理大发现，但是真正具有世界意义的全球化应该从20世纪80年代开始，中国改革开放后不久碰巧赶上这波浪潮，2001年中国加入世界贸易组织则进一步助推了融入全球化的进程。中国从计划经济模式向社会主义市场经济转变，并且逐步参与到世界分工链中，到2019年，中国已经成为世界产业链中不可或缺的重要环节，中国稳坐世界第二强国交椅，有望实现中华民族伟大复兴。在此过程中，中国社会发生了非常大的变化，主要体现在经济体制、生产方式、分配方式、职业分工、依附状态、价值认同等。

第一节　改革开放对中国劳动环境与观念的影响

一、社会主义市场经济所带来的重要变化

20世纪80年代，中国的经济体制改革矛头直指计划经济的弊端，在肯定

市场对社会主义国家发展具有重要价值的基础上，完成了对中国特色社会主义发展路径的一次成功探究。新中国建立后到20世纪70年代末，我国实行社会主义计划经济。这种经济模式对于经历长期战乱、百废待兴的新中国来说很有必要，对于处于冷战下的新生社会主义政权来说很关键。在这种体制下，政府作为总体规划师、总指挥，需要利用有限的财力，集中全国力量，通盘考虑哪些区域需要优先发展，哪些领域需要重点发展，哪些人群需要加紧培育，哪些设施需要抓紧建设，目的是健全国民经济，让人民群众感受到社会主义制度的力量与关怀，同时在世界舞台站稳脚跟，并拥有一定的防卫实力。

计划经济的最大优势是可以集中力量办事情，在一定程度上避免盲目建设、重复生产、恶性竞争、资源浪费、工人失业等。但是计划经济也有不少弊端：生产由国家与集体控制，企业和员工的自主权小、经济收益有限，市场灵活性不大，很难反映供求关系，不能适应世界市场发展需要。而市场经济恰恰在改善此类弊端方面有一定的优势。社会主义市场经济是让市场在资源配置中发挥主要作用，由单一所有制向混合所有制转变，既保证政府的指导地位，又能发挥市场在经济发展中的重要调节作用。

20世纪60年代初期，工作与劳动很少被看成是纯粹个人的事情，更多的是国家与集体发展的一部分，劳模的无私奉献是这一时期工匠精神的主流。但到了20世纪70年代末至80年代初，主要基于家国情怀的带有政治、革命和无偿奉献特征的工匠精神到了亟待完善的阶段。以按劳分配为主，其他分配方式为辅的分配制度为改革开放后工匠精神的完善提供了可能。这一新分配方式打碎了平均主义，让劳动者的个体特色、劳动积极性和创造性得到了彰显。党的十六大报告指出：确立劳动、资本、技术和管理等生产要素按贡献参与分配的原则，完善以按劳分配为主体，多种分配方式并存的分配制度。[①] 由此，劳动本身只是一类生产要素，它可以和资本、技术、管理等一起影响分配结果。生产要素参与收益分配的原则是“按贡献”，[②] 劳动者的劳动

① 江泽民：《全面建设小康社会开创中国特色社会主义事业新局面》，人民出版社2002年11月版，第28页。

② 洪银兴：《兼顾公平与效率的收入分配制度改革40年》，《经济学动态》2018年第4期。

真正地属于了自己。此外，劳动者的收入不像以往限制于劳动收入，或投资等非劳动收入，只要取之有道，只要有利于社会主义发展，也同等视为合法收入。这一转变直接刺激了中国农村人口向城市的迁移，甚至带来中国传统社会结构、大众思维模式以及价值模式的迅速转变。

列宁曾经指出："从手工工场向工厂过渡，标志着技术的根本变革，这一变革推翻了几百年积累起来的工匠手艺"。[①] 虽然列宁说这句话时所指向的年代不同，但是他所说的这个变革和结果在中国确实发生了。与此同时，符合现代市场经济规律和社会交往的一套公共伦理规则逐步建立起来。一定程度上讲，中国工匠从源于传统家文化下的内向保守性，在中国改革开放后，随着职业生活成为中国人的重要生活方式，而转向公共性、契约性的趋势变得越来越明显。在市场经济下，工匠精神成为一种非常值得欣赏的公共精神。

二、经济全球化所带来的变化与冲击

20 世纪 80 年代以来，经济全球化是人类经历的最为明显的经济变化方式。石油危机、信息技术革命和跨国公司数量与规模的快速发展均被认为是推动这一方式转变的重要力量。在此之前，世界的贸易和分工模式基本是发达国家生产工业品，欠发达国家主要提供初级产品或原材料。而经济全球化则是在发达国家推动之下，使得资本、技术、劳动力、资源等在全球范围实现有机整合。发达国家的资本和技术与发展中国家的劳动力、资源、市场等成为一个流动又紧密的世界分工体系。在经济全球化下，中国融入世界市场的速度超过任何其他一个大国，中国获得了发展所需要的技术和资金，同时为扩大出口获得了更为宽广的舞台。其挑战是传统产业结构、传统生产方式、民族工业、中国自有的伦理和价值观等面临外来生产方式与价值观的影响。

20 世纪 80 年代初到 21 世纪初，发达国家的劳动密集型产业大举向发展中国家转移，为中国人提供了不少就业的机会，客观上增加了我国的贸易收入，提高了国人的收益。但是由于全球化的分工不是以一国产业结构的均衡发展为基础，而主要是以发达国家的全球产业结构布局为基础，因此一些主

① 列宁：《列宁全集》，人民出版社 2013 年版，第 415 页。

动加入或被动卷入其内的中国人，不得不与传统工业、民族工业等挥手再见，传统工匠文化中的“守业”精神经受了前所未有的考验。市场注重效益、竞争与利益的一面深刻地影响着国人的价值观、择业观和从业观，产生较为明显的副作用，一度令“中国制造”成为粗制滥造的代名词。全球化的第二阶段大约从21世纪初开始，一直延展到世界各地，主要表现为服务业向新兴发展中国家转移，而获得一定阶段发展的新兴发展中国家已经能够发挥自身积累的优势，开始进军欠发达市场，并在某些领域拥有打入发达国家市场的能力，因此国际竞争加剧，发达国家的民族主义情绪增长，保守性日趋明显。两者之间的关系没有之前看上去和谐，甚至摩擦不断。如何加强自我的力量，加强技术创新？避免同质化是一条重要的路径。

同质化是全球化时代之忌，创新创造则为破解之道。美国、德国、日本等是较早融入全球化的国家，创新文化成为它们工匠文化的重要组成部分。全球化时代的创新不是四处撒网，而是在法治与伦理的框架下，潜心研究本国本行本业优势，专心专注，在质量上、设计上、服务上推陈出新，经得起世界竞争的考验。

经历过改革开放前期快速而粗放式发展之后，中国的GDP增速举世瞩目，中国人的生活相较以往得到了较大改善。同时一系列的主客观因素也让国人感受到这种生产方式具有一定的不可持续性。一方面，中国已经形成了比较庞大的中产群体，他们的生活品质需要提高，注重优质商品以及精细化服务；另一方面，劳动力成本升高，倒逼中国必须进行供给侧结构性改革，提升制造业和服务业的水平。德国、日本等西方发达国家注重质量和创新的工匠文化，给国人很大的启示。中国致力于在互联网、智能制造、现代物流、电子商务、生物工程等先进领域深耕，不断获得创造性突破。潜心创新是现代化赋予工匠精神的新内涵。

三、智能化时代带来的新挑战

2014年6月，在“人工智能之父”阿兰·图灵于1950年提出图灵测试概念半个多世纪之后，俄罗斯人弗拉基米尔·维西罗夫（Vladimir Veselov）开发的一款软件Eugene通过了原版图灵测试，这一事件标志着人类技术史上的一个新时代——智能化时代的到来。移动互联网、物联网、大数据以迅雷不及掩耳之势渗透生产、经营、管理、服务等各个领域。未来人类将越来越多地被各种智能化设备或机器人所包围，人类的生产方式、工作方式、休闲娱乐方式等均会发生比较大的变化。

首先，很多体力劳动、机械性劳动或简单劳动正在或将要被机器与人工智能代替，眼下最直观的莫过于银行、证券公司正在大规模裁减前台服务人员，停车场陆续在启用智能停泊车以及自动收费系统。其次，智能化时代，大规模定制成为可能，团队协作以及跨行业、跨领域合作成为必需。以新型制造业为例，运用机器人作业成为常态，快速大量出产的产品倒逼生产者提高品质意识，力争全产业链的品质保证。如果说以往消费者的需求是“有没有”的话，那么智能化时代就是“好不好”“美不美”。再次，突破性创新仍然为这个时代所需要，但是渐进式创新将是智能化时代的重要特征。“这种全新的创新方式把创新不仅仅界定为整个流程的前端，而是延伸为全流程改进优化和持续创新。根据熊彼得的技术创新理论，智能化时代的创新更趋向后端的、靠近产业化的渐进性创新，即在全流程优化创新环境中加速创新成果的产业化。”① 在这种情况下，创新将是一个跟生产、服务、销售、售后等整个环节相关的过程，既包含工程师、设计师，又有销售人员、维保人员、电子网络后台等，他们中每个人都可以在创新中发挥作用，而不是像传统时代那样，有些人专攻技术突破或创新，而有些人专注于技术劳动本身。因此团队协作、协同创新、全产业链或服务链管理显得更为重要。

智能化时代，最大的挑战是智能机器人和自然人劳动者在工作上的竞争与协调。普通劳动者数量下降，能够与机器人配合作业的劳动者的需求大大增加，一专多能的劳动者更符合智能化时代的要求，“新工匠脑体结合、技能全面化、努力实现机器和人之间的自由沟通，构建一个融合的人权共生系统”，② 这对劳动者的职业精神心理、状态和精神追求都会产生比较大的影响。

① 匡瑛：《智能化背景下“工匠精神”的时代意涵与培育路径》，《教育发展研究》2018 年第 1 期，第 39 页。

② 李淑玲：《智能化背景下工匠精神的新结构体系构建——基于杰出技工的质性研究》，《中国人力资源开发》2019 年第 8 期，第 117 页。

第二节　当代工匠精神的主要特征

当代中国的工匠精神形成于中国改革开放并主动融入全球化的重要时期。社会主义市场经济与全球贸易大大拓展了中国传统匠人和劳动者的视野和职业空间，拓宽了中国传统工匠文化的边界。工匠文化中的私德范畴变小，公德范畴增大，尽心尽职除了是私人德行，更是需要遵守的社会规则和契约。综合来看，当代工匠精神主要有如下几个特点。

一、尊重市场规律和规则的意识

正如前文所述，当代中国是社会主义市场经济的中国，是改革开放的中国，是全球化和智能化进程中的中国，是行进在实现中华民族伟大复兴的中国。中国发展得益于社会主义市场经济与全球化。市场释放自由度和创造性，鼓励积极主动工作，同时也要求企业和员工有只争朝夕的竞争意识、敏锐的市场直觉、公平的竞争态度，守护公共企业管理规定和整个社会法律规章的习惯，因此尊重市场规律和规则，按照市场可接受的方式进行生产与分配、交往与协作、管理与监督，应是当代工匠文化中的重要组成部分。尊重市场、顺应市场，积极参与竞争，不仅是国人职业工作所应有的精神气质，而且是国人参与国际合作应有的素质。

二、契约性的爱岗敬业精神

改革开放前，国民经济结构比较单一，城乡二元制分野清晰，农业人口占中国总人口的比例很高，国民职业结构简单，种类有限。在政治教育、信仰教育、爱国教育、感恩教育为主导教育的社会背景下，国民的职业之爱和爱国之爱几乎重叠。从依附关系上看，农民依附于土地、城市居民依附于政府或集体办的企事业单位。改革开放后，这种状态得到较大的改善。在第一、第二、第三产业基础上细分出很多职业，某种程度上，职场是一群有自由意志的劳动者从事的某种公共性活动的平台，职业互动与传统的以家庭、家族、国家集体为中心的社会活动相比，具有较大的开放性、自主性、参与性、渗透性、互利性。个体既对职业劳动具有一定的依附性，同时也有相对的独立性。劳动者的自我定位在以往主人翁的基础上又多出一个服务者的定位，且两者并不矛盾。同时，这里的服务不仅仅是服务国家、集体、家庭，还包含以平等的心态服务于社会不特定的对象。

在完全废除阶级剥削和等级压迫的社会，按照社会主义市场经济运行的需要，国家和社会产生各类劳动需要，这些需要与国家发展和社会的持续完善有关，劳动者根据自身的能力与需要，自主决定是否付出和如何付出自己的劳动力。改革开放后，中国劳动者第一次真正拥有了自主、自由、平等选择劳动方式和劳动内容的机会，这些机会可以让个体展示自己的能力与贡献，获取报酬与尊重，实现社会价值成为可能。因此，在这样的背景下，尊重自己和他人的劳动，喜欢自己的职业选择，重视自己和他人从事的职业成为当代工匠精神应有的内涵。真正的“爱”，是发自内心的喜欢与欣赏、不被强迫的选择与自主、不畏劳顿心甘情愿地付出。当国人有了自由选择职业的可能时，因爱一行而干一行，因爱一行而钻一行的人越来越多。这些人愿意把时间、精力和智慧献给自己喜好的事物，而且愿意为完美而不断追寻。在笔者访谈的诸多杰出工匠中，很有共性的是：他们十之八九在工作中找到了对工作的爱，且多数的爱非金钱能够交换与衡量。

此外，还有一点较为现实的是，社会主义市场经济使得劳动者与用人单位之间的市场性、契约性显得尤为显著。这也在某种程度上凸显了中国工匠精神背后的法律特性，而以往中国的工匠文化中法律契约性是较为薄弱的。社会主义市场经济条件下，劳动者与用人单位之间是契约关系，爱惜岗位、敬业劳作就是劳动者的契约责任。明确了解自己的工作内容、工作义务，在规定的时间内，在特定的职业场所下，投入地工作，持续地学习，让自己能够胜任工作岗位，这是劳动者履行契约的重要体现。相反，如果三心二意，随意对待工作，实则是没有契约精神的体现。

三、精益求精以质取胜的精神

中国主动参与全球经济的实践以及德、日等发达国家的发展经验表明，质量是国家核心竞争力的象征。如果说改革开放初期，廉价的劳动力和商品帮助中国获得了不少投资与贸易机会，那么中国长远发展还靠廉价劳动力与商品行不行得通？答案非常确定：不行！首先中国人口政策和人口结构决定了中国的人口红利已经日渐稀薄。其次，廉价商品利润低廉，短期获利不错，长期对中国制造业品牌的负面影响很大。历史上“德国制造”曾是伪劣产品的代名词，但是德国人痛定思痛，严把质量关，20世纪70年代开始，在世界树立德国制造的世界知名度，成功塑造了宝马、西门子、大众等一大批全球知名品牌，以及很难用具体数字概括的一大批质量过硬的中小企业，它们被称为“隐形冠军”。

中国在经历过一段时间的粗放式发展后，也认识到质量是产品的灵魂和生命线，是富国的重要手段。2011年，我国明确提出“质量强国”战略。国家强，则质量必须强。经济社会又好又快发展，必须好字当头，质量第一。为此，在弘扬传统工匠文化里已经包含的精益求精精神之外，还要引入世界先进质量监控体系与质量标准。在古代，产品质量好坏要么依赖工匠的个人修养，要么依赖严苛的皇家标准。传统良匠的个人修养自然有继承的必要，但是毕竟人数太少，不能满足现代大工业、大生产、大市场的需要。“物勒工名”制度是中国历史有名的质量监控制度，但是以当代的道德标准看，它必须进行改造。最好的办法是建立一套人道的现代质量监控体系，当代的精益求精、质量至上，就是按照不断完善的质量监控体系开展工作并进行质量管理与服务追踪的。

以华为为例，它能从深圳南山的一个小电子企业成长为世界著名电子品牌，靠的是一群有质量意识的管理者和员工。几十年来质量意识已深入华为员工的骨髓，形成一套难以撼动的质量制度。为改进一个在跌落环境下致损概率为三千分之一的手机摄像头的质量缺陷，华为会投入数百万元测试，最终找出问题并解决。除对待产品的精细态度外，华为多年来构建了一套坚实的大质量体系，用制度支撑“质量优先”战略在各个环节的落地。在成为业界标杆之后，每年依然要以 20% 的改进率去改进质量。[①]

质量永远是市场竞争力的试金石，身处当代生产方式中的每个职场人士都需要内修精益求精的质量意识，也都应该在实践中坚决落实这一点。

四、以思为主的持续创新精神

当代中国社会，最显著的特色就是经济发展日新月异。总体和平的国际国内环境、有活力的国际国内市场等都是其推动力。在前文讲述古代工匠文化时笔者就提及，创新是人类的劳动组成的重要方面，人类的进步离不开创造性劳动。中国人通过体制创新进入中国特色社会主义新时代，而中国社会主义新时代建设目标的完成也离不开创新。时下政府鼓励“大众创业，万众创新”可以被视为对创新的肯定与激励。有个问题需要留意的是：当代的创新意识与古代创新文化相比有什么不同呢？联系时代背景，在笔者看来主要有以下两个方面。

（一）当代创新是守正创新

“守正”即是要坚守正道，把握事物本质、遵循客观规律。《现代汉语词典》对“创”的解释是“开始做、初次做，例如首创，创新纪录”；对“创新”的解释是：（1）动词，抛开旧的，创造新的；（2）名词，创造性、新意。[②] 这种解释相对宽泛，似乎凡是新的就可以叫创新。实际生活中不少人也是这么认为的，只要是以前没有过的、别人没有想到的，无论是形式还是内容、方法还是路径、理论还是实践均是创新。但是这种缺少价值判断的创新，其实是很成问题的。

在互联网时代，不少哗众取宠却非常恶俗的段子是创新吗？闭门造车式的、从不考虑现实运用和转化的所谓“新研究”是创新吗？笔者觉得这两类都不是。真正的创新首先当然要有新的东西产生，其次这种创新能够给社会

① 《用“工匠精神”打造“质量时代”》，新华网，http：//www. xinhuanet. com//food/2017 - 03/10/c_ 1120606654. htm，2019 年 8 月 20 日。

② 中国社会科学院语言研究所词典编辑室编：《现代汉语词典》，商务印书馆 2005 年版，第 214 页。

带来积极正面的推动和帮助，能够对形成新的生产力产生影响与帮助。这里，笔者部分吸收了经济学家熊彼特的观点，他认为："innovation 是一个经济概念，而不是技术概念，是经济生活中生产要素和生产条件的重新组合，是将技术等要素引入生产体系使其技术体系发生变革的过程，是对现存生产要素进行创造性破坏。因此，它是指改变一种生产函数，或者建立一种新的生产函数。"① 清华大学吴金希副教授也认为虽然不能照搬熊彼特的创新概念，但是创新的概念外延确实不能太大，他认为"科学技术本身不是现实生产力，只是潜在的生产力，科学论文、技术专利永远不会自动转化为生产力。更准确地说，决定国家繁荣的动力来自创新过程而不是科学知识本身"。② 由此可见，首先创新的基础是守正，如果缺"正"，脱离传统精华、脱离客观规律，为单纯求新而抛弃旧有的内涵，则这种创新既无积淀也缺乏灵魂。当代的创新是在葆有古典性精华的基础上有新的创设。其次，有利于社会发展的新发明、新发现、新模式及其运用过程也是创新。为新而新，为博人眼球而搏出位的"新"背离了创新的本质。

（二）当代创新是以思为主

有人认为，智能化时代，既然人工智能运用能取代人工，技能型人才还有多大的存在空间呢？遑论工匠精神。对此，不少专家的观点恰恰与之相反。他们认为智能化时代仍然需要工匠精神，而且更加需要创新精神，只不过智能化时代的工匠精神，特别是创新精神有其新特点。专家们比较集中的理由是：无论智能如何发展，科技如何进步，都离不开人类的智慧，那是人工智能所无法取代的。

还有人进一步质疑，传统意义上工匠以勤劳、努力、积极，不吝惜贡献手艺和气力为上，在人工智能时代，还能作为工匠精神的根本吗？叶龙、王蕊、唐伟等人在《清华大学学报》的文章比较有代表性，他们认为，在智能化时代，传统意义上的劳动或者劳动者都有可能被代替，因此有必要对智能化时代的"劳动"以及"劳动者"的概念进行重新界定。由此他们认为：

① 吴金希：《"创新"概念内涵的再思考及其启示》，《学习与探索》2015 年 4 月，第 124 页。

② 吴金希：《"创新"概念内涵的再思考及其启示》，《学习与探索》2015 年 4 月，第 127 页。

"对技能本质进行重置并将其分为动作和思维两个维度，古代对于技能的动作层面的强调在自动化时代已经不合时宜，思维在新时代工匠技能的展开中日益凸显，工匠精神主要以'思'为生的职业劳动者为承载，他们将是在传统工匠可能消失的前提下，成为新时代工匠的重要组成部分。"① 传统的以单个工匠为主，纯粹技艺上的更新突破将不是主流，人工智能与多行业互相渗透、多产业互相协作是智能化时代的生产方式。这客观上要求参与者要有较为广博的知识基础和抽象思维能力，能够全流程式追踪生产与服务，从而在某些关键性环节找到可能进行突破性改进的缺口。

智能化时代，人类的创新不仅很必要，而且会比以往任何时代都要迫切，一个显而易见的道理：人工智能在伦理上不能突破人的控制。因此，人类更需要在能力与手段上跑赢机器或智能设计，而这同样离不开技术或研究上的精益求精，与以往所不同的是，这种精益求精的态度会更多表现为以思考、归纳、抽象、推演、突破为主要特征。

具体到中国，无论是党的十九大报告，还是2019年10月党的十九届四中全会通过的《中共中央关于坚持和完善中国特色社会主义制度、推进国家治理体系和治理能力现代化若干重大问题的决定》，均强调创新的价值与意义。特别是后者明确强调：弘扬科学精神和工匠精神，完善科技人才发现、培养、激励机制。未来的智能化时代创新人才的培养是弘扬工匠精神的应有之重。

五、公共性的为人民服务精神

现代市场的流动性，真正实现了生产与产品、服务与受众的某种程度上的分离。劳动者的劳动价值、劳动意义被交给一个相对开放的不特定的对象评价，具有非常强的公共性。市场经济的契约性，使得具有公共意义的劳动在质量上受到远严苛于传统差序道德约束的制约。在市场经济体制下，产品或服务的好坏很大程度上取决于其是否具有比较优势。实践证明，比较优势

① 叶龙、王蕊、唐伟：《以"思"为生：技能的本质与新时代工匠精神的重构》，《清华大学学报(哲学社会科学版)》2019年第4期，第125页。

主要体现为价格优势和质量优势。价格优势取决于成本与市场供给，质量取决于技术与创新能力和服务品质。改革开放前，生产主要为国内市场服务，改革开放四十多年来，中国已经主动地融入到世界市场，在获得巨大机遇的同时，也面临着全球性的挑战。在此背景下，市场经济时代的工匠精神具有了新的更适应时代的特色——在现代法治与伦理范畴内追求公平竞争，在传统与现代的转型中既守正亦创新。这是鼓励自由竞争的中国特色社会主义市场经济赋予的，也是走向全球化的中国在与世界竞合过程中必须具备的职业素养。

市场经济总体来说是柄双刃剑。它既鼓励了人们的生产积极性，又极易造成人们对财富和利益的过度追逐。如何避免过度功利化，保持社会主义道德规范应有的为人民服务的热诚，这一点尤为珍贵。因为一方面需要人们克服私欲，另一方面又要有在市场经济狂潮中保持不被利诱和裹挟的定力。具有工匠精神的员工会有严格的原则、准则和底线，这些构成生产好作品或提供好服务的保障，它们虽然存在于市场经济中，但是属于非商业化的精神财富。

第五章　新时代工匠精神的外来内涵

自汉朝以降，至明朝实行海禁，中国对外一直是开放的，中外工匠制作的器物作为商品或者礼物互相交换。南北朝到隋唐时期，不少北方域外胡人、西域商人来到中国，中国也有商人前往上述地区，商品交流带动技术和文化的交流。敦煌莫高窟以及敦煌一带出土的文物不少吸纳了西亚或南亚印度的工艺风格。受限于交通与技术等原因，外来工匠文化的影响限于器物制作技艺上的吸纳，文化上的实质影响较小。而且，奴隶社会和封建社会国家里，无论是西方还是东方，都鄙视劳动和劳动者。连哲人亚里士多德也认为劳动是奴隶的专利，沉思和言说是哲学家和公民的权利，那种为了满足人类生存的劳动是限制人类自由的枷锁。苏格拉底曾经把不进行批判和系统思考的人比喻成诸如陶工似的工匠。柏拉图甚至幻想建立一个劳动专属于奴隶从而彻底解放自由民的国家。雅典公民社会是西方早期文明的基础，但是在人数占绝对少数的自由民和贵族看来，为社会提供劳动和财物的奴隶，是卑贱得无足轻重的。

西方和中国封建统治阶层一样认为“工匠的技能主要体现在外显动作以及动作的熟练程度上”①，并不涉及深度的思考。控制中世纪欧洲人思想的教会神职人员，认为只有罗马教会的神职人员禁欲侍奉神明才是高尚的“天职”，而世俗劳动只不过维持生存需要，无关道德。因此基督教看不起劳作和商业活动，甚至给它们扣上不道德的帽子。欧洲大陆这种对劳动的鄙视直到新教改革才发生了较大的改变，改变的结果就是以新教为主的一些国家，比

---

① 叶龙、王蕊、唐伟：《以“思”为生：技能的本质与新时代工匠精神的重构》，《清华大学学报（哲学社会科学版）》2019 年第 4 期，第 127 页。

如德国、丹麦、挪威、瑞典、冰岛、芬兰、英国、美国、澳大利亚、新西兰等国，对劳动的观念发生了颠覆性的变化，尽职劳作被看成是珍惜上帝恩宠的表现。以德国为代表的工匠文化经过工业革命，在世界闪耀着令人敬畏的光芒，在近现代以过硬产品和服务影响着中国工匠精神内涵的构建。

客观上讲，在清朝中期以前，以儒家文化为核心，融入道家、释家思想的中华文化，对韩国、日本、越南等地影响较大，这些地区的早期工匠文化因此有着明显的中国印迹，本土化改造后，外传文化呈现出相对的独特性。东亚朝贡体系发挥影响时，中华帝国的威严和文化底蕴使得日本、韩国的工匠文化当时对中国的影响较弱。有意思的是，时光走到 20 世纪末 21 世纪初时，有着中国底蕴又自成特色的日本职人文化，伴随日本国力走强，又以令人敬畏的方式影响着中国人，一段时间以来，日本的敬业精神成为中国人仰慕和争相学习的榜样。

第一节　天职观和新教伦理对西方职业观念的形塑

西方现代职业精神发端于文艺复兴及其后的宗教改革，新兴资产阶级、手工业者冲破了笼罩欧洲大陆千余年的宗教牢笼，实现了劳动观点和职业态度的精神革命。在 16 世纪的宗教改革中，马丁·路德从宗教角度重新评价世俗劳动的价值和地位，他将人在世俗社会的劳动看成是 Beruf[①]，认为职业是“上帝应许的唯一生存方式，不是要人们以苦修的禁欲主义超越世俗道德，而是要人完成个人在现世里所处地位赋予他的责任和义务，这是他的天职”。[②]他指出教皇主教不一定是高端的，商人、手艺人不一定是卑贱的。一切工作皆天职，都是来自上帝的 Calling，即“神的召唤”，是神留给个体的任务，也是神对个体的厚爱，而且每一种正统的职业在上帝那里都是具有完全同等的价值。“人应当永远安宁上帝给他安排的身份、地位和职业，把自己的世俗活

① Beruf：德语单词，职业、志业、职务之意，其词源有浓厚的宗教色彩，本义为神的召唤。

② 马克斯·韦伯著，于晓、陈维纲等译：《新教伦理与资本主义精神》，三联书店 1987 年版，第 59 页。

动限制在生活中既定的职业范围内”。[①] 尽职工作就是去协助上帝善待众生，同时也是胞爱的外在表现。路德通过宗教的方式为世俗活动辩护，客观后果是世俗劳动受到越来越高的道德重视。路德的改革对新教国家的工匠精神的萌发起到了启蒙作用，路德的贡献在于他指出职业劳动不是卑下的，这是一场观念的革命。但是路德的改革也有一定的局限性，在他看来，人不得不接受神给自己的安排。这对于人的职业精神的激发其实还是远远不够的，而这些，在路德的后继者们，在新教的加尔文宗以及其他新教教派那里有了更大的突破。

真正使职业劳动成为推动社会发展，成就资本主义精神的，还在于清教的加尔文宗、虔信派等，他们建立起了劳动与禁欲主义间的有效链接。禁欲被看成是坚定信仰荣耀上帝的手段。宗教改革前，追求财富会被看成是放任欲望的行为。但是在清教虔信派看来，“在一项职业中的劳动也是一种最好的禁欲活动，上帝自己就是通过他选民的劳动的成功而降福于他们的”[②]。可见，在新教的伦理中，追逐财富没有过错，挥霍财富却不被倡导，理由是占有财富可能导致放纵懈怠，这最终会阻碍人们尽心劳作，不能增益上帝的荣耀。因此禁欲主义在新教伦理中有了新的方式，新教认为“虚掷时光便成了万恶之首，而且在原则上乃是最不可饶恕的罪孽。人生短促，要确保自己的选择，这短暂的人生无限宝贵。社交活动，无聊闲谈，耽于享乐，甚至超过对健康来说是必不可少之时辰（至多为6—8小时）的睡眠，凡此种种皆位于应遭受道德谴责之列……时光无价，因之虚掷一寸光阴即是丧失一寸为上帝之荣耀而效劳动宝贵时辰”。原因是上帝更乐于人各事其业以积极践履他之意志。[③] 在新教看来，“除了粗茶淡饭和冷水浴外，用来抵御一切性诱惑的药方与用来抵御宗教怀疑论的和道德上的寡廉鲜耻的药方一样，那就是‘尽忠职守’，不

① 马克斯·韦伯著，于晓、陈维纲等译：《新教伦理与资本主义精神》，三联书店1987年版，第63—64页。

② 马克斯·韦伯著，于晓、陈维纲等译：《新教伦理与资本主义精神》，三联书店1987年版，第103页。

③ 马克斯·韦伯著，于晓、陈维纲等译：《新教伦理与资本主义精神》，三联书店1987年版，第123页。

过，最重要的乃是更进一步把劳动本身作为人生的目的”,[①] 可见，劳动还是抵御欲望、增进人生价值的手段，厌恶劳动本属堕落的表征。

新教还认为人人必须劳作，不劳者不得食，即便是那些无需靠劳动获取生活必需品的，同样要跟穷人一样，因为劳动是上帝的圣训：“上帝的神意已毫无例外地替每个人安排了一个职业，人必须各事其业，辛苦劳作。”而且那些从事专业劳动的人因为有序的工作，而不会像无所事事者陷入迷乱，“虔诚的表征便是他从事职业一丝不苟，颇有条理”。[②]

新教的天职观使人们从事的每一份职业都具有了神圣感和使命感。敬业成为宗教虔诚的衡量指标，因为在新教看来谁能进天堂就看在现实生活中的成就，成就越高越能证明是上帝最好的选民，越有可能进天堂。由此，发生了一个观念的颠覆性的变化，以往无关道德的劳动，被赋予了德行和宗教光环，以往被鄙视的获利，也被看成是上帝恩宠的体现。“你须为上帝而辛劳致富，但不可为肉体、罪孽而如此”。[③] 也就是为了上帝的目的追求财富是道德，只有它是为了满足私利时才是卑贱的。新教的变革让很多人感受到，人可以在各行各业中得到拯救，关键是要只争朝夕好好工作。手工业者在新教改革后，逐渐从农业中分离出来，他们成立行会或自我管理组织，内在的职业规则、伦理、文化渐渐形成，在马克斯·韦伯看来，这种伦理观成为资本主义精神世界的重要组成部分。努力成为节制有度、坚韧耐劳、自我奋斗的好人是做人的追求，而这些汇合成巨大的推动资本主义社会进步的力量，客观上这一观念的形成推动了以德国为代表的西方敬业文化的出现，并且成为西方职业精神的关键性底色。这是天职观的积极意义，当然，需要指出的是天职观在资本主义发展过程中，由于资本的贪婪性、金钱的诱惑，它的积极性也在不断被侵蚀，不少企业和个人不是“入世禁欲”，而是“入世纵欲”，消费主义大行其道，这在20世纪表现得尤为明显。

---

① 马克斯·韦伯著，于晓、陈维纲等译：《新教伦理与资本主义精神》，三联书店1987年版，第124页。

② 马克斯·韦伯著，于晓、陈维纲等译：《新教伦理与资本主义精神》，三联书店1987年版，第126页。

③ 马克斯·韦伯著，于晓、陈维纲等译：《新教伦理与资本主义精神》，三联书店1987年版，第127页。

努力工作、好好工作就可以进天堂，宗教思想上的变迁对于受压迫的劳动者来说无疑是福音书，吹响了他们解放的号角。“入世禁欲”让清教徒们成为生活节制而工作卖力的人。博世公司是德国有着一百多年历史的大型企业，其创始人罗伯特·博世就是一位刻苦专研的工程师，尽管企业发展规模很大，但是他却把很多的收益投入到公益的事业上，直到今天博世股份内部大部分分红都会投入到博世基金会，对老博世来说，赚钱本身不是目的。再比如，美国福特汽车的老福特也是一样，一生过得简朴自然，他的清教徒气质决定了他赚钱只是为了证明“我是上帝最好的选民”。

近现代以来，宗教产生的文化性影响传承下来，就是美欧很多人信奉的“志业精神”。即做什么事情与内心的志向有关，“志业可以说是天职的世俗版本，做工作不是为了混口饭，为‘稻粱谋’，而是听从内心的一种声音、一种召唤而从事自己的职业，这个职业就叫做志业”。①

在中西交流之中，宗教性的新教伦理在中国的应和并不响亮，但是新教伦理长期塑造出的只争朝夕全心全意工作的西方现代职业态度和积极的“志业精神”对现代中国人的公共职业精神还是有比较大的影响。这种影响主要是伴随中国的改革开放传入中国，主要传递中介有日本企业、德国企业、美国企业及其员工。“志业精神”比较好地解决了一个社会性工作、服务性工作、雇佣性劳动背后的终极意义问题：我为什么要工作？为什么这项工作是适合我的/属于我的？关于“为什么需要工作”，最容易获得的答案就是需要追求物质、金钱或权力，但是这些是不是终极的答案？明显不是。人都追求利益，但是有两种不同的利益，一种叫外在利益，一种叫内在利益。外在利益具有可替代性和非永恒性。而内在利益是满足人内在恒久的一种追求。“志业精神”能回答：我从事某种工作，是因为我愿意去做这项工作，我天生适合这个工作，我愿意把它做好。做好这个工作，本身可以成为目的，也可以成为手段——实现人生价值和意义的手段。

“志业精神”与工业化是特别契合的文化，它自然而然地塑造了西方发达国家敬业员工的职业性和专业情怀。而中国人广泛地参与公共性的职业劳动，

---

① 许纪霖：《从文化角度解读“工匠精神”》，中国社会科学网，http：//mc. cssn. cn/ddzg/ddzg_ldjs/ddzg_ wh/201608/t20160826_ 3177798. shtml？COLLCC = 3806513958&。

恰恰时间并不是很长，西方“志业精神”的传入可以帮助从传统伦理背景下走向现代社会的中国人回答“我为什么替陌生人做好产品，搞好服务?”“我应该在一个绝对资产与权力不属于我的公司或单位里怎样表现才算是合适得体又符合契约精神?”等各类问题。

第二节　德国工匠精神及其对中国的影响

19 世纪之前，德国是一个分裂的国家。1871 年，“铁血宰相”俾斯麦领导德国完成统一，他加强军工，使得德国成为第二次工业革命的中心。德国的匠人精神开始渐渐有了世界影响力，这种影响力一直延续到今天。那么德国人的匠人精神源头在哪里？德国的匠人精神有哪些表现，又在哪些方面对中国人工匠精神的培育有着实质上的影响呢？

一、德国匠人精神的形成原因

（一）宗教改革与德国的哲学理性文化传统是德国工匠精神形成的思想前提

如前面第一节所述，德国人马丁·路德在 16 世纪推行的宗教改革，对欧洲，包括德国都是一次重要的启蒙，在与罗马教廷控制的神学世界的辩论中，新教力量从无到有，天职观成为激发人们世俗工作的积极动力。就像马丁·路德所说的：即使我知道整个世界明天将要毁灭，我今天仍然要种下我的葡萄树。

宗教改革更为重要的是，在对神学的思考与宗教的辩论过程中，德国人的理性被激发了出来。“从‘德国启蒙哲学运动之父’托马修斯倡导的理性知识的运用到莱布尼兹创建的德国近代第一个“单子论”形而上学体系，再从康德的批判哲学到古典哲学的最高成就——黑格尔唯心辩证法和费尔巴哈唯物主义，无不体现了德国严谨、理性、思辨的哲学思维传统”。[①] 以莱布尼兹为例，他用“单子论”解释自然界的规律，强调物质和精神、物质和运动的一致性，后被另一位启蒙哲学家沃尔夫继承并发扬，在本体论、宇宙论方面大大拓展了人们的思维，推动了科技文化在德国的传播。而沃尔夫哲学又深刻影响了康德和黑格尔，后两者又影响了马克思、恩格斯，他们在前人的基础上突破性地提出了辩证唯物主义和历史唯物主义哲学。一次次哲学思潮，再通过德国相对世界其他地区很早就设立的大学，经由教育被日渐普及化，哲思影响着德国人的思维以及生产实践，严谨、注重秩序成为德国的国民特性。

（二）行会组织以及行会学徒制是德国工匠精神形成的历史前提

西欧不同于世界其他地区的是封建行会学徒制比较发达。12 世纪左右，欧洲封建城市手工业代替农村手工，并且产生了行会组织，直到 15 世纪末，伴随封建制衰弱而走向衰落。行会是为了保护行业利益的手工业者自保团体，对外实行垄断，同时防止封建主的过度剥削。对内制定严格的技术标准和规章制度，维护行业声誉和存续。随着生产的发展，有些行会的规模变得相当大，甚至内部可以进行再分工，使得制造业的技艺因为深耕而加强，这些为德国工匠精神成为世界著名的匠人文化奠定了物质与技艺基础。另一方面，行会有比较严格的学徒制度。作为师傅的小生产者缴纳会费，成为行会的会员，一个行会就由本地区同一行业匠师构成。匠师有自己的作坊和生产工具，通常有帮工和学徒各二三人。在这样的团体里，内部完全是等级制的，学徒地位最低，继而是帮工，然后是匠师、行会下层管理人员，继而中层到高层。与中国师徒关系中的“父子式”亲情伦理关系不同，西方行会中师徒关系基本是契约制的，但在封建社会，等级制也比较明显，徒弟基本完全服从师傅，当然师傅也有义务教会他行业技艺和做人做事道理。徒弟要在几年到十几年之间全流程地学会所有技艺，在正式成为师傅时还要进行考试。比如德国律伯克金饰匠行会就明确规定，工匠要成为师傅必须制造出三件“杰作”：一是

---

① 潘建红、杨利利：《德国工匠精神的历史形成与传承》，《自然辩证法通讯》2018 年第 12 期，第 102 页。

精工的戒指；二是英国雕花式订婚手镯；三是剑柄上用的烤蓝色的环。在由师傅们组成的评审会批准后，还要举办宴会。[①] 行会学徒制虽然是封建制的产物，但是它也有一定的积极意义。行会有统一的技艺标准和要求，这对行业是一种规范，在一定程度上养成了德国手工业者的规范和契约意识。如果说封建行会下的学徒、帮工甚至是匠师地位不高，不能正视自我劳动的价值，那么经过新教改革，他们的后继者们逐渐认识到了职业劳作的价值，他们作为一个积极的手工业阶层开始形成，阶层自觉并不会废弃以往传统中形成的规范意识，只会更加重视职业伦理和专业精神。

（三）德国“双元制”教育的贡献

德国资本主义出现之后，行会的封闭性和规模有限性，不能满足新兴资产阶级扩大生产的需要，各地开始陆续建立专门的培训场所，一些原来的星期日学校改建为进修学校，用于学徒文化补习，行会走向衰落。到了 20 世纪初，随着技术进步和职业分工细化，德国各地开始出现具有职业教育性质的进修学校，它们在 1920 年经全国学校大会被正式命名为“职业学校”。到 1938 年，《帝国义务教育法》将学徒在职业学校的教育纳入义务教育范畴，首次在法律上承认企业和职业学校合办的这种办学模式。1964 年，它被命名为“双元制”。学徒制传统经过现代改造变成了德式“双元制”职业技术教育，为德国培养了大量的具有专业精神的技术人才。

德国“双元制”的“双元”指的是职业教育的两个主要参与方：“一元”是企业，它们负责学生（实习生）的职业技能以及与之相关的专业知识培训；另外“一元”是公立职业学校，它们负责在学校里传授专业理论和通识文化知识。德国政府规定，学生在接受 9 年的初级教育后面临两个选择，要么选择职业学校，要么继续上普通高中。因此，德国双元制的主要办学层次相当于我国中等职业教育，受教育者是初中毕业学生，学制根据对应职业不同从两年到三年半不等。当然德国也有大学层次的双元制教育，即企业与应用类的科技大学的合作培养。学生有 70% 的教育时间是在企业，还有 30% 的时间

---

① 刘明翰：《世界史 · 中世纪史》，人民出版社 1986 年版，第 52 页；潘建红、杨利利：《德国工匠精神的历史形成与传承》，《自然辩证法通讯》2018 年第 12 期，第 104 页。

在学校学习。学生毕业后，可以优先留在相应的企业继续工作，也可以自行寻找合适的工作，还可以继续升学，能做到让真正有志于从事企业制造的人安心于喜欢的职业。双元制职业培训体制有效地借鉴和发展了中世纪以来的“学徒制”。“学徒”（实习生）在企业里跟着有经验的技师学习第一手应用技能，感受工作氛围，接受职业挑战，在不知不觉中接受工匠精神的培养。目前，德国各类学校毕业生中有55.7%选择接受双元制职业教育，44.2%毕业于双元制职业教育。在国家承认的327个职业教育专业中，共有140万人接受培训。双元制职业教育的毕业生就业率高达95%，而未接受双元制职业教育的学生，就业率只有80%。20%的企业提供双元制教育机会，企业投资额的76%经费可通过学员在培训期间参加企业生产实现再融资。双元制职业培训体制不仅可以为企业输送技术人才，也为工匠精神的传承打下了连续性基础。

（四）政府立法与政策支持

德国工匠精神培育离不开立法与政策的支持，根据德勤有限公司（德勤全球）和美国竞争力委员会联合发布的《2016年全球制造业竞争力指数》，德国在法律监管环境方面居所有国家之首。以双元制教育为例，它就是从国家层面以法律形式明确规定并监督执行的职业教育制度，联邦政府颁布《联邦职业教育法》，规范双元制教育，对参与双元制教育的资质提出要求，并由行业协会监督其实施质量。再有就是分配和福利制度上的支持，由于德国受新教传统影响比较大，职业平等观念为绝大多数人所接受，所以德国的职业歧视比较少，这种氛围再加上国家在立法上的支持，德国技术工人、工匠的收入与大学毕业生相差不大，甚至还要更高一些，福利上也几乎没有什么特别的差别，这就给工匠精神的滋养提供了稳定的土壤。

二、德国匠人精神的表现

（一）职业光荣与平等意识

基于以上的思想与历史传统，德国人的职业荣耀感和平等意识比较强。德国技术工人的地位比较高，笔者曾经咨询一位德国“双元制”大学的负责人，她说在待遇方面，德国技术人员按照级别，与从事管理的人员或者政府公务人员，对照年限与级别，待遇没有明显的差别，有些高级工程师甚至收入更高。对比而言，中国社会在这方面存在的差异还是比较明显的，在某种程度上会使得技术人员在心理上对自己是否能在社会上获得足够的尊重产生质疑。在德国人看来，一切职业处于平等地位，不存在优劣之分，只是分工不同而已。每个努力工作的人都在尽自己的“天职”，做好自己手中的工作，比“这山望着那山高”、不能安心钻研更为重要。

（二）强烈的质量意识

一个人口不足一亿、占地面积相当于两个广东省的国家，却有两千多个世界品牌，“德国制造”闻名于世，最根本的原因是什么？答案就是过硬的质量。对质量的追求与重视是德国工匠文化的硬核要素，这一要素内化为德国人的职业品格有一段曲折的历史。

虽然说中世纪行会是有质量规范要求的，它能一定程度上为某个区域范围内的商品质量提供一定的保证，但是若要在世界市场的竞争中站得住脚，笑到最后，行会的力量无疑不够。19 世纪初，普鲁士统治者看到英国、法国经由第一次工业革命，其商品在世界各地攻城略地，他们也希望通过发展工业化来自强，实现国家真正的统一。19 世纪 30 年代德国拉开了工业化的序幕。为了满足快速扩张的市场需要，德国在技术和人才均不能满足需要的情况下，不少工厂、作坊通过仿制，制造了大量粗糙的商品，用价格战占领了部分英国、法国市场的份额，有些厂家还以次充好，甚至在自己的产品上贴上英国制造的标签，销售到欧洲其他地区。这不仅严重损坏了德国制造的声誉，也令以英国为首的其他国家非常恼火。为此，英国一方面利用国际舆论战公开批评德国的恶意竞争，另一方面专门制定《商标法》，要求所有进入英国本土和殖民地市场的德国货物必须注明“Made in Germany”。这段经历刺痛着德国人，使他们痛定思痛，抛弃“物美价廉”的追求，努力“用质量竞争”。

德国当时已是世界大学教育的中心，理论基础不差，德国人认识到质量之于立国重要性后，加强了科学理论与实践之间的转化创新。不久后，一流的科学家、工程师和技术工人的队伍渐渐形成，正是这支队伍领导了以内燃机和电气化为核心的第二次工业革命，用了短短几十年时间，德国人在军工、机械、电器、厨具等领域实现了世界性的飞跃。克虏伯、戴姆勒、西门子、大众等成为世界性的品牌，它们共有的特征是耐用，质量有保证。

那么德国人是如何做到让质量有保证的呢？以下几点已经渗透到德国人血液里。

第一，高质量的制造在任何时候都是德国的立国之本。重视工业化、重视制造业是德国在近一百年来，屡次遭遇挫折，屡次又重振的法宝。放眼全球，当世界其他大国大力发展虚拟经济，搞房地产时，德国人基本岿然不动，他们就是扎扎实实搞制造，重视每个生产的细节，不被浮华遮蔽双眼。“标准、完美、精准、实用”的文化特征深深地根植于员工内心深处。

第二，尽量减少人为因素，制定严格的行业生产标准体系和流程化的管理体系。1917 年，德国成立标准化组织——标准化行业协会，制定了细致的行业标准，这些标准很多可以再拆分再细化到可测量、可控制的程度，在产品质量的管理方面形成了一整套从事前到事后的管理程序。而且质量体系的检查也需要经过内部检查、外部独立机构检查，以及政府检验等多层监管，这看似刻板化，但客观上加强了德国人的理性与严谨，将人为因素降到最低。

第三，不相信物美价廉，相信慢工出细活。全德 350 万家企业中，90% 是家族企业，家族企业百强中，平均历史都在 90 年以上。好的产品一定是好的工艺、好的材料、好的创意的结合，肯定需要付出很多研发投入或其他时间成本，其价格一定是不便宜的，过度追求价格低廉成不了真正的气候。

第四，潜心深耕，以小博大。德国人做事严谨低调，不事张扬，在工业制造领域亦是如此，他们关注被大公司或行业巨头忽略的某些细分市场，很多德国企业在专业市场中拥有一席之地，但它们隐藏于热闹的制造市场之中，而不是经常占据媒体版面重要位置，它们被称为“隐形冠军”。据统计，全德共有 1500 多家特定领域的隐形冠军企业，占全球半壁江山，其中 86% 为机械制造、电气、医药、化工等关键工业企业。① 这些企业紧跟市场发展的脉动，默默无闻地在行业内深耕，可谓“大音希声、大象无形”，但是就是它们成为

① 史明德：《德国如何打造工匠精神》，人民政协网，http：//www. rmzxb. com. cn/c/2016 - 05 - 30/839887. shtml，2020 年 11 月 2 日。

了德国制造业的重要力量。

第五，提供耐用、实用、便捷的产品是天职，利润最大化不是根本追求。有一次西门子总裁被问道：“企业的最终目标不就是利润吗?”总裁回答道：“我们德国人的经济学就追求两点：一是生产过程的和谐与安全；二是高科技产品的实用性。这才是企业生产的灵魂。企业运作不仅仅是为了经济利益，事实上，遵守企业道德、精益求精地制造产品更是我们德国企业与生俱来的天职和义务!”

（三）坚持不懈做渐进式创新

早在19世纪中叶，德国人通过创新尝到了发展的甜头。以德国克虏伯工业帝国集团的缔造者阿尔弗雷德·克虏伯为例，在英国人能制造出全世界最好的钢材的情况下，他做了无数次失败的实验，在跌跌撞撞中造出了德国人引以为傲的高质量钢锭。在德皇和俾斯麦振兴德国完成德国统一的雄心支持下，克虏伯的“隆隆战车”走上了快车道，积累了大量财富，客观上也带动了德国的科技热、钻研热。一个多世纪以来，无论是德国政府还是德国私营企业，均将创新摆在重要位置。就政府层面而言，会定期推出创新战略。2006年，政府就推出过“高技术战略”，此后联系全球经济发展的动态变化，数度进行了更新。德国的研发经费占据GDP的3%。企业创新是德国创新的主体，据统计，各家族企业研发经费平均高达销售额的4.6%，用以在实际生产领域推陈出新。德国的人均专利申请数量位列全球第一，可以看成是企业创新的卓越成效。

三、德国工匠精神对中国工匠精神发展与培育的借鉴意义

从德国工匠精神的成因与表现形式可以发现，德国工匠精神对于中国发展工匠精神、加强工匠精神培育是有借鉴意义的。首先，在顶层设计上，中国应该加强职业平等的宣传和教育，应该在政策制度和立法上为工匠的产生、发展和福利提供更多的支持和保障，让工匠更有尊严、更加体面地参与社会生产与劳动。其次，学习德国人对于质量的坚持，避免浮躁，避免追求大而全，而是要在细分领域深耕，要学习德国人的持续渐进式创新，这样才能够

经得住时间的考验。最后，教育是德国工匠精神厚重的人力优势基础。中国可以适度借鉴德国“双元制”，依靠政府、企业、学校三方的合力，有针对性地发展职业教育，不仅可以为社会提供高素质的职业技术人才，而且有助于职业精神培育的早期渗透与浸润，这对工匠精神的养成具有重要影响作用，也特别有利于匠心的代际系统传承。

第三节　美国工匠精神及其对中国的影响

就像肯尼斯·霍博在《清教徒的礼物》一书中所揭示的那样，美国的工匠精神实际上是清教文化的美洲版本，但是这个版本不是复制版，而是美国这个移民国家多元文化的产物，美国工匠精神融合了英国清教徒文化的优点、法国的技术崇尚和美国自身的特殊性，具有一定的特色，也有一定的局限性。霍博认为，传统的美国社会的价值观受早期殖民地清教徒的价值思想影响，有四个特点：“人生目标不管多么模糊，归根结底都是建造人间天国的坚定信念；拥有机械天赋、喜欢亲力亲为的技师精神；把集体利益置于个人利益之上的道德观念；能够根据大大小小的目的协调各种财力、物力和人力的组织能力。”[①] 他的总结点到了美国工匠精神的部分传统来源，但并非精准，集体利益置于个人利益之上这一点随着美国资本主义的发展，实际呈现出相反的表现。纵向来看，新大陆居民对美国梦的持续追寻使得创新成为美国工匠精神的重要特征，与其长时间夸夸其谈讨论某些独特的想法，美国人愿意想尽一切办法去实现创想，这在美国职业精神中表现得更为明显。同时杜威的实用主义教育思想对于美国职业教育中的务实精神培育起到了重大影响，学中做、理论与实践相结合，这是美国在教育中培育工匠精神的重要一招。

① ［美］肯尼斯·霍博、威廉·霍博著，丁丹译：《清教徒的礼物·（第一篇）渊源》，人民出版社2016年版。

一、“美国梦”驱动下的工作敬仰

美国人的职业精神是伴随美国的诞生而逐渐形成的。新航路开辟之后，欧洲冒险家来到新大陆，为的是巧取豪夺，但是随后而至的清教徒以及其他来自世界各地的新移民绝大多数是希望在新大陆创造新生活的，“美国梦”是他们的理想。所谓“美国梦”用美国历史学家亚当斯在《美国史诗》中的界定，就是指：“不论家世和背景，每个人依靠自身的能力和成就，都有机会能获得更好、更富裕和充实的生活。”① 早期美国人如苦行僧，修炼的地方不是修道院，而是新大陆、大西部。新移民来到新大陆，解决生存之困的迫切性、建设新大陆的野心与欲望均使他们从一开始就必须务实，用劳动和技艺改善生活，创造可能。因此，对手工艺、机械建造的着迷流行起来，与封建等级制的旧大陆形成鲜明对比的是：工艺劳作不再跟身份挂钩。摆脱宗主国控制，追求自由的社会价值观，在生产行为中亦有体现。

美国早期虽然移植了英国的学徒制，但是没有沿袭行会式的人身控制，就这一点，与老欧洲有很大的不同，后来学徒制被实科学校、社区学院代替，没有改变的是，美国从殖民地时期开始就很强调工作的价值与意义。美国总统柯立芝就曾说过：“美国不承认任何贵族，除了工作的人……工作证是进入贵族阶层的唯一通行证”，他甚至认为建工厂就是在建教堂，工作就是祈祷。②这样崇尚工作的清教徒精神，之后不断地传给新移民，成为美国工匠文化的一部分。

二、手艺和技艺偏爱下的创新精神

开发新大陆的实践过程中，美国人发现好的工具或工艺在开发过程中可以带来事半功倍的效果，对新发明的渴望造就了美国人长期的对手艺和技艺的偏爱。美国建国初期最有影响力的人，包括一些领袖人物，都是些具有工

① 葛滨：《美国梦之谜——美国国情再认识》，羊城晚报出版社 2003 年版，第 5 页。

② 汪帅东：《竞争与创新：论美国企业声誉的文化建构》，《中国商论》2018 年第 8 期，第 160 页。

匠气质的人。托马斯·杰斐逊喜欢干农活、造钉子，起草《人权宣言》的托马斯·潘恩曾经是胸衣匠，乔治·华盛顿热衷于水利工程以及如何与病虫害做斗争。还有一些早期政治家以发明人身份为人所铭记，比如本杰明·富兰克林发明了避雷针、富兰克林式壁炉和里程表，托马斯·杰斐逊发明坡地犁，詹姆斯·麦迪逊发明内置显微镜手杖。

美国早期开拓者和政治家对手工与劳作的热衷渐渐成为美国人喜欢自己动手（hands on）、亲力亲为（can do），爱捣鼓创造的源头。为了名正言顺，他们常常以上帝之名为这些迷恋证明，认为自己有义务充分利用上帝的作品来为自己谋幸福，让上帝显得伟大，因此，创造文化在美国的教徒中有一定的群众基础。

美国早期是很尊重工匠的。亚力克·福奇曾在《工匠精神——缔造伟大传奇的重要力量》一书中认为任何人只要有好点子并且有时间去努力实现，就可以被称为工匠，（美国）工匠具有如下一些内涵："用我们周围已经存在的事物制造出某种全新的东西；工匠们的创造行为在最初没有明确的目的性，就算有也和当时确定好的目的有很大不同，能够激发人们的激情和对它的迷恋；它是一种'破坏性行为'，工匠们背对历史开始了一段充满发明创造与光明的全新旅程。"① 创新的渴望与冲动，在 19 世纪下半叶，激发他们敞开胸怀欢迎法国军工，这种开放的态度反而使得美国成为第二次工业革命的乐土，美国制造的产品渐渐开始在世界范围崭露头角，从军工产品到民用的斧头、铁铲、缝纫机、钟、锁、表、蒸汽机等不一而足。到此，美国的创新已经不是早期工匠的单打独斗，很多已经是团队化运作，他们的重点是将发明投入到实际使用中。我们熟知的爱迪生发明了灯泡，其实并非是他一个人的发明，而是很多技术爱好者共同努力的结果，历史上记录在爱迪生名下的有 2000 多项发明、1500 多项专利，基本都是由他的团队做出。除了发明家，爱迪生更多扮演创业者角色：融资、处理法律事务、培育市场，以及努力将发明转化为每个普通人都能使用、经济且可靠的产品。因此，创新就是生产要素的新

---

① ［美］亚力克·福奇著，陈劲译：《工匠精神——缔造伟大传奇的重要力量》，浙江人民出版社 2014 年版。

组合，把生产要素和生产条件的新组合引进经济层面。[①] 经过第二次工业革命的飞速发展，美国成为创新者的国度，而且这些创新者远不是一些上层人士，而是司机、理发师、小商贩这样的普通人士。20 世纪以来，源源不断的海外移民为美国的创新创业增添了不竭的新鲜血液。纽约湾区、旧金山湾区仍然是世界创新的重要高地。

三、鼓励试错与冒险的文化

除土著印第安人外，冒险家、与传统宗教决裂的新教徒是美国的早期居民，这些人骨子里有一股或不服输或不愿意停留在现状的冒险精神。英国轮船“五月花”号最初搭载 102 人，到达时能活下来的只有一半，即便境况如此凶险，却既没有让已经到达的人妥协绝望，也没让那些渴望新大陆的人却步。敢于面对未知，敢于试错就像是美国人的基因一样代代相传。哪怕是儿童的教育，美国人的教育理念也是鼓励孩子突破，在碰壁、跌倒和挫折中感悟新奇、领略创造的魅力。美国很多公司将冒险精神作为企业价值观的重要组成部分，比如戴尔公司一直鼓励员工要有冒险精神，成功与否无关紧要，而麦当劳连锁店的创始者克罗克更是直言：“成就必须是在战胜了失败的可能、失败的风险后才能获得的东西，没有风险就没有取得成就的骄傲。”[②] 美国高校早在 70 多年前就开始协调政府、企业和学校的力量探索创新创业教育。通常会整合学校的资源和人员，设置“创新战略”“创新思维”等课程，在教与学的过程中，鼓励学生反思现状、敢于质疑，并进行勇敢的实践，另外还会协助学生联系企业与市场，实现创新项目的落地和转化。

四、务实的精神

正如前面所说，如何活下去、生存下去，是新移民来到新大陆的首要问

① 胡志坚、张明喜：《“美国创新史”主要观点及其启示》，《科技中国》2019 年第 6 期，第 16—18 页。

② 汪帅东：《竞争与创新：论美国企业声誉的文化建构》，《中国商论》2018 年第 8 期，第 160 页。

题，这样的境遇使得务实成为必须，所以早期美国人是比较注重现实的。19世纪中后期出生的美国著名教育家杜威的实用主义教育思想则更进一步加强了美国人的实用主义精神气质。因为他把美国人的务实精神上升到教育理论的高度，对后来美国教育的影响很深远。杜威提出“教育即生活，学校即社会”的口号。受卢梭自然主义教育思想的影响，杜威的职业教育教学观主张尊重个性、兴趣，教师的作用是激发学生的潜质，满足学生对职业的兴趣，实现自我价值。他反对急功近利式的直接将教育与职业挂钩，认为教育的目的不是要训练养家糊口的人，而是要培育进入职业活动的真诚兴趣。为此他反对职业教育与普通教育的分离，认为两种教育要互相渗透、互相促进。在教育教学方式上，杜威主张用丰富的“活动”和有目的的“作业”，让学生动起来，通过真实地模拟职业情景，让学生主动选择感兴趣的作业来完成。这种间接的教学方式不仅可以让学生直接地介入到真实的工作情境中，而且有利于学生发现自己的能力倾向和培养职业兴趣，在“主动作业”中得到直接的经验。①

在美国发展史上，随着工业化进程加速，企业迅速增多，资本主义对于效率的追求不断提高，为适应这种发展趋势，美国人发明了泰勒制，这种管理模式围绕工作目标创建工作任务，各类工作被标准化，劳动者只需对照任务，符合标准地执行属于他的那个环节即可。客观上这种管理模式对生产力的提高起到过促进作用，它曾经发展出升级版——新泰勒制。效率的立竿见影，使得企业特别重视“专家”——一些管理方面的通才，他们不再像需要掌握美国清教传统中的某些特定技术，而是只要掌握通用的管理技能，即可走遍天下。除了“专家”，在泰勒模式下，普通员工成为高度专业化、专门化分工下的一个环节，他的劳动被机械化、标准化，原先工匠与物之间的情感联系被剥夺，普通员工的劳动完全被物化，劳动带给劳动者的喜悦感、获得感，很容易因为物化被剥夺掉。泰勒制某种程度上导致了近些年来美国工匠文化的逐渐衰弱和一些社会性问题，这是需要我们警惕的。中国改革开放后，面向美国不断学习，但是我们必须看到美国式管理方式在企业现代化过程中

① 王梦云、妙惠：《杜威和黄炎培职业教育教学观之比较》，《中国成人教育》2019 年第 2 期，第 58—59 页。

的优势与弊端，泰勒制能够带来效率，但某种程度上损坏了人与工作之间的情感，而不带情感的劳动背后是否能产生真正的匠心，这是令人存疑的。因此，学习美国工匠文化既要学习美国开拓者对劳动的敬畏，又要学习他们的创新和务实精神，当然也要预防由于对于效率的过分追求，导致在物化劳动中丧失精神追求。

第四节　日本工匠精神及其对中国的影响

“工匠精神”，对应的日语词汇为“職人（shokuninn）気質（kishitsu）”（职人气质），是日本发达的工业文化的重要文化资源。“職人”一般是指在某领域内具有长年的经验、纯熟的技术、能够独当一面的手工业者；“気質”则指的是与工匠身份相应的特有精神风貌。日本有尊崇工匠的传统，把工匠所持的技术称作“職人芸”，即工匠技艺。

受中国传统文化影响，日本从飞鸟时代（593—710年）开始，社会等级逐渐形成，有“士农工商”，还有上不得等级的其他人。幕府统治时期，“士农工商”身份等级制度更为森严，成为日本近世体制的重要支柱。据四川大学许晓光教授的研究，日本德川幕府时代，实行“士农工商”四民社会，“士”为武士，享受特权，“农、工、商”为被统治的平民，处于不平等的受压迫地位，他们被编成五人组，不能随意迁徙和选择职业。幕府法律甚至规定：“下贱之民若对武士无礼，对陪臣或直属臣子不敬，斩杀勿妨。”① “工、商”后来又被称为“町人”，靠商业买卖以及独特工作技能谋生。“工”就是职人，他们在穿衣打扮、日常用具等都与其他阶层不同。与中国科举制可以实现阶层跨域不同，日本并没有这类制度，工匠子弟世代为工匠，这非常有利于他们自我阶层的认定以及阶层精神的形成。阶层的固化客观上也有利于日本匠人修炼心性，少了些许争名夺利的冲动，不急不躁扮演好自己的角色。江户时代，日本工商业比较发达，不少工匠富裕可比贵族，他们对瓷器、漆

① 许晓光：《近代早期日本对等级制度和特权观念的否定》，《学海》2019年第1期，第175—176页。

器、木艺等越来越讲究，觉得自己从事的是神业。

18 世纪上半期，日本资本主义萌芽产生，新的生产方式出现，随着各种行业的发展，从事各种行业的庶民阶层的自我意识急速上升。明治维新对日本工业和工匠气质的现代化起到了非常大的促进作用。日本渐渐融入了世界，从西方发达国家汲取现代企业管理经验和工艺经验，完成了传统职人的现代化转型。但是这种现代化转型又有独特的日本特色，西方现代企业制度是完全开放式的优胜劣汰，干得好的留下来，干不好的走人，然后再向社会吸纳新的更适合的人。而日本的现代企业制度既吸纳西方现代的，比如工会管理的方式，也保留了传统的工匠学徒制、师承制的特色，通常采用“终身雇佣制”“年功序列制”“企业工会制”，这些制度使得员工和企业有一种命运共同体的感觉，一定程度上成为推动日本人敬业工作的重要力量。需要指出，现代日本所指的“职人气质”中的“职人”，已不局限为工匠，而是涵盖了所有职业劳动领域的劳动者，公务人员也可以有职人气质，因此它更表现为职人精神或职业精神。

在哲学层面上，17 世纪日本著名禅师铃木正三的思想对日本职人气质影响很大，他指出“世法即佛法”，教导人们把“各敬其业”视为成佛之道。铃木正三是日本第一个把工匠职业思想伦理化的思想家，而对他影响最大的是我国唐代高僧百丈怀海禅师，他是中国第一个强调并尊重劳动的高僧，他认为“人生在世，若不劳动，岂不废人?”他主张农禅，并且严格要求自己“一日不作，一日不食”，劳作就是修行。怀海禅师影响着铃木正三，他在《职人日用》一书中写道：“职业种类无数，皆为世之所用，惟此乃佛之德用也”，主张劳动是人生存所需清净之行，劳动即为佛法。[①] 它的思想对职人自我的认定和荣耀感提升非常之大。

日式神道教的万物有灵论对日本职人精神有着潜移默化的影响，信奉神道教的职人会认为凡是制造的物品都是有灵的。比如寿司师傅，他会认为鱼肉和米饭都是带着神圣的灵性的，如果不好好制造，就是对不起鱼本身，对不起捕鱼者、加工者、运输者，也对不起稻谷农人等等，如果背负这么大的重任做东西，不精细都不成。所以不少日本职人是带着类似对神灵的敬畏进

---

① 周菲菲：《试论日本工匠精神的中国起源》，《自然辩证法研究》2016 年第 9 期，第 80—84 页。

行劳作的。对于技艺和品质特别高的职人，日本人不惜以神灵的名义称呼，比如做寿司做得特别好，被称为“寿司之神”，煮米饭煮得特别好，被称呼为“煮饭仙人”。

日本职人不贪图做大事业，而是重在做精事业。日本有很多隐形企业冠军，他们都有长期琢磨出的独门绝活，比如有的公司深耕几十年只做旧书修复，也有公司做螺丝就一直做下去，其中有一家生产螺丝的公司叫 HARD LOCK，做的螺丝全球都在用，却没有一家可以仿制。这就离不开在工作中自我深度探求技术，对于自己的作品拥有相当的自信，不因为金钱或时间的限制而妥协，而只要是答应接下的工作，即使最终导致利益上的损失，也会全力完成。知名度比较高的日本“寿司之神”小野二郎，他一辈子做寿司，考虑的不是拓展分店，而是纵深技术，米要保持什么样的温度，鱼肉要按摩多久口感才最合适，一套讲究一点少不得，把一个 10 人位的小店做成需要提前两个月订位才可以享用到的高级米其林级餐厅。就这样，小野也不认为自己的技术已经登峰造极、炉火纯青了，他说：“即使到了我这个年纪，工作也远没有达到完美的程度……我会继续攀爬，试图爬到顶峰，但是没人知道顶峰在哪里。”①

日本国民性中的耻感文化，对日本的工匠精神亦有促进。所谓耻感文化，就是日本人认为一个人软弱无能，对国家没什么功劳，同时这种弱点又被别人发现，就是羞耻。“和西方的‘罪感文化’依靠内心的罪恶感来促使行善不同，耻感文化是依靠外在压力促使行善。所以，日本人常说：‘全世界的人都在注视着我们，所以必须时刻保持大和精神。’”②。在日本匠人眼里，做了不完美的产品是自己的耻辱，会给别人带来麻烦，是不负责任、没契约精神的，为此会自带压力要求自己提高技艺。笔者曾经看过一个纪录片，讲一个日本蒸笼师傅，他家祖祖辈辈都是做蒸笼的，他大学毕业后答应父亲的请求，继承家业，然后就安心在祖辈的小作坊里坚持手工制作精品蒸笼，虽然发不了大财，但是他说制作蒸笼给他极大的满足感和幸福

---

① 《何为匠人之魂：一生只做一件事，然后做到极致》，https：//www. sohu. com/a/199050224_383631，2020 年 12 月 1 日。

② 吴敏文：《耻感文化激励日本“匠人精神”》，《劳动保障世界》2019 年第 4 期，第 70 页。

感。如果不把蒸笼做好就对不起人。这种耻感文化，客观上也会不断迫使日本人从用户角度考虑使用感受，因此日本产品的人性化体验全球有名。比如说日本人的洗手间，可以说处处体现了人文关怀，消音器避免了尴尬，婴儿座考虑到了妈妈的方便，高低水龙头考虑到了小孩使用的便捷。日本职人觉得某个作坊或某种手艺在自己手里结束是很羞愧的事情，因此日本特别注重传承。据统计，全球寿命超过 200 年的企业，日本有 3000 余家，为全球最多，德国有 800 多家，紧随其后。

日本式的“拿来主义”有助于日本式“志业精神”的形成。韦伯曾经比较过儒家思想和清教主义对经济行为的不同影响。在他看来，新教伦理是西方资本主义的根源所在，因为新教伦理用“理性的法律和协议代替了传统”。另外一方面，东亚传统社会的行事依据与法律和协议的影响方向恰恰相反。加尔文及其追随者支持个人奋斗和逐利，但是儒家则十分不信任逐利的动机。正如孔子在《论语》中所说：“君子喻于义，小人喻于利。”在 20 世纪八九十年代，美国人普遍一边忧虑本国的经济衰退，一边羡慕亚洲各国的经济奇迹，并把这些奇迹归结为儒家思想的影响。客观考察历史就会发现，明治维新时期，日本学习了美国、德国清教徒式的职业习惯，二战后日本继续向美国学习，美国人清教徒文化的衍生物“志业精神”和日本受中国传统文化影响而形成的匠人文化结合起来，形成独特的日本式既传统又现代的职人气质，可以说日本形成了深受新教文化影响的东方式“志业精神”。

从管理和国民文化宣传来说，日本政府比较重视对“职人气质”的保护，1955 年日本确立“人间国宝”制度，国家评比行业类出类拔萃的职人，授予“人间国宝”的称号，目前获得这个称号的仅有 100 多位，政府予以资金支持，期待他们把技艺传承并发扬光大。在企业管理层面，日本将精细匠人的工艺标准化，要求其他匠人执行，这种标准化的生产要求很符合现代社会求质求量的需求。因此“日本制造”和“德国制造”一样成为品质的保证。

改革开放之后，中国与发达国家的交流从日本开始突破，日本人的敬业精神、高质量产品让人仰慕。近些年来，随着中日“自由行”的推进，中国人走进日本，被日本精细化的城市服务、精致的产品、优良的品质所吸引，不少人看到了日本的职人气质，也看到了日本职人气质背后的传统因素和现代因素。中国人因此也在反思：日本人何以可以如此？日本人为何能在学习中国文化的过程中形成自己独特的和风文化？我们在传承和发扬中华传统文化精华方面究竟还有哪些需要加强的地方？是不是需要正视问题积极改进呢？日本人在吸收外来文化和制度时，是全盘拿来主义，还是有选择地吸收呢？

针对这些，中国已经给出了以下部分答案。

首先，中国人需要坚定文化自信。中国是一个有着5000年光辉文明史的国家，在这几千年里，中国的手工业者曾经创造过一个又一个奇迹，一轮又一轮辉煌。造纸、雕版印刷、指南针、火药，四大发明里蕴含着中国人的智慧；陶器、瓷器、漆器、青铜器、铁器等各类器具既承载着历史，更记录着中国工艺的创造性意志和能力；兵马俑、丝绸、故宫都从古代走来，但又在现代熠熠生辉，它们都是中国杰出匠人的精工制造，蕴含中国人特有的天人合一、物我两忘的人生境界。日本人能从中国传统制造中汲取精华，我们现代中国人难道不能吗？一定可以的。关键在于是否重视传统匠人和传统工艺，是否注重传统匠艺和传统匠意的传播与弘扬。中国人应该自信地向老祖宗学习，将传统工匠技道合一的修行继承下来，在现代商业文明中保持一定的定力。

其次，中国人应该选择有针对性的拿来主义，同时也要注重自身特色的养成。工匠精神不是封闭文化的产物，它必须是要融合各方先进文化的产物。中国既不要故步自封，也不要自以为是，对好的东西要有鲸吞的野性，同时也有保留细腻挑拣的态度。今天中国人要张开双臂欢迎日本匠心匠意的优秀品质，同时也要看到日本工匠文化中的某些弊端，比如缺乏全局观念、过于各自为政、过于专注而忘记随时环视，比如过于看重匠人的自我修为，而忽视现代世界市场的迅疾转变，想当然地认为自己的产品无懈可击，殊不知世界上还有更好的、更新的技术和材料悄然诞生。21世纪初，夏普、日立走下坡路很大程度上就是这些原因引起的。此外，“现代大工业越来越精细化、精密化而需要团队合作、共同科技攻关的价值趋向”，也需要工匠更注重团队合作，而“日本匠人这种以自我为中心、不随机应变、不观科技风云变幻的价值观使得日本制造业的很多领域面临着前所未有的危机，甚至把一些产业链逼上了绝路”,[①] 中国必须汲取这些教训。

综合德国、美国、日本等国的工匠文化，可以发现各国的职业精神均生发于各自的历史、宗教与文化土壤，这是其独特性的来源，但是这并不意味着其他国家工匠文化不可学习与借鉴。学习有两种，一是直接学习别人强自身弱的方面，比方说德国式的职业平等精神，以及德国、美国等对契约精神的重视。有人可能会说，我们中国一样倡导职业平等，一样倡导契约精神，这自然是事实，但是深入骨髓地体认职业平等，尊重各类劳动，随时随地的讲究契约与诚信，而不是关系与人情，在这方面中国还有提升的空间。二是确认性加强。比如说对比不同国家，我们发现几乎所有的工匠文化中，都有坚守与创新的统一。这就让我们确定，离开坚守与创新的统一，工匠精神其实是无从谈起的。支持坚守与创新统一的理论基础在西方宗教世界来说，可能就是神意的体现。在中国，相信坚守与创新的统一实际上就是劳动者对唯物辩证法规律的遵循。优秀的职业劳动者会在朴素的劳动中悟到辩证法，明白熟能生巧的道理，坚定对于量变到质变规律的信心。学习外国工匠在坚守与创新上的统一只会加强而不会削弱中国人对这一规律的确信。

了解外国工匠精神，还可以帮助我们借鉴一些别国的经验。比如说德国“双元制”对德国工匠精神塑造的影响，日本“人间国宝”制度对工匠精神技艺的捍卫与弘扬，这些制度性的安排对中国提升工匠精神、改善劳动者的福利与地位等方面均有帮助。当前中国不少高职院校在借鉴德国的“双元制”模式尝试人才培养，这为高职院校落实工匠精神的培育提供了较为有利的外部条件，是非常积极的改革举措。

---

① 罗春燕:《日本工匠精神的意蕴、源起、缺陷与启示》,《职业技术教育》2018 年第 18 期，第 71—73 页。

第六章　新时代工匠精神的本质与未来

通过纵向的历史梳理与挖掘、横向的国际联系与比较，可以看出，新时代工匠精神作为中国特色工匠文化，其背后是中国几千年积攒、荡涤、革新、沉淀下来的优秀工匠文化和中国人在走向现代、逐步开放过程中，经由批判性吸纳外来文化而确立的现代职业精神理想。细窥新时代工匠精神的形成脉络，里面既有中国古代奴隶主贵族和封建地主剥削阶级文化的强行渗透，又有工匠为了自身阶层、身份和地位的确认而进行的自我文化构建，也有外来宗教价值理念、近现代商业文化的影响，更有马克思主义为人民服务现代无产阶级伦理观的革命性改造。马克思主义的指引和中国共产党人对传统工匠文化的革命性改造，促使了新时代工匠精神的形成，这是一种新型工匠文化。因为它最能体现人的存在和发展、人的自由和本质，它也昭示着新时代工匠精神的未来力量——推动人类自由而全面地发展。

第一节　新时代工匠精神的本质

新时代工匠精神内涵来源渠道众多，但其本质具有鲜明的特性。主要体现于如下几个方面。

一、新时代工匠精神是一种新型职业精神

文化是人们精神世界的创造，这种创造与凭空臆想有着本质的区别，它

是现实世界在人们头脑中的镜像，建立在对物质世界的认知和规律的客观把握之上。职业精神作为一种职业文化，是人们对职业劳动以及职业劳动过程中的社会关系处理应持有的态度和规则的看法。受生产力发展、经济基础和政治制度等多方面的影响，职业精神必定打上时代的烙印。小农经济时代的中国，社会分工简单而粗放，布衣百姓和地主官员基本涵盖了社会的主要人口，人们的职业活动很少能脱离传统家庭和封建专制的框架，因此职业精神一般就是家族伦理和君臣伦理的外放或适度形变，勤勉劳动、制造良器的职业精神终究脱离不了封建阶级性与阶层性。随着中国被动和主动地从传统走向现代，社会分工日渐增多，人们职业劳动的空间越来越广，从相对熟悉且封闭的家族和村舍，扩展到陌生且联系不太紧密的城镇、工厂和街铺，职业分工越来越细，公共性和契约性价值需求成为职业精神的重要特征，但仍未摆脱剥削的桎梏。受到马克思主义有关劳动价值和劳动者地位的科学思想影响，以及在此思想指导下，共产党人领导劳动者开展的持续争夺权利的斗争，使得职业尊严、契约精神、精益求精、为群众服务成为职业精神的重要追求。

党的十八大以来，中国特色社会主义进入新的发展阶段，新时代成为中国发展的新坐标，中国社会的主要矛盾从人民日益增长的物质文化需要同落后的社会生产之间的矛盾转化为人民日益增长的美好生活需要和不平衡不充分的发展之间的矛盾。解决这对矛盾的需求，必然会投射到生产交换分配等领域，与之相关的职业精神要求就会在以往职业文化基础上呈现新的特色。新时代背景下，中国有更高质量、更美好、更均衡、更法治的发展需求，对应这些需求，专注创新、追求卓越成为新时代工匠精神的应有之义。按照新时代的规划，中国的发展将为人民提供更加美好的生活，生产与服务最终是为了服务人民。这种人民性自然而然地嵌入到新时代工匠精神中，成为其重要特征。

新时代工匠精神与以往的职业精神相比，视野更广，是个人价值与社会追求在职业领域的体现，强调精益求精为人民服务，同时尊重体面劳动和合法职业权益保护；强调踏实专注，倡导卓越创新；鼓励现代合法竞争，倡导和谐协作。新时代工匠精神有别于传统剥削性质的职业精神，是具有中国特色的现代公共职业价值观。

二、新时代工匠精神是真正尊重劳动价值的职业精神

在人类历史发展过程中，劳动的价值在不同阶层和评价谱系中有着不同的理解，但是真正尊重劳动，看到劳动的价值，将劳动与幸福、劳动与人类本身的进步和完善联系起来的是新时代工匠精神，而非中国传统工匠文化或者资本主义社会职业伦理。原因是新时代工匠精神受到科学理论——马克思主义思想的指引，从根源上确认了狭义的工匠劳动、广义的所有劳动者的劳动的功能与价值。劳动使得人类的双手获得自由，手的自由又创造了工具，使得人区别于动物，迈向通过劳动追寻生命自由的征程。可以说，在劳动过程中，人才真正确认了自己的类存在，使人真正成为有尊严的人。新时代工匠精神通过对传统工匠文化的改造、对外来文化的批判性吸纳，确认了劳动对于人和人类所具有的根本性价值，那就是劳动使人完成了从猿到人的转变，劳动创造了人、发展了人。人与动物的生产活动的区别在于人类劳动是自由自觉的活动。在马克思看来，劳动“首先是人和自然之间的过程，是人以自身的活动来中介、调整和控制人和自然之间的物质变换的过程”。[①] 同时，“劳动还是人按照任何一个种的尺度来进行生产……按照美的规律来构造”的过程，从这个意义上说，劳动同时也在创造愉悦人心的精神财富。劳动让人与人之间的社会关系变得更为立体，人的社会性存在本身是人的幸福源泉。新时代工匠精神将劳动与人自身以及自身的幸福联系起来，真正摆正了劳动在社会关系中的地位。这与以往的鄙视劳动、将劳动看成是特定阶级的义务是有根本性区别的。

三、新时代工匠精神是刺向“异化劳动”的一柄利剑

新时代工匠精神注重劳动者出于自我意愿的自由劳动，强调劳动者是劳动的主人，劳动者在生产、服务、创新等诸多领域自觉遵守规则、发自内心地勤勉工作并甘心付出，其劳作所产生的成果，无论是物质的还是精神的均

① 《马克思恩格斯文集（第5卷）》，人民出版社2009年版，第207—208页。

能使其与自然、社会和自身的关系和谐。这种价值追求实质是对“异化劳动”的反驳。异化劳动是马克思在《1844 年经济学哲学手稿》中首次提出的概念，他用这个概念概括私有制条件下，劳动者与其劳动产品以及其自身之间的关系。在资本主义社会里，劳动者与生产资料相互分离，个体的丰富性被“同一”到资本的逻辑之下，人的物质生产与精神生产以及其产品成为异己的统治力量，“异化劳动”发生了。在异化劳动下，人与生产活动相异化、人与人的类本质相异化、人与劳动产品相异化，人与他人的关系相异化。人本身对于劳动目的、劳动过程和劳动成果应有的掌控感消失了，有时不得不借助唯心的力量支撑工作的目的与意义。因为异化劳动只强调劳动的被动付出，而不注意劳动过程与结果的满足与享受。敬业不能使人们感受到责任和使命，而变成一种外在的令人窒息的力量——满足个人的狭隘的生存需求和资方的狭隘的自私利益。“构成敬业主体的本质的自由自觉的劳动扭曲和蜕变为一种外在与人的被迫的和强制的活动”,① 劳动者很难根据自我意愿发挥创造性，他所生产的劳动成果经过商业的转化成为更有力的控制他的力量，而不是对他的人的本质力量的确证。就像新教伦理推动了资本主义发展，但是伴随资本主义发展，这种伦理的弊端也越来越明显，它依然无法剥离资本主义劳动的剥削性，因此它不能成为劳动者的幸福指南。

新时代工匠精神把脉资本主义现代性弊病，以马克思主义理论为指导，对资本主义“异化劳动”及其精神影响进行实践反思，从人的整全性发展而非碎片化生存，从人与服务对象之间的友善关联而非功利性计算，从人与社会关系的和谐而非人与社会对立等方面构建社会主义职业道德观、职业伦理观和职业规范意识，追求技与道的合一，人与人民性的统一。

四、新时代工匠精神是社会主义先进文化的重要组成部分

新时代工匠精神一个很重要的特征就是“新”，正是这个“新”使它区别于传统的旧文化。那么是什么铸就了这种新呢？其根本在于它是中国特色社会主义制度下的一种先进文化，它以中华传统优秀文化为源头，以中国革

① 张萃萍：《社会进步与人的发展的职业解读》，中共中央党校出版社 2003 年版，第 57 页。

命文化为革新方向，以马克思主义为指导，与社会主义先进生产力相匹配，能够体现时代精神。

中华传统优秀工匠文化是新时代工匠精神的重要源头。中国传统匠人尊重自然、追求工巧、孝悌忠信、敬业守业、推己及人、注重名节等优秀品质是新时代工匠精神古典性和中国味的重要保障。同时，这也是新时代工匠精神接地气、有亲和力、能感召人的“本土性”魅力根源。

中国革命文化是新时代工匠精神革命性的重要保障。新时代工匠文化是一种推陈出新、继往开来的文化。它内在蕴含了中国革命文化雷厉风行，敢于直面文化弊端，厉行革新的品格。客观来说，没有革命文化的重要保障，传统工匠文化的选择性继承、创造性转化、创新性发展等就难以实现。

马克思主义是确保新时代工匠精神先进性的关键，离开马克思主义的指导，新时代工匠精神在回应诸如“为何要敬业”“为谁而工作”“有何意义”等问题时，很容易陷于表浅，难以摆脱现实的局限。关于马克思主义，习近平有过高度的评价，他说：“在人类思想史上，就科学性、真理性、影响力、传播面而言，没有一种思想理论能够达到马克思主义的高度，也没有一种学说能像马克思主义那样对世界产生了如此巨大的影响。”① 意识形态是文化的旗帜和灵魂。马克思主义的指导决定着新时代工匠精神的社会主义内涵和价值追求。为人民服务成为精益求精工作的宗旨与目标，这样的格局与胸襟已远非以往剥削阶级价值观所能比拟。新时代下匠心员工会将个人发展与家国情怀紧密联系在一起，关注社会需要和国家发展战略，顺应社会主义事业前进趋势，勇于面对挑战，积极创新，奉献精品，贡献能量，成为社会主义核心价值观的积极践行者。

新时代工匠精神作为社会主义先进文化的重要组成部分，既是中国社会主义生产力生产关系健康发展的需要和产物，也在当今时代形塑着中国人的职业价值观。“爱国、敬业、诚信、友善”不是口号，而是助力中国制造走向中国智造、中国质造转变的内在力量。

① 《源于时代 超越时代——习近平这样论述马克思主义》，央广网，2019 年 5 月 5 日。

第二节　新时代工匠精神的未来

从人类诞生起直到当今时代，人类从来没有停止过生产的步伐，也没有停止对人类发展终极目标的追寻。社会生产劳动最终能带来什么？到底又要将人类的发展引向何方？在未来社会背景下马克思关于劳动和社会主义本质以及有关共产主义社会的哲学思考，给未来工匠精神的发展和完善提供更为广阔的空间。

马克思很早就指出，劳动是人的本质。在剥削阶级社会里，劳动发生了异化，劳动总体来说成了劳动者自身的对立面，要让劳动成为人发自内心的愉悦需要很大毅力。多数人将劳动看成是束缚。马克思哲学预测中的未来社会（社会主义和共产主义社会）是有能力把人从异化劳动中解放出来的社会，使人还原为人。与无阶级无压迫的原始社会相比，未来社会中，人类通过不断的创造与积累，物质越来越丰富，人对物的依赖关系越来越松散，到那个时候“人自己的劳动可以超越自己的肉体需要，自由地面对自己的劳动产品，可以按照任何一个物种的尺度进行生产，把自己独有的特性运用于劳动对象，从而创造一个属于人的对象世界，表现自己的生命本质力量。这个劳动过程会给人以精神上的愉悦感觉”。①

人终将因此获得自由而全面的发展。因为人不再仅仅依赖物的存在，而应当超越人之工具价值，回归人之主体价值，解放其自由个性。正如马克思主义实践生成的人学观所论断的，按照人的主体性发展为线索可以分为三个阶段：从“人的依赖关系”到“物的依赖性基础上的人的独立性”，再到全面发展基础上的“自由个性”。② 当今中国社会的发展正是从第二阶段向第三阶段转变，一系列客观事实证明了这种转变。中国共产党领导中国人民，不

① 尉迟光斌、张政文：《论马克思劳动观及其对培育“敬业”核心价值观的启示》，《理论月刊》2016 年第 5 期，第 11—12 页。

② 匡瑛：《智能化背景下工匠精神的时代意涵与培育途径》，《教育发展研究》2018 年第 1 期，第 40—41 页。

仅以马恩哲学思想为指导，而且还因地制宜地发展了马克思主义。这对于中国的发展有着系统的顶层设计指引作用，对社会主义制度未来的发展有着较为严谨的构思，中国人正在一步步用自己的行动探究这种构思的可行性，并在不断的反思中完善构思。

未来社会不会凭空诞生，中国人深知这一点。十八大之后，中国特色社会主义进入新时代，习近平总书记豪迈地向世界宣布中国人对于未来的宏伟构想，而这里也包含了对于成熟社会主义制度的展望。2035 年、2050 年是中国历史发展过程中重要的时间节点。到 2035 年，中国要基本实现现代化，到 2050 年中国能够建成富强、民主、文明、和谐、美丽的社会主义现代化强国。中国当今致力于精准扶贫、致力于科技创新，加强供给侧结构性改革，加强精神文明建设等，均是为了解决当下中国存在的贫富不均、物质不够丰富、生态保护欠有力、精神文化建设有待加强等问题。主要的目的就是为了实现建成社会主义强国，并在将来建设共产主义社会的人类梦想。未来中国劳动者的精神面貌和价值追求，则是这些蓝图和展望变成现实的重要保障。

未来工匠精神将很可能表现为如下方面。

第一，劳动是平等、体面、自尊且快乐的。在未来社会，无论是在每一个劳动者的观念层面还是在现实运作层面，均实现了劳动者真正意义上的平等，他们的不同唯因分工。未来的劳动者因为阶级剥削被消灭、限制人的类本质的外在因素被剥离，工匠能够顺应自身的需要、社会的需要和理想的需要，创设性地开展工作，创设性的劳动会给劳动者带来更多的愉悦与热情。学做事情、做好事情成为自然而然的选择。

第二，劳动是内在自由发展的需要。自由就是一切经由自身、源于内在而非外在，不受外界的拖累和影响。因为剥削阶级被消灭，什么时间劳动、劳动多长时间均不再是强迫的安排，而是劳动者思虑后达成的默契。劳动产品不会被无偿地侵占，劳动已经成为超越私利的需要，人摆脱了对物的物质和精神依赖，劳动是人获得自我确定的一种方式。未来社会工匠信奉的是发挥自己的创造性去做贡献，爱一行而干一行，较之干一行而爱一行有更绝对的社会认同性，人们可以因为自我的多元需求而从事不同的职业，而不会像封建工匠那样过于强调守业为根本。就像马克思曾经设想的人可以上午打猎，下午捕鱼，傍晚从事畜牧，晚饭后从事批判。

第三，劳动的社会性更加凸显。如果说原初状态下的劳动，更多为个人的生存而被迫劳动，那么在未来社会，工匠劳动的社会性将是根本目的。自我的满足已经成为低层次的需要，集体劳作、贡献财富，真正实现人人为我、我为人人，将是社会主义、共产主义社会的真实图景。在这幅图景下，工匠的精神世界是非常丰富、活跃与开阔的，他们不再被局限在狭小的空间里进行没有思想的劳作，他们成为社会关系中那个自由的自己，也成为智能化社会中的主导力量。

第四，追求丰富而高雅的精神世界成为工匠精神修炼的核心。在未来社会，劳动者从繁重的劳动中解放出来，有更多的闲暇时间精进自己的修养，因此人的素质有了极大的提高，人的自我能动性也得到了极大的调动。一句话，未来的工匠成为自由而能够全面发展的人，这是马克思所追求的共产主义社会的目标，也是中国特色工匠精神的最高境界。

新时代工匠精神内涵丰富，集历史性、革命性、现代性、先进性和未来性于一体。新时代工匠精神是时代背景下的职业精神。弘扬新时代工匠精神不是回到传统，一味地向前辈致敬，而是从传统出发，经过革命文化的荡涤，马克思主义劳动观的改造提升，在当代的审美和生活中重生并发扬光大。为此，我们要保留传统的手艺人精神，这是工匠精神的古典性来源。同时还要积极彰显工匠精神的现代性，它需要时刻与当下的时代、技术进步、生产方式和生活方式相关联。未来随着社会的进步，工匠精神又会展现出成熟社会主义社会和共产主义社会职业精神的经久魅力。

用新时代工匠精神激励中国建设社会主义现代化强国，具有很强的针对性。首先，新时代中国工匠精神将历史传承与现代使命有机结合起来，表明质量强国既是传统家国情怀中的个体责任和义务，更是新时代中国参与全球竞争的重要法宝。其次，新时代中国工匠精神将革命情怀、人类关怀有机结合起来，表明质量强国既是劳动人民伟大创造性的体现，也是实现人的自由而全面发展的重要步骤。

高职教育在我国一线人才的培育方面越来越重要，加强新时代工匠精神的培育应该成为高职教育的重要一环。为此，我们可以利用媒体宣传、学校教育、企业培训、社区活动等平台，做好如下几方面的工作：家国情怀教育，将个人追求、个体责任和国家利益紧密联系起来；敬诚奉业教育，学习古人视质量为身家性命与自我名节的精神，用谨慎之心对待工作；劳动光荣教育，批判不劳而获，宣传职业平等、尊重劳动成果，让“劳工神圣”闪现出时代光芒；创新创造教育，让精益求精、不断突破成为职业习惯；人类未来关怀教育，通过追求质量不断满足新时代中国人民的美好生活需要。经过这类教育的学生，才会是一个有个体价值意识，集体、社会和国家全局意识以及人类生存、发展和完善意识的真正意义上的职场人士，或谓之“新时代匠人”。

工匠精神培育与高职思政课融合篇

第七章 “大思政”格局与高职工匠精神培育

新时代工匠精神培育与高职院校的最佳结合点就在于高职院校思政课教学改革中突出工匠精神元素，因为高职思政课的教育目标与新时代工匠精神培育致力于塑造的劳动者的职业品质具有内在的一致性。无论是本科院校还是高职院校思政课都要解决“为谁培养人，培养什么样的人”的问题，以往两者的解决办法没有什么区别，造成这两类学校的思政课上课方式、上课内容和上课目标几乎一样，看不出什么高职特色或本科特色。若将新时代工匠精神培育作为高职思政课的重点，则高职院校思政课教育的特色和吸引力就会大增，因为一方面它增强了高职思政课的针对性，另一方面也有利于高职立德树人重要教育任务的完成。

工匠精神培育与思政课的深度融合，绝对不是思政教师的孤军奋战，它一定是思政教育部门与各行政部门、教学部门通力合作的结果。党政管理部门、教学部门、各行政职能部门、学生群体都需要有“大思政”思维，在此框架下，大家目标一致，同频共振。党政管理部门站位要高远，必须在顶层设计层面重视思政教育，重视新时代工匠精神培育。

在我国现行教育体制下，学校党政管理部门是当之无愧的指挥棒，必须明白自身的责任并勇于发挥自身的作用。教师须提升自身职业素养，以便向学生提供最便捷的工匠精神示范。在平时的教学过程中，教师要从内容与方法上思考如何实现思政课内容与工匠精神的密切勾连，找出两者相互融合的方面，进行自然流畅的教学。此外教师还需要积极探寻有助于阐释工匠精神的资料，特别是跟学生的社会生活相关的资料案例，教师可以通过理论研究和实践寻访，挖掘可以成为工匠精神阐释的重要的一手原创资料，思考如何在信息化和智能化时代里，以学生可以接受的方式进行流畅的价值传递和塑造。学校要思考的是如何让学生融进工匠精神域场，让他们在人生观、价值观、世界观范畴认同劳动与敬业精神。总之，高职院校应整合力量，以因事而化、因时而进、因势而新的态度加强新时代工匠精神培育在高职院校“立德树人”过程中的作用。

第一节　高职院校新时代工匠精神内涵认知调研

十八大以来，党和国家非常重视工匠精神的培育与弘扬，2016 年以来，从《政府工作报告》到《国家教育事业发展“十三五”规划》，均将工匠精神培育放在至关重要的位置。职业教育作为中国高等教育的半壁江山，与企业发展、科技进步、社会繁荣紧密关联，理应加强工匠精神培育。从 2016—2018 年，全国多数高职院校已经顺应国家要求，将高职“立德树人”在精神层面的培育重点落在“工匠精神”培育上。三年多的时间里，高职院校工匠精神培育的效果如何？有哪些经验？存在哪些问题？高职院校工匠精神培育的重点应该在哪里？为回答这些问题，找到进一步研究的突破点，必须进行一项面向现实的社会调研。

一、调研概况

围绕以上问题，2018 年 6 月，深圳职业技术学院“工匠精神培育”课题组设计了一份问卷，7 月投放问卷，课题组成员联系了全国 20 多所职业院校（如表 7—1 所示），在有关老师的协助之下进行了调研，调研时间从 2018 年 7 月至 2018 年 10 月。调研期比较长，是因为项目组在调研人群的选择上比较慎重。有两大主导思想：一是要有全国性和代表性且类别要全。能够涉及全国华北、东北、华东、华中、华南、西南、西北等主要大区，从国家级示范性高职院校到骨干高职院校再到普通高职院校都要有。本次调研，院校类型占比分别为 47.7%、23.24%、26.69%。二是学生以大二为主。一般来说大一学生接受问卷的意愿较强，大三学生接受问卷意愿最弱。工匠精神培育需要过程，检验高职院校工匠精神培育的效果，最好是在高职院校沉淀过一段时间的学生，大二学生是最佳人选。为了符合两大主导思想，调研的进程相对慢一些，但结果更信实一些。

二、调研发现

从本次回收的全国23所职业院校1179份问卷来看，工匠精神培育已经成为高职教育的重要方面，得到较为普遍的重视，高职学子认同学校应该加强工匠精神培育，认为其关系到中国梦的实现，关系到我国主要矛盾的解决，关系到中国品牌的建立，关系到学生成长成才。学生对工匠精神以一般性了解为主，深度体认有待加强。另外，学生在接受工匠精神培育方面存在区域性和获得感等方面的差异。

表7—1 参与问卷调研职业院校名单

区域	学校
华东	苏州工艺美术职业技术学院、苏州经贸职业技术学院、江苏建筑职业技术学院、常州信息工程职业技术学院
华南	深圳职业技术学院、广东女子职业技术学院、深圳信息职业技术学院
西北	平凉职业技术学院、兰州职业技术学院
华北	鄂尔多斯职业学院、山西职业技术学院、山西机电职业技术学院
东北	吉林交通职业技术学院、吉林工程技术师范学院
西南	成都纺织高等专科学校、重庆工商职业技术学院
华中	长沙航空职业技术学院、长沙民政职业技术学院、信阳职业技术学院、武汉职业技术学院、江西水利职业学院、河南职业技术学院、鄂州职业大学

从校园话语角度看，“工匠精神”一词已经成为高职院校高频出现的词汇（如图7—1）。经过进一步访谈调研发现，“工匠精神”会经常出现在教师的教学话语中，还会出现在开学第一课、职业技能比武、校园文化活动等对学生影响面比较广的活动中，也会出现在学校发布的文件、规范里，甚至出现在校园宣传标语中。“工匠精神”在校园已然成为高标准、严要求、重效果、重品质的体现，“匠心”意味着肯定与褒扬。匠心教师、匠心宿管、弘扬工匠精神、匠心职教……这些由工匠精神引申出来的词已悄然融入当下高职院校

的话语体系，构建着校园的文化生态、价值指引和绩效评价。

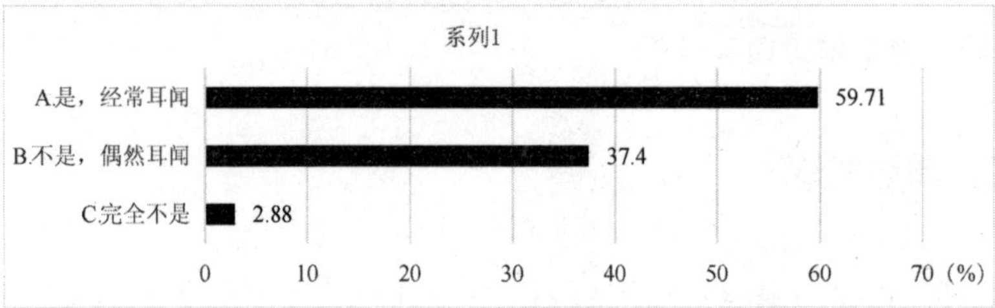

图 7—1　“工匠精神”一词在贵校是否属于高频出现的词汇

学生认为学校重视工匠精神培育。就学校重视程度，问卷围绕两方面开展。一是不同类型高职院校重视程度如何；二是高职院校“形式上”和“实质上”对工匠精神培育的重视程度是否有差异。从图 7—2 看，大多数高职院校“重视”或“比较重视”工匠精神培育，但是国家示范高职院校与国家骨干高职院校的重视程度高过一般高职院校。所有高职院校“形式上”的重视程度与“实质上”的重视程度差别不大，基本做到表里如一（如图 7—2、7—3）。

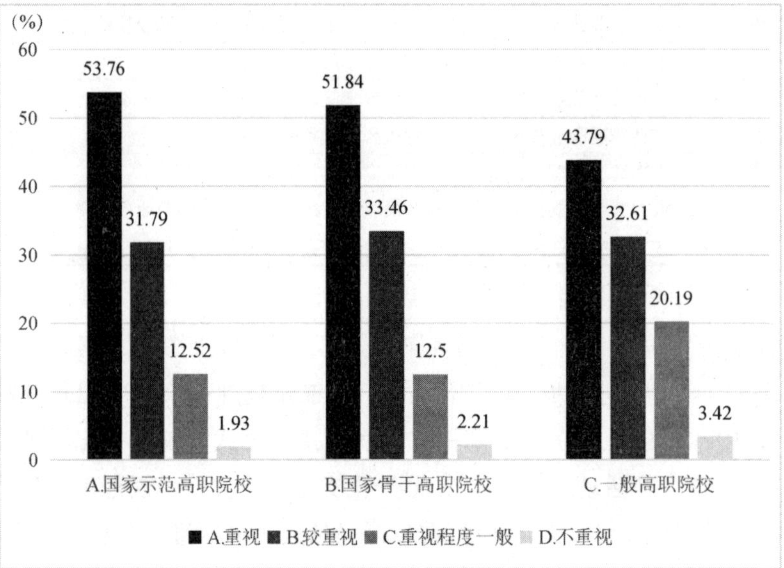

图 7—2　学生认为所在的学校在形式上是否重视工匠精神培育

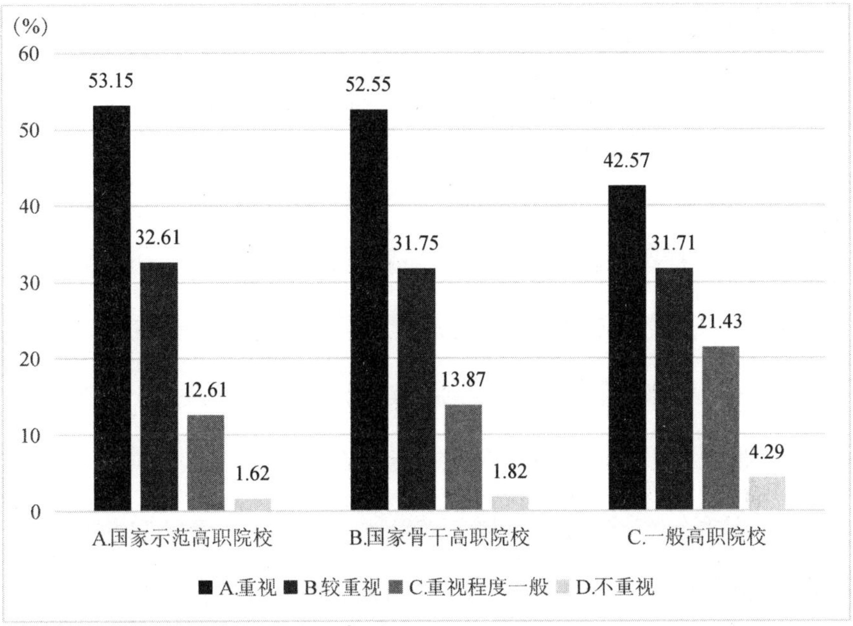

图 7—3　学生认为所在的学校在事实上是否重视工匠精神培育

高职院校对工匠精神培育重视程度存在一定的地区差异（图 7—4），东北、华北、华中地区重视程度明显高于华南和华东。这留给项目组一个问题：为什么会存在这样的差异？华南、华东属于我国经济上发展最快的地区，而东北、华北、华中则属于经济发展中等的地区。经济因素、开放性程度会影响工匠精神培育的事实重视程度吗？还是说华北、华中和东北老工业城市，反映出工匠精神资源比较充沛？美国人亚力克·福奇曾经在其作品《工匠精神——缔造伟大传奇的重要力量》一书中指出过，在美国存在一种现象：随着高等教育成本的上升，教育专家一直在寻求更高的投资回报，而不在意一个全面的工匠的价值。如果父母愿意支付很高的费用培养自己的后代，就需要得到明确的回报，在所谓快速发展的行业中得到高薪职位。[①] 是不是在华东、华南地区因为经济发展比较快，相较其他地区教育成本更高，家长期望值更高，希望立刻变现的经济与利益驱动，一定程度上制约了对工匠精神培育的重视程度？这只是一种推论式猜想。

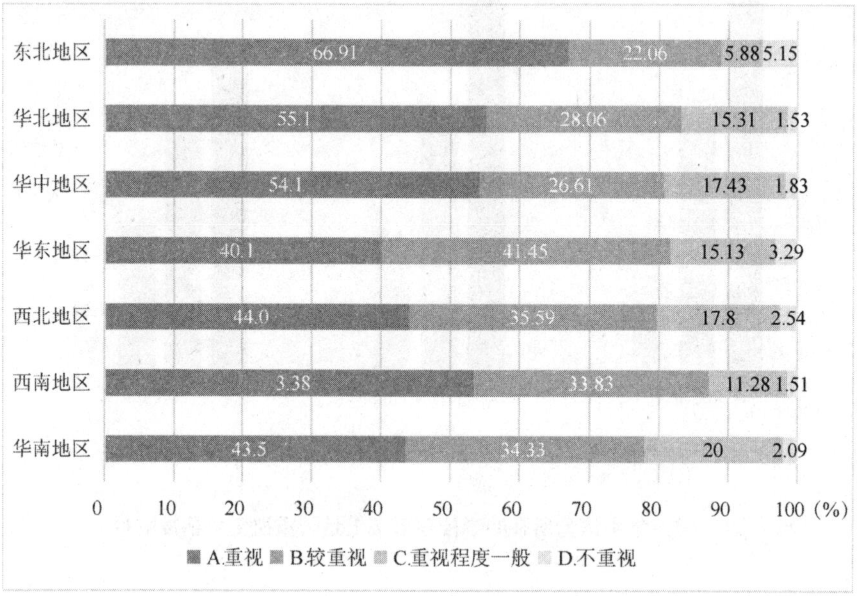

图 7—4　各主要地区职业院校工匠精神教育重视程度

学生对“工匠精神”的了解程度不高。非常了解和比较了解的比例不及一般了解的，绝大多数为一般性了解（图 7—5）。这说明，校方的事实重视和学生对工匠精神内涵的真正理解存在一定的差距。可能存在如下的问题：一是学生学习的主观意愿不是很强；二是学校在工匠精神内涵的把握以及培育的方式和方法上仍有待改善。

① ［美］亚力克·福奇著，陈劲译：《工匠精神——缔造伟大传奇的重要力量》，浙江人民出版社 2014 年版，第 216 页。

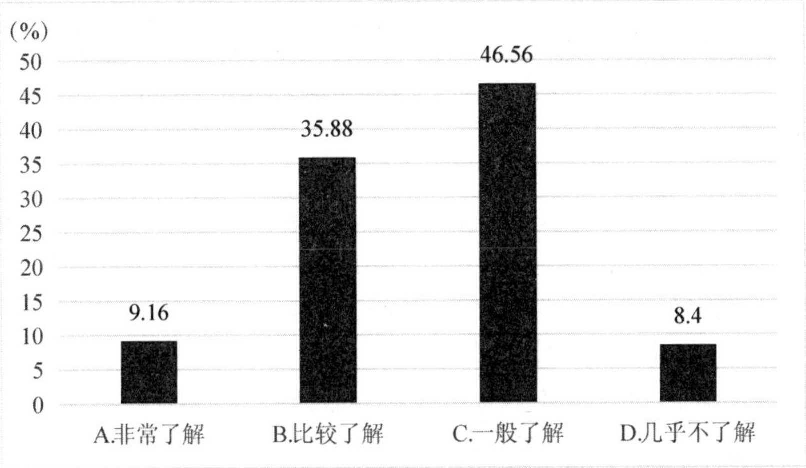

图 7—5　学生对工匠精神了解程度

虽然对工匠精神了解程度一般，但是学生对工匠精神内涵的中国来源认同度高。这从问卷中的两个问题上反映出来。第一个问题：在您的印象里，下列哪些国家的人最有“工匠精神”？结果有 67.6% 的同学认为是中国，其次是德国（19.68%），再次是日本（9.08%），美国虽然排在第一选项，但是选择的人很少。当问及“新时代工匠精神是什么样的工匠精神”时，61.66% 的同学没有被“新时代”所牵制，认为它是有着悠久中华传统文化底蕴的中国现代职业精神。当问及“您认为哪些属于新时代工匠精神的重要思想来源”时，多数同学非常认同中国传统敬天爱人、精益求精的工匠精神，如（图 7—6）所示。从调研中，课题组还发现同学们虽然非常认同工匠精神的传统来源，并认为工匠精神的外显品质是“创新”（90.16%）、“精益求精”（91.09%）和“专注”。同时调研发现，学生对“陕甘宁边区时期和新中国建立后社会积极弘扬的劳动光荣思想”以及国外工匠文化了解比较有限，分别为 44.02% 和 36.81%。与之相适应的，对工匠精神外显品质“无私”认同的也相对较低，仅为 50%。这进一步说明，工匠精神中的社会主义道德品质教育相对薄弱一些，学生对于新时代中国工匠精神的内涵认知相对片面，而且没有一定的系统性，这是思政课教育中需要重点加强的方面。

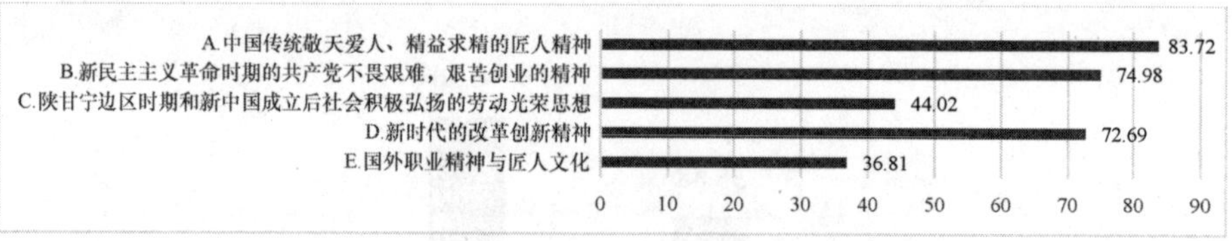

图7—6　学生认为哪些属于新时代工匠精神的重要思想来源

受访学生普遍认同工匠精神培育。有96.78%的同学认为工匠精神培育与中国梦的实现有密切或比较密切的关系；有91.78%的同学认为工匠精神培育与高职学生成长成材有着密切或比较密切的关系；有90.01%的同学认同工匠精神培育与中国品牌的建设关系密切或比较密切；有94.63%的同学希望学校继续进行工匠精神培育。从数据上看，高职学生对于加强工匠精神培育持欢迎与积极的态度，这为高职院校后继的进一步加强培育提供了良好的基础。

学校培育学生工匠精神的方式多样，其中思政课教师讲授职业道德和契约精神是最普遍和最重要的方式，其发挥的实质影响力占比最高，但没能够超出35%。课题组列举了10个选项、9类影响方式，其中思政教师课堂讲授是最主要的方式（80.66%，如图7—7），也是影响最突出的一个方式(32.57%，如图7—8)；其次分别为“参与社团或义工活动锻造工匠精神”，占13.91%，紧接着为“听大国工匠或地区有名的匠人分享职业体验”，占13.15%。数据的差异向我们透露出几个重要的信息：第一，思政课教师在培育学生工匠精神方面责任重大。在调研中，其他课程教师潜移默化地培育工匠精神，也是目前学校影响学生工匠精神的主要途径，占比54.2%，但是实质影响力只有10.6%，远逊于思政课教师的影响力。第二，工匠精神培育方式的丰富性与学生的获得感之间仍然存在较大差距，这说明工匠精神培育的实际效果还有待加强。第三，“鼓励学生校外兼职磨练工匠精神或带领学生校外参观考察感受工匠精神”也是学校培育工匠精神的重要途径（45.8%），但是其实际效果却只有8.06%，这说明学生认同这一方式，但这种方式开展时有一些问题，导致效果并不如意。第四，网上浏览大国工匠精神或杰出人物事迹是影响学生工匠精神的重要方式，占比为43.77%，但是实质影响力仅为

4.83%，说明零碎渗透不足以代替系统性介入。

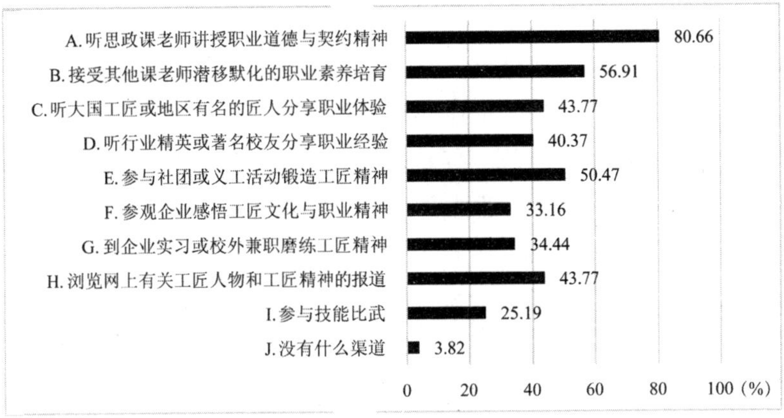

图7—7 在校期间，学生汲取工匠精神的主要途径

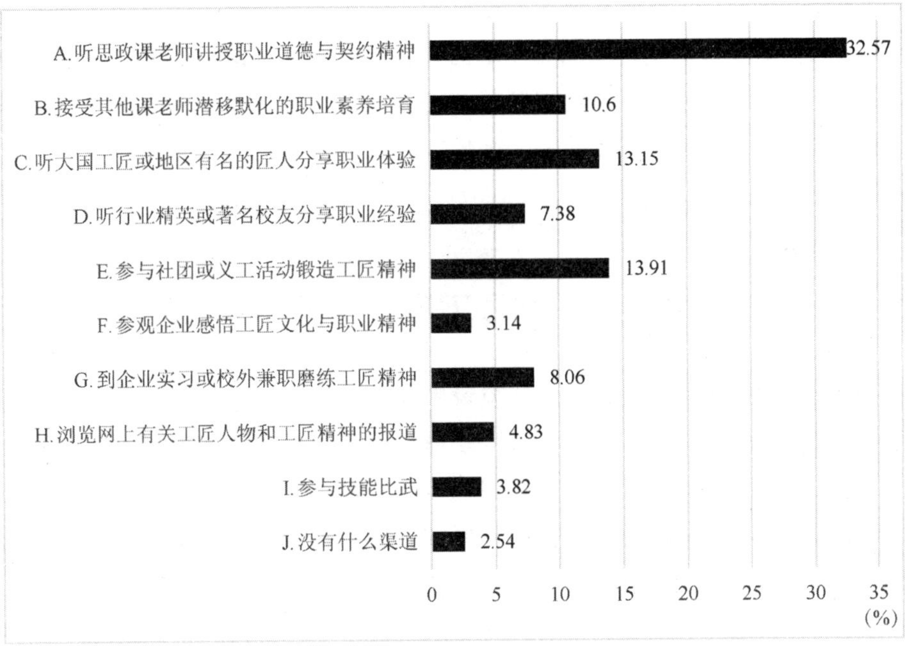

图7—8 所列途径对学生影响最深的是哪一个

三、小结

本次调研涉及全国主要地区，有一定的代表性。从调研数据看，有几大比较令人欣慰的发现。首先，重视工匠精神培育已经成为全国高职院校的共识，这说明绝大多数高职院校不仅是低头办学，而且在抬头看路。在认真研究高职教育的特点、时代发展的特点、中国发展的需要和教育的本质基础上，设计高职教育的可取方案。其次，“90 后”“00 后”大学生对工匠精神内涵的认知虽然谈不上深刻，但是总体偏向积极，富有正能量，他们相信中国传统工匠文化的魅力，同时体认创新、精益求精。再次，全国多数高职院校在积极探寻工匠精神培育的方式和路径，目前虽然做不到效果显著，但是方式已经做到多种多样，这是一种积极负责的态度。

同时，调研过程中，我们也发现了一些重要的问题。比如，工匠精神培育的效果有待提升。说明高职院校既要重视方式的多样性，同时应在已有路径的基础上探寻对学生更有启发、更有获得感的项目。同时华南、华东等经济发展比较活跃的地区，学生工匠精神的内在认可度低于其他地区。这是亟需重视的问题，越是经济发展快，越不能忽视工匠精神。

第二节　“大思政”格局下高职工匠精神的培育思路

由调研报告可以发现，高职院校对工匠精神培育理念的高重视度和工匠精神培育途径的多样性，不能掩盖工匠精神培育的系统性弱势和效果有待提升的劣势。思想政治理论课虽是高职院校工匠精神培育的主要形式，但是要真正发挥其战斗堡垒作用，则需要有更加宏观的构架和微观的谋划。“大思政”格局为我们指明了方向。

一、“大思政”格局与思政课改革增效

传统狭隘的思想政治教育是政治理论课程的课堂教育，与专业课程、

校园文化和实践活动形成明显的区隔。它便于教学、安排和管理，却弊端众多。首先是不符合思想政治教育的一般性规律。思想政治教育工作的核心对象是人，而且是具有相当稳固性的人的价值观和信念。随着中国改革开放和社会飞速发展，对人特别是青年学子产生影响的因素日趋复杂多元。中国家庭结构原子式趋势（一对夫妇一个或两个孩子）、无处不在的市场经济交换方式、互联网成为生活学习的重要媒介和工具、中国在世界格局中的位置变化等这些现象或因素均影响着“00后”大学生的思想观念和价值信仰。影响思想的渠道多元化，就决定了思政课局限于课堂的方式必须有所变革，原来那种只传授道德知识忽视美德践行的教育模式，那种教师把学生当成被动接受对象的教育方式，那种将教育局限于思政课堂的场景处理，已经远远不能适应当下时代、当下学生的需要。因此，贴近实际、贴近生活、贴近学生，锐意改革，追求全方位、全过程育人的“大思政”格局就显得尤为重要。

（一）何谓“大思政”

“所谓‘大思政’工作格局，是对多种具有思想政治教育功能的因素通过特定的活动或联系机制所形成的合力体系的整体形态描述。在本质上，它是对思想政治教育的整体形态及其体制、生态和运行机制的实践要求。”① “大思政”教育观强调“以人为本、尊重人的发展”，从全局上整合大学生思政教育工作。这种教育观的形成和发展，历经了二三十年时间。20世纪80年代末，教育界倡导“三育人”（教书育人、管理育人、服务育人）理念，将教育看成一个系统。21世纪初期，一些高校尝试全方位思想政治教育模式，“大思政”作为教育理念被引入思想政治教育中。2016年12月，习近平在“全国高校思想政治工作会议”上强调，要坚持把立德树人作为中心环节，把思想政治工作贯穿教育教学全过程，实现全程育人、全方位育人。为落实会议精神，2017年2月27日，中共中央、国务院印发了《关于加强和改进新形势下高校思想政治工作的意见》，要求坚持全员全过程全方位育人。把思想价

① 刘兴平：《高校“大思政”格局的理论定位与实践构建》，《思想教育研究》2018年第4期，第104页。

值引领贯穿教育教学全过程和各环节，形成教书育人、科研育人、实践育人、管理育人、服务育人、文化育人、组织育人长效机制。“大思政”格局正式成为国家指导思想政治教育工作的重要思想。

（二）“大思政”格局的特色

1. 思政教育主体多元化和整体性统一

“大思政”教育理念针对传统思政教育的孤立性和片面性，以马克思主义整体观为指导，强调全员育人，将思想政治教育的主体由思政课教师扩展到包含党政干部、专任教师、辅导员在内的所有教职员工，甚至也可以是能够对学生群体承担、组织和发动思想政治教育活动的社会组织和机构。通常情况下，学校“大思政”工作是由校党委书记作为总牵头人，各职能处室、二级学院负责人为主要负责人，各级教师员工为主要执行人，所有参与人员各自围绕“立德树人”主线贡献智慧和方案，同时保持协调和沟通，确保思政教育工作的有效有序开展，避免互不通气，各自为阵，造成人力、财力、物力的浪费，提高学习与活动的效率与效果。

2. 思政教育空间的延展性与时间连续性的统一

“大思政”教育理念将大学思想政治教育的空间，由相对单一的第一课堂延伸到第二课堂。专业课、书院、校园公共空间、校外社区、企事业单位、公共场馆、网络空间都有可能成为思想政治教育的场所。同时在“大思政”教育下，思想政治教育的时间被拉长到学生受教育的全过程，遵循了思想政治教育的基本规律和人的成长规律，注重思想政治教育的连续性和过程性。

3. 教育内容丰富性和教育形式多样性的统一

高校思想政治教育不仅要对学生进行优秀传统道德伦理、文化修养教育，而且要加强学生对马克思主义中国化最新成果的体认，同时还要帮助学生积极回应社会热点问题和社会需要，注重学生创新创造能力的培养。为此，可以借助人类一切优秀的文明成果。思想政治教育的教育形式由于空间、时间上的拓展，参与人员的扩大，有效资源获取途径增强，获得了多样性的可能。传统的听讲、阅读、视听、演示等形式，被大大扩展为其他的诸如讨论、参观、学中做、实操、浸润式体悟、面对面访谈等实践形式。复旦大学的研究表明，听讲、阅读、视听、演示等学习形式属于被动学习，学习内容留存率约在5%—30%；讨论、实践和教授他人属于主动学习，内容留存率分别达到50%、75%和90%。①

4. 教育平台利用的现实性和虚拟性互为补充

现代信息技术的发展，助推了教育方式的革命，这为思想政治教育方式的变革提供了较为广阔的舞台，“大思政”教育观能对信息和网络技术对学习以及社会生活的影响做出积极反馈，主动拥抱信息技术下海量的文字资源、图片资源、多媒体资源，充实现实教学的手段。另外，利用慕课等线上学习平台可以将现实中的优质课程实现更大规模的共享和互动。此外，线上博物馆、VR虚拟现实技术还会为思想政治理论的实践提供更多的可能性。

（三）“大思政”格局的实施路径

“大思政”格局要在一个学校正式铺开，必须做好如下几方面的工作。

首先，学校党委高度重视，并进行充分的动员和宣讲。党委是高校大思政工作的领导核心，党委是否严格贯彻落实党中央和上级机关的要求，是否高度重视思想政治工作，事关高职院校的整体政治生态建设。党委重视了，其他各个职能部门才有可能把思想政治教育工作当成重点工作来抓。党委还需要做好宣传和广泛动员教育工作，认真落实中共中央、教育部2018年《关于全面深化新时代教师队伍建设改革的意见》要求：“加强理想信念教育，深入学习领会习近平新时代中国特色社会主义思想，引导教师树立正确的历史观、民族观、国家观、文化观，坚定中国特色社会主义道路自信、理论自信、制度自信、文化自信。引导教师准确理解和把握社会主义核心价值观的深刻内涵，增强价值判断、选择、塑造能力，带头践行社会主义核心价值观。”此举目的是让全体师生明白“大思政”是什么，有什么价值，为什么要布局“大思政”工作，抓好“大思政”工作可以获得什么样的政策激励以及绩效奖励。这样做的目的是让一所学校上到党政高层，中到二级学院负责人，下到基层每一位普通教师均能明白思想政治理论课教育和自身的关系，明确责任和使命。在宣教工作结束后，可以收集各职能部门对于“大思政”的理解、

① 尹冬梅：《构建同心圆式大思政教育新格局》，《中国高等教育》2015年第10期，第8页。

本部门在“大思政”中可以承担的任务以及可能存在的问题，由学校专门成立的“大思政”协调小组等类似的组织协调沟通，理顺关系，起草“大思政”方案，公布并征求全校教职员工的意见和建议，最后再修正完善、正式公布。“大思政”的以上这些准备环节，一个不能少，更不能敷衍走过场，这样做的目的就是通过宣传、调研、完善，将教书育人、管理育人、服务育人、文化育人等协调统一起来。如果不做好准备工作，别人提“大思政”，我也提“大思政”，具体实施不细化，就会造成“大思政”工作徒有虚名，搞不好，还会打乱本来正常的教学管理工作。

其次，师资在数量和质量上应有保证。贯彻落实习近平总书记在学校思想政治理论课教师座谈会上的重要讲话精神，“建设一支专职为主、专兼结合、数量充足、素质优良的高校思想政治理论课教师队伍，切实做到政治要强、情怀要深、思维要新、视野要广、自律要严、人格要正”。① 这是高校推行大思政在师资方面的重要前提。十八大以前，思政教师配备不齐，全国很多高校都非常明显，经过几年的努力，目前这个状况已经有所改善。“大思政”要有质量，就得落实教育部印发的、已于2020年3月1日施行的《新时代高等学校思想政治理论课教师队伍建设规定》：严格按照师生比不低于1：350的比例核定专职思政课教师岗位。专职思政教师是一所学校思政教育内涵的重要保证。“大思政”工作不仅在思政课，还在学生管理、学生党团组织活动、学生校内外实践活动过程中，学校党团组织队伍，包括党务工作者、辅导员在内的行政管理人员和教授都是思政教育的非常重要的补充，而包括校领导、院领导、校外专家在内的人士可以组成高端兼职思政教师队伍，发挥对大思政的领导和管理作用。

思政教师不仅要在数量上有保证，在质量上也要因应时代而有提升。2018年1月，中共中央、国务院《关于全面深化新时代教师队伍建设改革的意见》指出，“健全师德建设长效机制，推动师德建设常态化长效化……引导广大教师以德立身、以德立学、以德施教、以德育德……全心全意做学生锤

① 《教育部印发高校思政课教师队伍培养规划——“新时代高校思政课建设创优行动”系列举措之一》，教育部网站，http：//www. moe. gov. cn/jyb _ xwfb/gzdt _ gzdt/s5987/201905/t20190505 _ 380642. html。

炼品格、学习知识、创新思维、奉献祖国的引路人。”思政课教师担负着学生精神世界的引领工作，思政教育需要面对多元的个体，回应纷繁复杂的社会问题，教育内容涉及政治学、心理学、历史学、社会学、哲学、法学等许多学科，在这种情况下，教师队伍的培育、继续教育、参观考察，就变得异常重要。教师道德人格有保证了，精神世界充盈了，眼界宽阔了，技能丰富了，才能拥有“以一棵树撼动另外一棵树”的情怀和能力。“大思政”格局下要鼓励老师坚持阅读与学习，勇于实践，挖掘第一手资料，积极主动地组织教学。教学内容要有主导性、创造性和超越性，要能引导学生实现在现实社会实践基础和现实思想道德基础上的思想的升华与超越。

再次，“以人为本”构建完善的课程教学体系。思想政治教育是人类社会实践的重要领域，也是一种对象性活动，思想政治教育的对象不是物而是人。“以人为本”“以生为本”是思想政治活动的出发点。“大思政”虽然格局大、涉及面广，但并不意味着没有核心。教育教学改革无论怎么改，课程始终是核心。“大思政”需要构建一套合理的思想政治教育的课程体系，表现为：思想政治理论课必修核心理论课程是主渠道、思想政治理论课实践教学是不可分割的重要组成部分、课程思政是重要补充和具体深化。通过显性课程和隐性课程，双管齐下，让思想政治理论课教育做到思想性、实践性和专业性的统一。

思想政治理论课必修核心课程，就高职层次而言，包含“思想道德修养与法律基础”“毛泽东思想和中国特色社会主义理论体系概论”“形势与政策”三门课程。三者各有分工又相互联系，“基础”课重在对学生进行马克思主义“三观”和思想道德修养以及法律素养教育，“概论”课重在讲授中国共产党如何将马克思主义基本原理与中国实践相结合的历程，反映马克思主义中国化的两大理论成果，目的是帮助学生掌握毛泽东思想和中国特色社会主义理论体系基本原理，坚定中国特色社会主义的理想和道路自信。“形策”课程重在让学生及时关注党和国家最新的理论成果和政策动向、国内外的政治经济文化动态，从而认清形势，站稳立场，明确使命。这三门课程是思政核心课程，属于显性课程。关于显性课程该如何教出使命、教出成果，复旦大学高国希教授曾经撰文说，思政课要有术（方法）、有学（知识）、有道

（规律），[①] 讲授思想政治理论课，要透彻地通过其学术性、知识性来阐释其政治性、价值性，提高思政课的引导力、解释力、吸引力、感染力以及针对性和实效性。讲清楚理论是如何形成的，中间有什么样的逻辑关系，与现实之间的联系，这是高等教育思政核心理论课教育的重点，在“大思政”教育环节不能忽视这一点，否则就无法体现思政课大中小学循序渐进的要求。

有些高职院校，开展“大思政”教育后，把重点花在思政课的形式和实践上，人为忽视思政理论课的系统理论学习，这是一种理解偏颇和教育失误，也是和《关于加强和改进新形势下高校思想政治工作的意见》相背离的，文件明确要求高校要加强思想理论教育和价值引导。马克思就非常强调理论的功效，他说：“理论一经掌握群众，也会变成物质力量。理论只要说服人，就能掌握群众；而理论只要彻底，就能说服人。”[②] 加强理论研究和教育，将理论教得彻底，而不是忽视理论，这才是高职院校思政教师需要注意的。

思想政治理论课实践教学，包括课内外实践、校内外实训和实践。传统教学中存在两类问题：一类是理论教学占据主流，实践教学不被重视；一类是实践内容未被充分整合。思政课实践是思想政治理论课教师发起的，团委、学生处发起的思想政治教育实践是教育行政部门做的，学生社团搞的思想政治类活动是学生自发发起的，三者之间几乎不交流不通气，结果各自为政，造成活动的重复、资源的浪费和效率的消弱。针对第一类，“大思政”教育改革其中重要的一点，就是强调实践教学的必要性和重要性。教育部文件明确规定了学生实践课学分要求，其目的也是要求学校保质保量开足实践课。思想政治教育是“知、情、意、行”的过程教育，只知不用情，等于学而不思，只知不行动，无异于纸上谈兵，这样思想政治理论课的现实功效就会成为海市蜃楼。针对第二类情况，应该“以‘三融合’理念为指导，突破高校学生思政实践仅与思政理论课单一对应的传统模式，将高校的‘学生思想政治教育’‘大学生成才规划教育’和‘思政理论课教育教学’三者融为一体，探索提高大学生思想政治理论实践教学针对性和实效性的新模式、新途径，使

① 高国希：《大中小学思想政治理论课一体化建设的思考》，《思想理论教育》2019 年第 5 期，第 22—27 页。

② 《马克思恩格斯选集（第 1 卷）》，人民出版社 2012 年版，第 9—10 页。

思想政治实践教学呈现新面貌”。① 除此之外，高职高专非常注重学校与社会力量的合作教学，延伸到校外或者是虚拟现实中的思政实践教学活动在“大思政”下同样值得认可。

课程思政教育是思想政治理论课教学的重要补充与深化。课程思政教育主要涉及思政类通识选修课程和专业课程中思政元素和思想政治教育功能的呈现。社会主义大学需要经常用三个问题提醒自己开展反省：培养什么人、怎样培养人、为谁培养人。各类专业课程的施教者也需要常常自问这些问题。大学里的各类课程都承担传授知识、理论、方法、经验等职能，同时也都蕴含思想政治价值，体现着鲜明的价值意蕴，承载着一定的精神塑造和价值教育功能。人文历史类课程体现浓厚的人文关怀、民族大义、社会责任，自然科学类课程蕴含着丰富的探索精神和创新意识，艺术类课程饱含着对美的无限追求。不过，不是所有老师都能认识到课程的思政价值，还有些老师即便知道课程的思政价值，但是从价值排序上，也会将思想价值排在最末，囿于课时、精力等因素，有时候能省略就省略了。“大思政”格局，一方面从根本上提醒不重视课程思政价值的老师在观念上有根本的转变，提高自身的政治素养，将主动积极的价值观教育融入课程教学。另一方面，提醒各位老师在课程中与思政课积极合作，同向而行。

最后，发挥隐性思政教育的功效。“思想政治教育中隐性教育主要是指教育者以隐性课程、文化传统和环境情境为载体，引导学生在体验、分享中获得身心和个性发展以及价值观、理想信念和道德观念的活动过程及其方式。”② 隐性教育顾名思义具有隐蔽性、渗透性、间接性、体验性和分享性。前面我们提到了课程思政在高校通识和专业课程中的运用，就是隐性教育的重要表现。除此之外，环境情境与文化传统也是重要的隐性教育资源。

马克思主义坚持人和环境、教育与思想政治教育的关系，承认环境对人的影响作用，与此同时，坚持辩证法，强调人对环境的能动作用。③ 高校校园是学生接触最多，也是受影响最多的环境。校园自然环境是否优雅、整洁、

---

① 章清：《思想政治理论实践教学课程》，浙江人民出版社 2011 年版，第 1—2 页。

② 彭小兰、童建军：《论思想政治教育中隐性教育的四个维度》，《江汉论坛》2009 年第 3 期，第 140 页。

③ 骆郁庭主编：《思想政治教育的原理与方法》，北京师范大学出版社 2020 年版，第 249—260 页。

有序，会影响学生对于生态美和社会规则遵循的态度；教学主体的言行举止、工作习惯、学术思想和个人魅力，对学生来说就是一本真实、生动的教科书，可以达到不言自明的教育效果，就像孔子说的“其身正，不令而行”；团委组织比如纪念日活动、“青马工程”培训、团日活动，虽然并非涉及全部学生，但是组织宣传到位，可以对全体学生形成正向理想信念引领；校园文化活动，比如阅读比赛、校友分享、各类展览与讲座、公益活动、歌咏比赛、艺术节等，只要设计得当，均包含丰富的思政教育，会潜移默化地影响学生的思想政治观念；校园传统媒体比如报纸、电台，新媒体如校园网、微博、公众号、校园 APP 等，形式活泼亲民，内容积极有正能量，这些都是发挥思政教育的重要隐性资源。

二、高职“大思政”格局和工匠精神培育融合的内在需要

“大思政”教育理念与格局已在全国各类高校逐步执行并布局开来，从外部来看，各类高校“大思政”工作的形式大同小异，那么，如何体现因材施教的教育原则？如何实现不同类型的培育目标呢？这是个值得研究的问题。就高职院校来说，职业性、技能性是高职教育的重要特性，高职“大思政”教育如何呈现这两大特色？它的落脚点在哪里？这是高职教育交给高职院校的任务。中国社会和时代发展呼唤培育具备工匠精神的人才，职业院校对此责无旁贷。但是，职业院校从哪些方面着手才能实现工匠精神的培育？笔者认为，将工匠精神培育融入高职思政教育，使其成为高职“大思政”教育的重要方面和特色呈现，这是解决前述诸多问题的最佳方案，原因是大思政教育与“工匠精神”存在密切的内在联系，这种联系性决定了它们可以融合起来实现高职院校思想政治教育的特色和高职人才培养的目标。

（一）高职“大思政”目标的实现要求融入工匠精神培育

根据《关于加强和改进新形势下高校思想政治工作的意见》（简称《意见》），“……全面贯彻党的教育方针，坚持社会主义办学方向，扎根中国大地办大学，以立德树人为根本，以理想信念教育为核心，以社会主义核心价值观为引领，切实抓好各方面基础性建设和基础性工作，切实加强和改善党的

领导，全面提升思想政治工作水平……”是高校思想政治工作的指导思想，“为实现‘两个一百年’奋斗目标、实现中华民族伟大复兴的中国梦，培养又红又专、德才兼备、全面发展的中国特色社会主义合格建设者和可靠接班人”是高校思想政治教育工作的目标。

高职院校“大思政”工作要体现《意见》的指导思想，锁定“立德树人”的根本，实现“又红又专、德才兼备”的目标，立足点紧扣“高职”二字，从中找到突破口。职业性、技能性是高职教育的特色，高职教育的“立德”和“德才兼备”必须落实在职业素养与职业精神的培育与塑造上，而工匠精神是职业素养与职业精神的集中体现，因此，将工匠精神培育融入高职生的人生观、价值观、世界观教育和法制素养培养，融入马克思主义中国化理论形成过程教育，融入社会主义核心价值观，使得高职学校在职业理想、职业意识、职业行为、职业操守、契约精神等方面符合中国现代社会发展的需要，定能客观反映高职“大思政”教育的要求和特色。

习近平指出，“思想政治理论课要坚持在改进中加强，提升思想政治教育亲和力和针对性，满足学生成长发展需求和期待”。[①] 思政教育最终要服务于社会生产发展、服务于人。高职毕业生直接面向生产服务一线，工匠精神培育与他们未来的职业素质直接关联。

从国家层面上说，《中国制造2025》战略的实现很大程度上取决于中国能否拥有一支庞大的具有工匠精神的人才队伍。将工匠精神融入高职德育教育无疑提升了高职“大思政”教育的针对性。

由此可见，“工匠精神培育是高职院校实现思政教育工作目标的重要载体和途径”。[②]

（二）工匠精神的性质、特点决定其能够融入高职思政教育

论及工匠精神培育融入思政课问题，逻辑起点要回答清楚：工匠精神培育为何需要且能够与高职思政课相融合。这是由工匠精神的性质决定的。

① 习近平在“全国高校思想政治工作会议”上的讲话。

② 张震宇：《大思政格局下高职学生工匠精神培育途径研究》，《佳木斯职业技术学院学报》2018年第2期，第122页。

工匠精神本质上是历史性与现代性并存的职业精神。“工匠精神”从语言角度看，属于偏正复合词，重在“精神”，“工匠”做修饰限定之用。“精神”一词在中国古代最早体现在《淮南子·精神训》[①] 中，精神相对于肉体形骸而存在，与天地阴阳联系紧密，类似于灵魂。《现代汉语词典》剔除玄学宗教成分，关于精神的解释有两个：一是指人的意识、思维活动和一般心理状态，二是宗旨、主要的意义，[②] 可以看出其与思维、情感、态度、价值意义有关。在哲学领域，认为“精神是过去事和物的记录及此记录的重演”，“精神”一定程度上是历史在人脑中精炼、镜像和传承。“工匠精神”在人类早期实质上是一种“工匠的精神”，是手工匠人在专业劳作过程中的情感体验、态度选择与意义追求。伴随社会发展和历史传承，各种“工匠的精神”渐渐抽象凝练为具有共性的“工匠精神”，即所有参与职业劳动的劳动者共通的职业境界，表现为对劳动的尊重与敬畏，对创造的热爱，对行业品质的执着、对最佳服务质量与用户体验的追求以及对行业声誉的珍视。笔者赞同庄西真对“工匠精神”的多维视觉观，即把工匠精神放在东西方地域内，传统与现代的时空纬度上，制造业与其他行业的本质内涵里，道德与制度的不同层次上进行理解，[③] 可以看出工匠精神是一种兼具历史性和现代性、与职业劳动相关的、以价值为导向的、能产生个体认同和群体意识的人类职业精神。工匠精神是社会人精神素质教育的重要组成部分。

工匠精神培育在大学阶段最合适。工匠精神培育的实质是一种职业价值观塑造，属于广义德育（思想政治教育）范畴，工匠精神可以在家庭教育和基础教育中渗透，也可以在社会实践中磨炼。但比照而言，在大学阶段培育最为合适，原因无外乎个体成长的规律性和德育目标的分层性。习近平指出：“做好高校思想政治工作……要遵循思想政治工作规律，遵循教书育人规律，遵循学生成长规律。”[④] 初级教育阶段德育侧重于基础品德的建构，高中阶段

---

① 陈广忠译注：《淮南子·精神训（第7卷）》，中华书局2014年版。

② 中国社会科学院语言研究所词典编辑室编：《现代汉语词典（第6版）》，商务印书馆2014年版，第686页。

③ 庄西真：《多维视觉下的工匠精神：内涵剖析与解读》，《中国高教研究》2017年第5期，第5页。

④ 《把思想政治工作贯穿教育教学全过程开创我国高等教育事业发展新局面》，教育部网站，http：//www. moe. gov. cn/jyb_ xwfb/s6052/moe_ 838/201612/t20161208_ 291306. html。

应侧重于三观的初步确立，大学阶段则重在“立德”——稳固构建学生的科学世界观、人生观、价值观和政治观。科学三观教育与政治观念的形成必须与大学生群体的现实需求及社会的现实要求相结合，最好的结合点就是职业精神素质培育。工匠精神培育是其中的重中之重。大学阶段相对基础教育阶段而言，学生的思维和行为能力成熟很多，学习的知识内容已进入相对专业的阶段，学生需要思考未来如何以整全的人面向社会，参与劳动生产，社会对他们亦持“准劳动者”的期望，工匠精神因此成为他们必须思考和锻造的职业精神。其培育若在专业教育尚未开展的基础教育阶段去系统开展，不可想象；在大学毕业后再去系统培训，则不太现实。[①]

（三）思政课可以而且能够成为高职工匠精神培育的重要平台

与普通本科院校相比，高职院校更适合将职业精神塑造做足。高职生不到三年就面向职场，很多在中小企业生产和服务一线。通常大型单位在员工培训方面会细致耐心一些，而不少中小企业只是明确一下规矩，就要员工达到敬业标准。近年来，麦可思公司高职院校学生培养质量调查数据也反映了企业的这种需要，这给高职院校出了不小的难题。高职专业课程训练紧张，人文通识课程有限，除在社团活动或学生会活动中加强工匠精神熏陶外，若要增设工匠精神培育课，基本不现实，只能选择将工匠精神培育融入到现有课程体系中，思政课无疑是最合适的，原因是两者目标具有一致性——都是为了“立德树人”，实现学生自由而全面的发展。在马克思看来，人的全面发展的过程就是在人的社会化过程中，不断提升人的主体性，完善人的综合素质。社会竞争和生存压力容易使人产生一切劳动和服务皆因被迫，工作仅是谋生工具的想法，这种被动认知易导致人的异化，而工匠精神是人们生产服务过程中的精神自觉，是一种不受外界压力所迫而产生的追求完美、服务他人与社会的内在动力。工匠精神培育就是通过教育手段提升人文素养，为人文理性的生长提供土壤，在潜移默化中助人认识诚实、积极、有创造性的劳动对于人自身及社会的意义，这与高职德育的目标一致，也和“大思政”教育中的全员、全过程进行思想政治教育的要求具有一致性。一旦将工匠精神

---

① 肖平主编：《理工科高校职业道德教育研究》，西南交通大学出版社 2011 年版，第 59—60 页。

有效融入高职“大思政”教育，工匠精神培育就可以实现在学生受教育期的连续性关注。

三、“大思政”格局下工匠精神培育融入思政课的路径

“大思政”格局下，高职思想政治教育是一个系统工程，探索工匠精神培育融入这一系统有一个前提，就是高职院校在顶层设计下，确实存在“大思政”格局，如果“大思政”格局本身只注重概念与形式，没有经过慎密设计，那么工匠精神的系统融入也只能是空话。因此，本节探讨的是高职“大思政”格局下，如何细化工匠精神融入的问题。

（一）顶层设计上明确工作重心

如果说，“大思政”为高职思想政治教育改革指明了方向，那么，明确工匠精神培育为“大思政”工作的重心，则是为高职“大思政”教育工作指明了方向。“大思政”涉及教学部门、管理部门，涉及课内外、校内外，涉及思政课和专业课，涉及公共课教师和专业课教师，如何把不同的职能部门、施教场所、教学主体凝聚在一起高效率工作，必须要有一个相对简约，又能直指工作重心的安排。工匠精神是一个能让所有部门找到共同努力方向的聚合点。因此，高职院校在顶层设计上明确将工匠精神培育作为思想政治工作重点，这是必须的，也是符合现实需要的。具体表现为在学校“大思政”文件上要有明显的文字、条文体现，要有相关的配套政策的引领和制度保障机制。让所有施教主体一看文件就能明白自己的工作重心、自己负责的工作可以从哪些方面培育学生的工匠精神。有保障机制的顶层设计，在某种程度上相当于给施教主体以可预期的激励，这是保证“大思政”工作稳定性的稳定器。

（二）加强教师的工匠精神内涵认知教育

百年大计，教育为本；教育大计，教师为本。“大思政”工作能够在校园开展还有一个非常必要的准备工作，即教师需要对“立德树人”的目标和内容有较为充分的体认，在此基础上明晰工匠精神的内涵，才能将工匠精神培育与相应的工作密切联系起来。从调研来看，几乎所有教师对工匠精神均有

感性的、零碎的理解，有深刻系统认知的则占少数。因此，一方面，高职院校可以组织线上或线下的培训类讲座、发放相关培训资料，让老师们对工匠精神的内涵有丰富的认知。从本书前文的论述中可以发现，新时代工匠精神的内涵非常丰富，只有掌握了工匠精神的传统内涵、革命内涵、当代内涵、外来内涵和未来内涵，施教主体才能够在这些丰富的内涵中，找到与自身施教活动对应的工匠精神培育点。如此方可以让工匠精神培育变成一种自然而然且合适妥帖的教育，而非生搬硬套的强塞或灌输。最近几年，国家在倡导课程思政，结果一些老师没搞清课程思政是什么，就在自己的专业课中生硬安插一些红色文化、传统文化素材，由于自身认知的局限，无法对这些素材有合适的取舍，也无法做到将这些素材与专业课的内容深度融合，结果导致专业课程本末倒置，思政内涵也没有得到足够的呈现。工匠精神培育，同样要警惕这种生硬的嫁接。

教师是影响学生工匠精神形成的重要力量，除了加强教师工匠精神认知教育，还需要加强教师工匠精神实际品质的教育，勉励教师言行合一。“好老师，要有理想信念、道德情操、扎实学识、仁爱之心，把自己的温暖和情感倾注到每一个学生身上。”① 在育人活动中，如果教师展现出敬业、专注、创新、执着、淡泊名利的职业作风，相信会产生身教胜过言教的实际效果。

（三）完善工匠精神培育的课程体系

“大思政”课程体系包含：思想政治理论课核心课程、思想政治理论课实践课程、“课程思政”系列课程与活动。在“大思政”课程体系中需要逐一细化工匠精神培育的内容与形式。

思想政治理论课核心课程是工匠精神内涵认知培养的主要依靠平台，也是工匠精神培育与思想政治理论课深度融合的重要领域。为此，思政教育在充分掌握工匠精神的传统内涵、革命内涵、现代内涵、外来内涵和未来内涵基础上，需要结合思政课三门课程的教学重点、难点，考察各门课程中工匠精神内涵的融入点，并以三门课为重心，从较为宏观的角度，形成工匠精神

① 习近平：《做党和人民满意的好老师——同北京师范大学师生代表座谈时的讲话》，《人民日报》2014 年 9 月 10 日第 2 版。

培育融入思政课的维度和模块，便于在实际教学中运作使用。这样处理的目的是在不破坏思政课规定教材逻辑结构的基础上，为教师在实际教学中将工匠精神自然融入教材提供一些指引，防止教师在思政课每一章节中生硬植入工匠精神的内容。比如说概论课讲中国特色大国外交，这一节就不适合融入工匠精神，但是它对于提升学生的宏观视野有帮助，其实就是尊重概论课的原有教学目标即可。

除了内容上的融合，还要考虑到如何把这些内容、理论以合理的方式传授给学生，说好“理”是教学的艺术。教师巧用语言、善用富含工匠精神内涵的各种案例，引发学生的情感共鸣，就能提升学生对工匠精神深刻内涵的认知，从而在内在价值观上促使自己重新看待劳动、重新定位职业理想，深入体悟“劳动光荣”“为人民服务”等看似抽象的口号背后的社会价值。

思想政治理论实践课程是培育工匠精神的重要实践抓手。从大的方面来说，无论是什么类型的实践活动，它都需要有一个从策划、执行到实现的过程。教师可以就实践活动过程本身，以工匠精神为尺度要求和评估学生。以笔者平时教学过程中的实践活动为例，为了使新生能够快速熟悉校园，完成从高中到大学学习环境的真正转换，明确学习方式和学习目标，同时初步体验旅游管理专业工作中的细节与礼仪，笔者要求旅游管理班的一组新生做一期接待港澳青年交流团的校园参观模拟，并在班级展示。在学生们实践之前，笔者就要求他们：要制订一份详细的活动策划书，要调查小组每个同学的特长，并把这些特长运用于本次活动，要事先参观校史馆、实地了解校园并随机走访部分老教师，要有一手的资料，要了解港澳青年交流团的需求和特点，介绍要求既全面又有重点。将全班其余同学视为港澳青年团成员，展示时间20分钟，展示完以后要有回看式总结反思。这些要求看似是活动的流程性规范，但是里面蕴含了工匠精神培育的意图：好的作品离不开预先精细的准备，好的接待需要考虑到接待对象的需求和接待礼仪，田野调查和亲生体验有助于解说和共情，活动结束后的反思有助于总结经验教训。而这些意图也只有通过实践才能够有真切的体验。

除了实践活动的流程性工匠精神培育，还设计了一些直接有关工匠精神培育主题的实践活动，让同学们通过观察、比较、访谈、调研、研读等挖掘现实生活的匠心、匠艺、匠造，从言语、行动、挫折、苦闷和愉悦中体悟工匠精神的魔力与魅力。关于这类实践活动的设计与运作，在本书后面会有详细的阐述与介绍。

课程思政系列的课程与活动，是指在学校其他非思想政治理论课程中渗透思想政治理论教育的理念与元素，将立德树人贯彻到学生接受教育的全过程。涉及的课程包含：专业课程、各类通识必修或选修课程（含与思想政治关联性比较大的思政类选修课）。在这些课程中，工匠精神的培育同样可以根据课程的特点自然融合，这里非常考验教师对教学内容和教育艺术的把握。

笔者熟悉的一位教师给学生们讲述《红楼梦》，在讲到“王熙凤协理宁国府”时，前期的政治背景、阶级矛盾分析之后，她转而提出一个非常接地气的问题：贾府合族上下人事复杂、宁国府百弊丛生，贵族之家丧礼更是规矩礼仪众多，王熙凤有何能耐协理宁国府，固然有贾珍放权，如果给你这个权，你是不是也能像王熙凤那样把事情搞得井井有条？之后她从问题出发，让学生们从原文中去挖掘，之后自由讨论。同学们发现：王熙凤是个不可多得的管理人才，用现在的眼光打量很有匠心。具体表现为：非常沉着，切中利弊，冷静分析，重视计划；非常务实，分工明确；非常严明，赏罚得力；非常自律、以身作则，早出晚归，勤勉工作，不搞特殊；非常投入，得体大方。当同学们分析完这些之后，老师再提一问：我们工作或学习中能从凤姐协理宁国府这件事学到点什么呢？

举这一例，就是想说明，看似与工匠精神没有联系的通识类文学类课程，只要老师善于琢磨，就能够让课程包含匠心精神的元素，让同学们在赏析的时候不仅享受文学的深刻，更能联系现实做实践性思索。高职教育，专业众多，专业与职业、行业关联度很高，各行各业都有职业道德、伦理规范、职业精髓和最高理想，只要教师将工匠精神培育作为重要的价值目标追寻，潜心联系专业和行业，挖掘案例，就容易找到链接点，将匠心植入学生内心，促使学生体悟到匠心的重要价值。

（四）创设工匠精神培育的校园环境

马克思认为，人与环境之间的关系是辩证统一的，人既是环境的产物，也是改变环境的主要因素。环境与人是受动和能动的，而不是单方面谁决定谁的关系。校园环境是思想政治教育环境中的一种非常重要的微观环境，它与学生的生活、学习、休闲息息相关。因此，要加强工匠精神培育，高职院校要努力创设相关的校园环境，同时鼓励同学们加入到创设和谐校园的工作中。

创设匠心校园，可以从校园的硬件环境和软件环境着手。硬件环境，比如校容校貌、校园规划布局、校园装饰设计、教室室内布置、校内清洁卫生、园林绿化、交通管理、安保工作等，这些可视化的环境，尽其所能做到用心用情，既有规则遵循，又有人性化设计。学生们会在不经意中感受到校园的魅力。一次，笔者所在的学校召开全国性会议，有来自全国其他地区的教师代表和学生代表参会。一位参会学生代表对我方学生义工说："你们学校不愧是高职名校。"这位学生义工开玩笑说："是从新闻报道中看出来的吗?"参会学生代表说："从你们会议桌椅摆放位置看到的。"原来这次会议所有的椅子摆放横看一条线，竖看也一条线。当外来学生点出这一点时，学生义工会心笑了，这其实是一种满足的认同，同时也是一次工匠精神价值的重要确认。

软件环境是一个学校无形的精神风气和氛围，它体现在学校的办学理念、校园文化、学术氛围、工作作风、学校管理水平等方面。以校园文化为例，以空间分，校园户外公共空间文化、教室文化、图书馆文化、行政管理区文化、书院社区文化、宿舍区文化、校园新老媒体文化通过语言、文字、标语、视频、海报、书籍、音乐、图画、午餐会、纪念聚会等形式将思想传递给学生，暗示学生们这个学校相信什么、尊重什么、倡导什么。校园每隔一段时间展示的校园学习标兵海报、技能大赛海报、杰出工匠进校园海报其实就是这样的文化符号，它暗含鼓励同学们奋斗的方向。

步入新时代，"工匠精神"已然成为中国高职校园热词。调研发现，学校普遍认识到工匠精神培育的重要意义，但是很多院校开展工匠精神教育与宣传是外力驱动式的，即舆论、政治氛围、国家导向使然，这造成工匠精神教育的宣传味大过教育性追求，工匠精神内涵式培育大过形式性过程，工匠精神教育活动的零星或片段式开展高过系统性布局与安排。应对以上弊端，"大思政"教育是理想的思路，将工匠精神融入高职"大思政"教育的框架下，从顶层设计、课程系统性谋划到隐性环境的改造，工匠精神以一种富于构思的持续不间断的形式融入高职学生的教育与生活中，如此，才会深入地植入学生的头脑中，指引学生的实际行为，达到思政课立德树人、知行合一的效果。

第八章　工匠精神培育融入思政课的路径

高职院校学生泛泛感受工匠精神的机会众多，但是深度了解工匠精神内涵并有深刻体悟的不多。学生对工匠精神的主要印象来源于中国古代匠人文化以及现代杰出工匠孜孜不倦于工作的具象化认识，但对传统工匠文化、近现代工匠文化的现代性改造，以及为什么劳动光荣，为什么现代社会需要敬业等根本问题认知不够。目前，中国高职教育的资源配置、课程、学习周期及活动设置，使得工匠精神培育的重头戏仍然在思想政治理论课的教育上，这点被调研证实。对广大思政教师来说，思考并设计出高职特色的思政课，突出新时代工匠精神培育的内涵变得非常关键。本章从理论和实践路径两方面探寻工匠精神融入高职思想政治理论课的可能性。

第一节　理论路径：“四维四观”设计

一、工匠精神融入思政课的四大维度

价值观塑造、“立德树人”是工匠精神培育与思政课教育的共同目标，其核心关照是人。工匠精神的施动者是工匠，“工匠”的一般属性是人，特殊属性是行业成员。因此，工匠精神培育既是对个体的思想教育，也是落实对行业从业者的特定规范。马克思认为：“人的本质不是单个人所固有的抽象物，在其现实性上，它是一切社会关系的总和。”社会关系总体主要是围绕“人”

“社会”“国家”三个层面，即个人与自身关系、个人与社会关系、个人与国家关系。相对于“个人与自身关系”的私密性、“个人与国家关系”的政治性，工匠精神主要与社会劳动相联，因此，“个人与社会关系”具有一定的主导性，本文将这层关系细分成内外两维。由此，形成了工匠精神融入思政课的四大维度。

（一）价值之维

个体是人的世界的重要组成部分。作为大学生个体，不可避免地会追问：“这个世界会更好吗?”“这个社会会更好吗?”“我会更好吗?”这三重追问，实属唯物哲学的几大难题：如何更好地认识人类世界？如何更好地认识人类社会？如何更好地认识人类自己。以这三个问题进入大学生思考领域的先后顺序和频次衡量，“如何更好地认识自己，如何让自己更好地生活”自然是思考最多的，其实质是对个体生存价值的叩问。思政课针对这些设置了一些内容，比如人生与理想、人生观与人生价值、个体身心和谐、个人道德等，具有一定的理论和方向指导意义。若把工匠精神培育融入以上章节，就容易让理论落地，学生会觉得自己不仅是在抽象地进行形而上的哲思，而且是在实实在在的审视：我是谁？我为什么要参与社会劳动？社会劳动于我有怎样的意义等。人的自由而全面的发展是理想社会的美好追求，将工匠精神培育融入到个体与自身关系的思考维度，表面上是思考工作与自身的关系，实质可以帮助学生从个人价值实现的高度理解工作的意义与价值，一定程度上阻断大学生对工作庸俗或被动的理解，防止劳动的异化和对自身价值认识的错位。

（二）个人与社会关系中的两大维度——伦理之维和契约之维

马克思主义认为“社会”起源于现实的人的物质生产活动，是用以表达人与人之间基于主体的能动活动构建的关系形态，是个人“彼此发生的那些联系和关系的总和”。[①] 它既是个人谋生的基本单位，也是人的全面关系和幸福生活的基本单位，是人类生活的共同体。“一个种的全部特征、种的类特征就在于生命活动的性质，而人的类特征就是自由自觉的劳动。”

---

① 《马克思恩格斯全集（第30卷）》，人民出版社1995年版，第221页。

劳动是生产、交流、碰撞、沟通、协商、妥协的过程，协调矛盾冲突，合理分配利益，构建良好关系成为必须。纵观人类发展史，劳动先后主要构建了人的两大类关系：亲缘关系和业缘关系。亲缘关系以血缘、亲情为中心，在中国传统“家国天下”观念影响下，氏族、家族、宗族、村社、国家这些社会单位构成了亲缘关系的重要组成部分。业缘关系以“物”为中心，在交换日益发达的工业化、商品化时代发挥着重要作用。人们之间因为不同的劳动形式和专业分工，而分属不同的职业，产生交换劳动成果的必要，他们之间的关系就是业缘关系。[①] 亲缘关系主要靠血亲尊长的身份权威和历史形成的文化传统来维系，表现为约定俗成的伦理道德；与亲缘关系强调身份和情感不同，业缘关系尽管也是人际关系，身份和情感因素不可缺少，但是它主要发生在陌生人或无血缘关系的人之间，一定程度上摆脱了传统社会对人的过度依赖，维持其存在和发展的力量主要在外部，即社会契约关系，而契约关系依赖规矩与制度，依赖强制力保护，主要表现为国家权力，而以国家权力为依托的行为规范不是别的，正是法律规范。道德和法律这两类规范，是思政课关注的核心要素，工匠精神培育沿着这两大维度融入进去，切中要害。

道德和法律属思政课重要内容，那么，为何这节小标题用“伦理”呢？“伦理”与“道德”常常混用，两者实则有别。“伦理”中的“伦”在中文中指“辈”，引申为以亲缘关系为核心的人际关系，“理”即“纹理”，引申为事物的必然规律，“伦理”即“人际关系事实如何的规律及其应该如何的规范”。“道德”中的“道”即道路，类似于“理”，“德”即“得”，从“道”到“德”就是按照某种规矩行事就有所得，“道德”意思是应该如何地规范。从词义的解析中可以看出“伦理”包含“道德”，道德更为内在、主观和个体，是一种自主的内心选择，而包含“道德”的“伦理”是更高层次上的客观和主观的统一。[②]

与基础德育强调个人道德修养相比，高级阶段的德育应该有一个对德性的更高辨析和理解，不仅要追求个人品质方面的提升，还需要对复杂社会关

① 刘进田：《现代法制的社会基础：物的依赖关系》，《法律科学》1990 年第 3 期，第 11 页。
② 韩升：《伦理与道德之辨正》，《伦理学研究》2006 年第 1 期，第 90—92 页。

系的客观状况和规律有基本把握，而这些均要上升到伦理层面。具体到职业劳动，学生自然需要了解并体悟职业道德，思考自己如何做，做到什么程度才能达到职业领域内所追求的“善”和“美”，但他们更需要了解，对职业人社会客观上有何要求，行业又有何规范。了解这些规范后他还需要从主观领域内思考自己该如何理顺与同事、领导、服务对象、整个行业的关系，才能将工作和契约履行“适当”“合适”“合宜”。相比于道德层面的善恶判断，伦理层面的渗透无疑可以提升学生对自我职业身份的认知与定位。当前思政课重视职业道德，但对职业伦理却很少提及。在笔者看来，这方面需要纠正。将职业伦理引入思政教育，不仅能丰富思政课职业道德教育的内涵，而且有助于工匠精神培育的可实践性。

法律与制度是社会规则中的一种特殊类型，它是业缘社会关系的规则约定，又是国家与集体意志的体现，权利与义务的对生、契约与奖惩共生是其重要的特色。现代工匠劳动已不同于过去的私人作坊模式，基本都建立在雇佣与交换基础之上。雇佣与交换实质是契约的缔结、履行和实现的过程，这里面涉及双方在平等的个人自由意志基础上对权利与义务的确认，其核心特征在于它的契约性，这和法律的契约特性相吻合。高职院校课程包含法治观的教育，工匠精神培育融入思政课法治观环节是非常自然而合乎情理的。

加强高职契约理性的教育，有两方面功效：一是有助于学生理解职业劳动关系与亲缘关系的区别，避免将工作关系和家庭熟人亲情关系混为一谈，明确自身角色与权责；二是法律意识有助于保护劳动过程中的契约关系，为大学生职业潜能的充分发挥扫清外在障碍，从而更加专注于产品与服务本身，有利于工匠品质的呈现。

（三）公民之维

工匠精神的培育应该而且必须上升到个体与国家关系维度。首先，个体与国家命运息息相关，个体的精神提升就是国家软实力的壮大。无论理想主义者如何展开想象，中国近代百年苦难史、持续多年的欧洲难民危机均证明了个体与世界关系的脆弱性，国家仍然是当今世界的主要构成单元。个体相对于国家，其身份就是公民，公民与国家之间是荣损与共的关系。工匠精神培育过程也是公民权利与义务的教育过程。

其次，工匠精神是国家复兴的重要法宝。曾经持续多个世纪的“东方热”不仅是因为中国有博大精深的文化，更是因为中国有令人叹为观止的物质精品，它们是古代杰出工匠的劳动成果，更是中国的国家形象。西方工业化快步发展的时期，正是中国工匠精神式微的阶段，今天正视历史与现状，再次复兴并创新工匠精神，具有重要战略意义。思政课若单纯讲述个人与国家之间的关系，公民对国家的责任与义务，容易落入空乏说教的窠巢。将新时代工匠精神培育融入进去，可以很好化解这种紧张关系，学生比较容易获得自我劳动在国家层次上的意义，职业劳动自觉性和自豪感自然而生。

二、工匠精神融入思政课的内涵模块

顺着上文的“四维”设计，思政课教师需要联系现实，整合相关内容，形成工匠精神融入思政课程的系统内容模块，并在教学过程中有条不紊地开展。

（一）价值观模块

要想在个体价值维度烙下工匠精神印迹，思政课在理论方面需要讲明两方面内容。第一，人生目的、价值、意义与职业劳动之间的关系。教师应以马克思主义理论引导学生思考：人的本质；人类历史上，劳动如何实现从被鄙视到受尊敬的转变；劳动与职业在个体自我实现过程中扮演的角色。第二，理想与职业选择。理想在大学生成长成才过程中扮演引领角色，事关个人价值实现和评价。职业理想相对其他类型的理想，更是受关注的核心。大学生该如何选择个人职业，职业理想的促进因素和制约条件分别有哪些，对理想职业应持何种态度和期望，职业理想该如何实现，职业理想的最高境界是什么，这一系列问题均指向用科学的理想成就个人的自我价值和社会价值。

除开理论，教师还需引导学生联系实际进行调查与思考：如何评判“啃老族”“待机族”等不就业或慢就业群体的现实无奈与价值偏差；平凡职业和伟大事业之间的关系；小员工与大老板的人生价值该如何认定；让理想出彩，除持之以恒，还有什么必要因素等等。目的是让学生在复杂的社会挑战中冷静客观地分析自己，确定人生与事业的方向与目标。

（二）伦理观模板

在培育工匠伦理时，高职生以知晓并运用为目标，不以深刻哲思为目的。可以就如下几点引导学生进行理论探究：合格社会人应遵守的基本道德；合格职业人需遵守的职业道德；职业道德与人类基本道德的关系；职场基本礼仪；特定专业伦理规定。专业伦理教育可联系学生专业选定，主要有工程伦理、计算机伦理、建筑伦理、环境伦理、医护伦理、商业伦理、秘书伦理等，像医护、建工类专业性较强，要适度加强职业伦理比重。

职业伦理模块应加入实践环节的内容，如：经典职业伦理案例探究；敬业劳动者的共性调研；大国工匠经典案例赏析；职业劳动过程中的现实问题分析（如：天道酬勤是职场铁律吗？对待工作应该爱一行敬一行吗？）；职场利益冲突模拟和解决办法探讨。若条件许可，可请专业课、实训课教师协助，因为他们对行业伦理冲突有更直观的了解与体验。这些实践性的探究，有助于学生对可能面临的挑战做大胆预想和选择预设。不少国内外职业伦理教育专家认为，职业伦理教育不能保证学生都能成为伦理规范的人，但是它具有巨大的提醒和选择建议的功能，阻隔伦理失范本身是成为真正工匠的重要环节。

（三）法制观模块

职业劳动是特殊的社会行为，依赖契约及其履行，而契约实现则依赖制度与法律。因此，在思政课法制观教育环节，应注重对学生做如下方面的教育：现代企业制度的基本要求；基本法治思想与原则；我国基本法律制度，尤其是宪法、劳动合同法、民法等；专业相关法律，如信息网络专业需了解中国在互联网、信息安全方面的法律法规。本模块教育目的不是要求学生成为企业制度或法律专家，而是要学生理解契约社会与亲缘社会的区别，明确自身责权利，遵守契约规则，同时在职业保护、创新等方面得到一定的保障。契约精神、法律意识是现代社会职业人应该具备的基本素质，也是工匠精神的内涵之一。

（四）国家观模块

工匠精神培育看上去是个体精神养成，但实质是国民气质塑造，因为工匠精神教育实质上是一种责任和义务教育。相对于大的集体和国家来说，这是一种公民责任教育。在这一点上，工匠精神教育可以与思政课的意识形态教育和政治使命密切结合起来。在理论方面可以探讨：时代的变迁与青年使命，爱国的理由，新时期青年爱国主义的表现形式，中国梦与大学生成长成才之间的关系，四个全面战略布局与大学生就业、创业、精业、敬业之间的联系，共产党人实事求是的法宝对大学生敬业劳动的指导意义，为人民服务与新中国70多年，中国共产党百年与中国劳动观的变迁。实践方面，可以让学生调查研究古今中外杰出工匠与大国兴衰的内在联系（以传统中国、现代日本和德国为例），加强具有民族意义的职业精神的传播和塑造，将类似鲁班文化、“中国核潜艇之父”黄旭华忠孝两全观、王进喜铁人精神、女排精神等带有原创民族精神[①]的敬业案例运用于课堂，引导学生学习榜样，执着精进，将个人职业与国家建设有机联系起来，自觉建立起积极工作、报效祖国的坚定目标。

工匠精神培育在中国当下具有重要的现实价值与时代意义。在高职院校，将工匠精神培育融入思政课教育的思路和方向是对的，它直面教育领域和思想领域的两大难题：一是高职思政教育如何更有针对性、如何更出效果；二是作为中国复兴的重要精神力量之一，工匠精神该重点针对谁培育？该如何培育？但是，它是否能够真正解决两大难题，取决于工匠精神融入思政课结构维度和内涵设计是否严谨且符合逻辑。笔者倾向于从个体价值、社会伦理、契约精神、公民责任四大维度构建两者融合的整体框架，再以价值观、伦理观、法制观和国家观四大模块内容充实其内涵，希望能为两者的有效融合做出微薄的贡献。

① 叶玉婷、孙庆玲：《高职思想政治教育离不开“工匠精神”基因》，《中国青年报》2017年6月12日第10版。

第二节 实践路径："八个统一"与"寻匠悟道"

思维是我们以主观世界把握客观世界的活动。"创新思维"则是与惯常思维相对应的高级思维活动，它能得到独特而具有显著效果的思想，并以此指引个体或群体认识世界、改造世界。在中国追求高质量发展的当今时代，创新思维在任何领域均弥足珍贵。党的十八大以来，习近平总书记有关思想政治理论教育的多次重要讲话，蕴含着丰富的创新思维，从党和国家发展全局高度为新时代思政课定性，为思政教师设立职业标准，为思政课改革创新提供新的方法论。深圳职业技术学院"寻匠悟道"思政系列实践探究以此创新思维为指引，在思政课实践创新上做了一些积极探索，实现了工匠精神培育与思政课教育的有机融合。

一、以"八个统一"为核心的思政课改革创新思维

在追求创新的时代，"创新思维"一词不是稀缺品，但其本质和涵义学界争议较大。有人认为，创新思维是一种以灵感、直觉、顿悟、联想甚至梦境等非逻辑方式产生的思维，[①] 这给创新型思维罩上一层神秘色彩。还有人认为，创新思维是能够产生新结果的思维，创新思维根本特点在于结果而非过程。[②] 而笔者比较赞同陈昌曙和张晓芒先生的观点，创新思维"是以新颖的思路来阐明问题和解决问题（的思维活动），既可以是逻辑思维，也可以是非逻辑思维，在更多的情况下是两者的整合"，[③] "创新思维……必然有自觉逻辑意识和逻辑思维发挥基础性作用，促进……思维在确定性与灵活性、线性与非线性、有限与无限、规范性与非规范性、严密与松散等上的互动，使得任

---

① 赵卿敏：《创新能力的形成与培养》，华中科技大学出版社 2002 年版，第 133 页。
② 刘二中：《论创造性思维的本质》，《自然辩证法通讯》1996 年第 4 期，第 24 页。
③ 陈昌曙：《自然辩证法概论新编》，东北大学出版社 1995 年版，第 176 页。

何创新性的思维成果既是新颖独特的，同时也是逻辑有效的”[①]。创新思维是意识和潜意识的协同作用，既受知识、经验、认识规范和逻辑规则制约，又受随机的潜意识因素作用。好的能够产生重大影响力的创新思维，通常离不开以比较、归纳为主要形式的程序化、规范化的逻辑思维，更离不开以顿悟、灵感等为特征的非逻辑思维的突破和创造，创新思维离不开过程，更不能没有创新型结果。

创新思维的过程通常包括基本准备、孕育构思、潜伏顿悟、创新验证几个阶段。准备阶段属于意识活动，对面临的问题有强烈的解决欲望；孕育构思阶段是围绕目标，提出各种解决性创想；潜伏顿悟是潜意识在寻求突破过程中能够发挥作用，产生灵感或顿悟；创新验证是采用逻辑思维对创想进行验证。[②]

纵向回顾，党的十八大以来，习近平有关思想政治理论教育的重要讲话有三次：2016 年的全国高校思想政治工作会议、2018 年的全国教育大会、2019 年的学校思想政治理论课教师座谈会。仔细分析，不难发现这些讲话均蕴含着丰富的创新思维。从高校思政工作会议到全国教育大会（思政工作是其中的重要组成部分），再到思政教师座谈会，由点及面，体现了创新思维由准备、构思到创新突破的全过程。在内容上，它们是以习近平为核心的党中央领导集体就我国思想政治教育工作中存在的问题开展充分调研，进行系统梳理，并致力提供方向指引和解决方案的严密逻辑化的思考。同时也蕴含着决策者独特的灵感、联想、顿悟等非逻辑智慧，这些智慧和逻辑思考一起成为推动中国思想政治理论教育创新求进的巨大力量。习近平有关思政教育讲话的创新性主要体现在如下方面。

第一，从中华民族复兴大计和中国特色社会主义伟大事业发展的历史高度，由国家领导人给思想政治理论课定性定位，前所未有。中国思政课的顶层设计更加牢固，思政课的意义和价值更加突显。习近平在全国高校思政会议上明确指出，“高校思想政治工作关系高校培养什么样的人、如何培养人以及为谁培养人这个根本问题。要坚持把立德树人作为中心环节，把思想政治

① 张晓芒：《创新思维的逻辑学基础》，《南开学报》2006 年第 6 期，第 88 页。

② 陈昌曙：《自然辩证法概论新编》，东北大学出版社 1995 年版，第 179—180 页。

工作贯穿教育教学全过程”。到 2019 年思政教师座谈会时已将这样的定位明确扩展到所有类型的教育，强调办好思政课教育就是“为人民服务、为中国共产党治国理政服务、为巩固和发展中国特色社会主义制度服务、为改革开放和社会主义现代化建设服务”。且“在根本问题上，必须旗帜鲜明、毫不含糊”。这些体现了中央在思政课定位上的逻辑思考过程和战略创新。

第二，在尊重育人规律基础上突出思政工作对青少年成长成才的固本价值。习近平指出，青少年阶段是人生的“拔节孕穗期”……要给学生埋下真善美的种子，引导学生扣好人生第一粒扣子。①同时强调注意大中小学循序渐进、螺旋式上升地开设思政课。思政课在我国大中小学均有开设，但对于怎样贴合学生的成长规律，怎样保证不同阶段课程的有效衔接，在实际教学过程中重视程度不够。习近平针对这些问题，就思政理论课的课程设计、内容布局、目标定位等提出了系统思维。②

第三，国家层面上给思政课教师设定职业标准。在全国高校思想政治工作会议上，习近平对高校教师提出了“四个统一”的要求，即：“坚持教书和育人相统一，坚持言传和身教相统一，坚持潜心问道和关注社会相统一，坚持学术自由和学术规范相统一”。如果说这是宏观总体要求，那么思政教师座谈会上提出的“六要”则是专门针对思政教师提出的职业标准，即：政治要强、情怀要深、思维要新、视野要广、自律要严、人格要正。该提法体现了中央解决问题抓主要矛盾的思维。高水平的思政教师是思政课质量的关键，从主要矛盾出发寻求思政课高效高质之道，只能从思政教师的一般素养和特殊素养开展研究。特殊素养最能反映思政课教师的特色，那就是政治要强、情怀要深、自律要严。这些要求既是党的政治建设在学校教师队伍建设方面的投射和体现③，也是给思政教师正名，树立行业标准。

第四，引入辩证法思想为思政课创新提供系统指引与策略，这是习近平思政创新思维的精华体现。习近平指出，辩证唯物主义是几代中国共产党人的世界观和方法论，用好它有利于在实际工作中“把握现象和本质、形式和

---

① 习近平：《辩证唯物主义是中国共产党人的世界观和方法论》，《求是》2019 年第 1 期。

② 陈金龙：《新时代思想政治理论课建设的思维方法》，《思想理论教育》2019 年第 4 期，第 5 页。

③ 陈金龙：《新时代思想政治理论课建设的思维方法》，《思想理论教育》2019 年第 4 期，第 6 页。

内容、原因和结果、偶然和必然、可能和现实、内因和外因、共性和个性的关系……把各项工作做得更好”。① 具体到思政课改革创新，习近平以辩证法为指引，提出了“八个统一”思想。即：坚持政治性和学理性相统一、价值性和知识性相统一、建设性和批判性相统一、理论性和实践性相统一、统一性和多样性相统一、主导性和主体性相统一、灌输性和启发性相统一、显性教育和隐性教育相统一。②

“八个统一”的每一个统一都蕴含着相辅相成的两个方面，八个统一就是八组互有联系的系统。它一方面深刻地总结了我国思政教育长期形成的规律性认识和经验教训，直面思政课教学的本质与内容、目标和困境、思政课教育对象的共性与个性、社会客观条件和主观条件等制约性因素，为新时代思政课实现守正创新提供可能。另外一方面，“八个统一”包含着创新思维的积极灵感，比如统一性和多样性相统一、主导性和主体性相统一、灌输性和启发性相统一、显性教育和隐性教育相统一，实际上是以灵活的方法打通了传统小课堂与社会大课堂、严肃学校理论课堂和多样社会实践课堂之间的通道。

二、“寻匠悟道”创新实践探究

在系统、深刻把握习总书记思政创新思维的精髓要义和科学方法，特别是“八个统一”思想基础上，从2018年年底开始，深圳职业技术学院持续探究思政课实践的守正创新，开展了“寻匠悟道”系列活动。

（一）“寻匠悟道”实践活动简介

“寻匠悟道”即探寻工匠、悟道有得之意。“寻”是实践探寻，“悟”是体悟反思并从内心里接纳某种积极文化因子和思想，从而知行合一。“寻匠悟道”系列活动致力于加强高职院校思政课特色建设，创新思政课的教育形式，增进思政课的教育效果，有效传承和发扬爱国主义、工匠精神、创新奋进等

① 习近平：《辩证唯物主义是中国共产党人的世界观和方法论》，《求是》2019年第1期。

② 《习近平主持召开学校思想政治理论课教师座谈会强调：用新时代中国特色社会主义思想铸魂育人贯彻党的教育方针落实立德树人根本任务》，《人民日报》2019年3月19日。

中国精神。

“寻匠”分为两个步骤。一是“走出去”，分为“深职思政教师走出去”和“深职学生走出去”两种形式。思政教师走出去，是指学校思政理论课教师以及学校负责“大思政”教育的相关人员通过联络政府机关、企事业单位，挖掘本土有代表性的行业和杰出工匠，建立初步教育合作意向。“深职学生走出去”，是思政课教师带领深职学生代表，走访选定的有代表性的企事业单位，了解行业历史与现状，感受企业早期建设者筚路蓝缕、艰苦奋斗的精神；观察真实的工作流程和员工工作状态。再由深职学生代表面对面访谈企业杰出工匠，了解其成为行业能手的心路历程和职业坚持，体悟职业道德，感悟匠心。本活动希望以行业大师为标杆，激发学生的职业兴趣、职业使命感和家国情怀意识，培育适应时代和国家发展的具有较高职业素质的新时代职业技能型人才。

二是“引进来”。将杰出的工匠请进深职校园，走进同学中间，为同学们开设大规模的讲座或进行小规模的交流，分享行业故事、行业规范或企业文化。同时请他们结合个人成长和工作经历，分享成为国家杰出工匠或行业能手需要坚守哪些基本的原则、具备哪些过硬的素质，以及有哪些可以学习和传承的文化精髓。

“悟道”是对“寻匠”实践的总结反思。同样是两种形式。第一种形式是师生在“寻匠”过程中主动、积极地收集活动资料，活动结束后，结合学生团队对杰出工匠的访谈影像资料（“寻匠”时同步录制），精编出10—15分钟的“寻匠悟道”系列教育视频，要求既能反映杰出工匠的思想精华，也要有行业特色。这些视频作为第一手案例资源，持续地投入到本校或本地区的思政理论课教育中，增进学生对思政理论课相关理论要点的认知。第二种形式是要求参与“寻匠”或“寻匠”访谈的同学撰写“悟道近思录”，即联系企业走访和杰出工匠访谈，撰写个人感想。学校定期出版“寻匠悟道辑刊”，供师生学习，进一步发挥本活动的教育功能。

（二）“寻匠悟道”的设计逻辑与习近平创新思想的运用

1. 时代逻辑

思想政治理论课是大学生思想政治教育的主渠道，高校思想政治理论课的改革和创新必须结合时代、联系国家发展规划开展。中国特色社会主义进入新时代，给中国社会发展提出了新的要求，无论是顺应国家产业结构转型升级的趋势，还是实现中国制造向中国智造、中国数量向中国质量转变的要求，工匠精神均被置于非常重要的地位。2016 年以来的两会、十九大报告，均强调厚植工匠文化，培养精益求精的工匠精神。高职院校必须承担起培育工匠精神的使命，探索用最佳方案将工匠精神培育做扎实，实现习总书记所说的“为中国特色社会主义建设服务”。

2. 理论逻辑

思政课能否入脑入心，直接关系到“为谁培养人、培养什么人、怎样培养人”的问题，直接关系到高职院校意识形态工作和高职学生职业素质塑造。习近平总书记在学校思政课教师座谈会上还指出，要办好思政课，必须与时俱进，向改革创新要动力，必须坚持“八个统一”。“寻匠悟道”实践系列活动致力于这些理论指导的实现。寻求思政课理论性和实践性的统一、主导性和主体性的统一、灌输性和启发性的统一，以及显性教育和隐性教育的统一。

3. 实践逻辑

2018 年 6—10 月，深职教师科研团队对全国 7 区 23 所高职院校 1179 名学生开展了调研，结果发现，除教师课堂讲授以外，对学生工匠精神认知影响最大的是大国工匠和杰出技能人才的典型案例。思政课教学改革理论研究表明，避免教师“满堂灌”，激发学生的主动性，让学生从被动听到主动探寻，对提升新时代高职院校思想教育的效果很有帮助。

4. 学生特点与教育规律逻辑

习近平总书记指出：“做好高校思想政治工作……要遵循思想政治工作规律，遵循教书育人规律，遵循学生成长规律。”与学术型、研究型院校大学生相比，高职院校学生不太擅长理论的深度抽象思维，但操作能力和模仿能力强，自我定位务实，杰出工匠言行易于对其构成有效传递；高职学生了解社会和行业现实的意愿较强。让他们一开始就接触行业内德才兼备的人才，接受真善美，有利于“系好人生第一粒扣子”。

5. 与理论课程关联度逻辑

“寻匠悟道”实践活动以思想政治理论课的理论为基础，涵盖思政教材中的人生目的、人生价值、职业理想、家国情怀、核心价值观、职业道德与契约精神等理论知识，有较强的学科特色。学生直接面向企业，在和杰出大师的对话中叩问什么是有价值的人生，什么是好的工作、如何做好工作，怎样看待劳动，怎样理解职业尊严和职业荣耀。

（三）“寻匠悟道”实施情况

2018 年年底，深职院马克思主义学院“寻匠悟道”教师团队在马克思主义学院和学校宣传部、工会支持下，联系深圳市人社局高训中心、深圳市总工会、深圳报业集团、深圳市工业展览馆等单位，调研深圳市的杰出企业和杰出工匠情况，在他们的支持和帮助下以深圳市范围内涌现出的“大国工匠”“南粤技能能手”“鹏城工匠”为突破口，开展“寻匠悟道”活动，同时将“寻匠”内容可视化，“悟道”内容可读化。

活动开展以来，教师带领学生们参观了国产表业领军企业深圳飞亚达集团、“国家名片”企业中广核集团、致力于车辆行驶安全的深圳高新企业智慧车联公司、以传播工业文化和科技创新理念为己任的深圳市工业展览馆等。深职学子代表面对面访谈了“大国工匠”乔素凯、中国航天表点油技术第一人刘中华、全国技能能手和“鹏程工匠”贺鹏麟等杰出工匠。同时还将杰出工匠请进深职院丽湖大讲堂为同学开讲。

以“大国工匠”乔素凯的“寻匠”访谈为例，参与本次活动的师生在个体、职业、国家层面上均受到了很深刻的教育。

在个体层面上，乔工纯粹无私的人格，让师生们动容与敬仰。身为“大国工匠”，乔工工作繁忙，但还是利用换休，接受了深职院的邀请。为让讲述贴近深职，他亲自对在广核工作的深职毕业生数量和工作状况进行前期调研，还撰写了 18 页的讲稿。在接受学生们访谈时，乔工衣着朴素（劳保工作服佩带党徽），谈吐低调，与深职学子促膝而谈，如邻家大哥鼓励弟妹珍惜青春，莫负韶华。乔工亲和无私的做人风格，对师生们均是无声的教育。

在职业层面上，乔工 28 年如一日，奋斗在中国核电事业一线。从平凡的起重机操作员干起，直到成为国宝级核燃料修复师。始终敬畏工业安全，坚持干一行爱一行，坚持“一次把事情做好”，实现了与核共舞 28 年，连续 6 万多步无失误的奇迹。这种敬业的工匠精神正是高职技能型人才所应具备的。特别是他所一直坚持的“一次把事情做好”原则，同学们深受教育。

在国家层面上，乔工为同学们讲述了中国核电最初全部依赖进口的情况，分享了核电人面对外方技术垄断或技术要挟时所表现出的勇气与担当。那就是舍小家为大家，攻坚克难，坚持科技创新，果断甩掉“洋拐棍”，使中国核电实现技术自主，并有能力走出国门。“世上无难事，只怕咱们中国人”，乔工的豪迈感怀，让同学们受到了很强的爱国主义教育。

这些受益与受教，一方面体现在同学们对乔工的热捧上，不少同学要求和乔工合影，这实际上就是审美观、价值观的转换。以大国工匠为心中的明星或偶像，这不正是我们思政教育所要追寻的“立德树人”目标吗？另一方面体现在访谈讲座后的反思环节上。有的同学说，特别的思政课实践让他不再迷茫，未来要以大师为前行的榜样。有同学表示，乔工所说的“努力做自己的事，生活亏待不了我”给了她一颗“但行前路，无问东西”的“定心丸”。还有同学要以乔工为榜样，做领域内的“后来人”。

三、思政课实践创新与“寻匠悟道”系列活动的价值

从目前实施来看，寻匠悟道系列活动较为充分地运用了习近平思政教育的创新思维，特别是其中的“八个统一”思想，创新了高职学生思政课的教育模式，实现了爱国敬业、责任担当等社会主义核心价值观念的有效传播。

其价值主要表现在如下几个方面。

第一，体现了高职思政课的特点。高职院校思政课和本科院校思政课的核心目标均是立德树人，但高职学生与本科院校学生在知识基础、专业需求、就业目标等方面存在差异。习近平思政创新思维强调因材施教，“寻匠悟道”客观上抓住了高职学生的特点，而工匠精神是高职学生的类属性，[①] 以寻访杰出工匠为切入口，目标直指个人素养、家国情怀与职业精神培育，具有很强的针对性。

第二，体现了较强的地方特色。以深圳本地区的杰出企业和工匠为参观和访谈对象，真实性强、亲和力强，便于学生们了解社会现实和行业现实。这比在课堂上纯粹讲改革开放成就、职业道德，或完全引用与本地无关联的

---

① 朱永坤：《工匠精神：提出动因、构成要素及培育策略》，《四川师范大学学报》2019 年第 2 期。

案例效果更好。这样做能较好地体现习近平思政创新思维中提及的“因地制宜”要求。

第三，体现了较强的社会主义特色。精选对深圳特区社会主义事业做出杰出贡献的企业作为研究对象，同学们能直观地感受到社会主义管理制度、经济制度、企业文化的优越性，对社会主义道路自信会加强。

第四，较能实现思政课改革创新的“八个统一”思想。“寻匠悟道”巧妙地实现了理论课堂和实践课堂的结合，教师主导学生主体角色的充分调动。为进行工匠寻访，教师需要有比较丰富的理论知识，学生需要收集并调动以往所学理论知识，访谈后，需要将行业实践和理论知识糅合起来辩证思索，这些活动既是理论的运用也是理论的确认；既是教师主导角色的现实运用，也是学生主体能力的体现。“寻匠悟道”还巧妙地实现了高校与企业的联动、学生与杰出工匠的面对面互动，真正让学生在校企联动中实践思考，实现外在先进思想与学生内在感悟之间的融合。“八个统一”中的理论性和实践性的统一、主导性和主体性的统一、灌输性和启发性的统一，以及显性教育和隐性教育的统一，在这项实践中体现得最为明显。

创新思维是科学理性与灵感顿悟有机结合的思维，是因地制宜、知难而进、开拓进取的思维，习近平有关思想政治理论课的创新思维，为高职思政课创新增效提供了切实的方法论指引。在此创新思维启迪下，深职院开展的“寻匠悟道”思政实践探索，基本实现思政教育的“八个统一”，将思政小课堂与社会大课堂联动起来，将工匠精神培育有机融入到思政课程，提高了思政课的有效性与针对性。

第九章　工匠精神培育与思政课的内容耦合

基于教育部有关思政课的指导文件和各地思政课实际教学情况，在高职阶段思政课的核心课程主要为两门，即“思想道德修养与法律基础”和“毛泽东思想与中国特色社会主义理论体系概论”。这两门课程开设已非常规范，基本由思政课专任教师施教。“形势与政策”虽然也是高职阶段必修思政课，但是每学期学时很短，施教人员来源较广，可能是思政专任教师，也可能是各级党政领导干部、辅导员、校外专家和学者。施教内容紧跟时事热点，变动较大，系统性较弱，除了总体上要求施教者关注时事热点、国家发展战略等与工匠精神的融合外，细致地分析内容耦合之处，难度很大。所以这里只重点分析“基础”和“概论”两门课程在哪些方面可以实现和工匠精神培育的有效对接和融合。

第一节　工匠精神培育与“基础”课程的有机融合

一、“思想道德修养与法律基础”课程简况

“思想道德修养与法律基础”，简称“基础”课，是教育部规定的大学生思政必修核心课程，主要目的是对大学生进行人生观、价值观、世界观和法制观教育，激励青年学子爱国爱家、树立崇高的理想，将自己的人生追求同

国家发展、民族复兴紧密结合起来，与时代同行，将美好的青春时光挥洒在祖国的建设和发展上。

“基础”课程的核心围绕“人”字进行，涉及“做什么人”和“怎样做人”两方面的问题。“做什么人”主要探究人与时代、社会和国家的关系，如何实现个体价值和社会价值。无疑，这些问题与人生观、价值观和世界观相关。“怎样做人”则关系到人与这个世界的秩序与规则之间的关系，涉及道德与法律的问题。

二、“基础”课内容与工匠精神的契合面

“基础”课开设的对象是大一新生，这门课程对于开启学生大学之门、塑造学生成年后的价值观、思考未来的社会责任与义务具有重要价值。针对课程内容和目标，注重工匠精神培育的学校，其思政教师就需要思考如下问题：如何在“基础”课程中自然地渗透中国特色工匠精神的内容？如何既能系统讲述思政课程，又能突出高职思政课程中的工匠精神培育特色？笔者认为要将两者融合，要么是在内容上找到契合点，要么在展示形式上找到共同点。下面以 2018 版部编教材为例，探究融合点。

（一）时代背景与工匠精神的融合

开篇绪论部分，按照思政课的逻辑，重点是引导学生认识大学生活，并了解这门课程的性质，以便开启大学新征程。这一章如渗透工匠精神教育内容，可以通过问题链（PBL）启发学生思考为什么要上大学？在职业技术学院就读与接受社会职业技能培训班培训有什么区别？在职业技术学院就读与本科院校就读，目标和要求又有什么区别？为什么要上思政课，思政课与自身成长成才有什么关系？不同时代对于大学生成长成才又有什么不同的要求？在思考讨论之后，教师可向学生讲清楚如下内容：高素质人才是指德业兼备的人，高职院校以培养社会需要的高素质技能型一线劳动者为目标，敬业精神是必备职业素养。思政课程以提升学生的思想政治素养、职业道德素养和法律素养为目标。每个大学生均是特定时代下的大学生，大学生的成长成才必须与时代相契合。中国特色社会主义进入新时代，中国的主要矛盾和发展

目标发生了变化，新时代下的大学生必须顺应供给侧改革、中国产业结构转型升级的需要，适应全球智能化时代的现实，加强务实、创新、精益求精为表征的工匠精神培养。

（二）人生观与工匠精神的融合

"基础"课人生观章节，涉及人生目的、人生态度和人生意义。工匠精神与本章有如下几个融合点：讲述人的本质时引入马克思主义劳动观，引导学生正确认识劳动与人的本质之间的关系，并能够体认劳动对于人的重要性与价值；讲述人生观时，引导学生认识追求自我实现，服务社会才是最值得倡导的人生目的，人最根本的属性不是自然属性，而是社会属性，将有限的生命投入到社会性服务中，是积极的、有价值的人生。以毛泽东、周恩来为代表的老一辈革命家莫不如此。以钱学森、袁隆平、屠呦呦为代表的科学家更是常年甘于个人清贫的生活，用自己的拳拳爱国之心和精益求精的职业精神服务于社会和国家。在讲述反对几种错误的人生目的时，可以在批判中突出中国特色工匠精神的积极方面。拜金主义的人生目的根本问题在于没有认清金钱的本质、金钱与人生价值之间的关系以及物质与精神之间的相互关系。中国传统匠人既重视匠艺，更重视匠心。大凡杰出匠人均将君子人格作为自身的追求，为了追求心中完美的技艺不惜千百次地锤炼，为了追求诚信的理念断不会偷工减料，对于物质与精神保持辩证理性的态度，正所谓"君子爱财，取之有道"。享乐主义人生目的之所以不值得提倡，是因为没有理解幸福的真谛，以为不劳而获、一味索取、一味追求物质上的享受是幸福感的来源。这种人生目的不仅浅薄幼稚，而且没能理解劳动和积极的创造之于人生的价值。无论是心理学的研究还是实践经验均证明人类幸福感的真正来源是参与社会活动，克服各类困难，解决原有矛盾，取得一定突破后的自我肯定与心灵喜悦。中外历史上著名成功人士的经历表明，劳动、工作、服务他人、奉献，这是克服自我否定、无聊和无趣的良方。讲授反对利己主义的人生目的，可以从学习和工作过程中的利己与利他关系角度来讲，也可以利用中国传统文化中舍与得的辩证关系来论证。

（三）理想信念与工匠精神的融合

在理想章节里，从理论上探究何谓理想，理想、信念、信仰之间的相互关系，何谓崇高的理想等是必要的，但是所有的理论探究均需要落地，与学生生活的现实建立起密切的勾连，这样的理论教学才能够被重视、被理解、被吸纳、被运用。本章可以适当地和学生围绕何谓崇高的职业理想展开探究，这个问题关系到人生规划、职业目标、职业技能和职业素养的设定与需求满足。俗语说，你怎么想就怎么生活，职业理想纵然不能等同于未来的职业，但是有职业理想的学生，会带着积极的心态和情怀去为未来拼搏，而非随遇而安。同时，在本章的讲解中，教师应该引导学生将个人的职业理想与国家理想紧密联系在一起。理想的历史性和时代性决定了人只能在特定的时代背景下构建和发展自我的理想，顺应这样的规律，理想获得乘风破浪的动力，违背这样的规律，理想只会由丰满走向骨感。放眼望去，杰出的技能大师、劳动模范、爱岗敬业典型人物，无一不是把自己的青春和热血融入到时代需要中。抗日战争时期，陕甘宁边区缺少粮食、装备和物资，党的干部改变对传统劳作的偏见，积极投身大生产运动，坚持改革创新，为边区脱困做出了极大的贡献。新中国建立后，亟需发展航天事业，在技能、资金均非常匮乏的情况下，不少在外求学的中国知识分子，毅然放弃国外优厚的条件，回国投身航空航天科研，一干就是几十年，成为新中国历史上的杰出科学家、工匠大师，他们能够取得令人瞩目的成就就是因为他们把个人的梦想和国家的梦想统一了起来。

理想实现的艰巨性与工匠精神培育同样有契合点。理想的实现是一个曲折、漫长、充满挑战和波折的过程，需要勇气、定力、智慧和方法。同样的，从一个行业的门外汉到成为行家里手，甚至杰出工匠，这期间当事人必定需要有坚持不懈、不急不躁、精益求精、攻坚克难、开拓创新的品质。因此，在讲述理想实现的路径的时候，教师可以引入杰出工匠大师的人生案例，让学生分析总结，大师们是如何面对生活与事业中的艰难挑战，最终实现理想的。

（四）中国精神与工匠精神的融合

中国精神是兴国强国之魂，中国特色工匠精神属于中国精神的一部分。中华民族注重精神的优良传统为儒家知识分子和中国杰出匠人所称道并奉行。追求家国情怀、技道合一是良匠的信念。大漠里、寒风中，敦煌巍巍鸣沙山下，千年来，一代又一代民间工匠、一批又一批新一代专业技术人员，与其说是生存需要让他们扎根边疆，还不如说是珍爱中国文化和中国文物的精神力量让他们愿意忘却肉体所承受的磨难，享受常人难以体悟的愉悦。如果说传统匠人品质重点是守业精业，新时代工匠精神最突出的品质则应该是改革创新精神。德国、美国、日本等国的崛起，这些国家工匠精神的特质告诉我们，在现代工商业环境下，离开改革创新精神谈工匠精神是一种愚昧的固守。新中国建立以来，中国经济的恢复、发展和复兴无不跟改革创新相关。步入新时代，制造业是实现中国梦的坚实基础，而中国制造业的转型升级，必须以创新为驱动，才能在技术、产品、管理、质量等方面实现飞跃。创新在有些人看来是抛弃旧的，得到新的，其实，多数创新并不是如此，并不是离开原有的行业或产业，而是在原有的行业或产业上深耕细作，探究如何改进技艺、工艺、功效和质量。另外，就是将原有的技艺和新兴技术、新兴行业领域以及新的理念相结合，敢想敢干，敢为人先，从而催生新的生产、服务或管理模式，实现产业的升级、效率的提高或环境的改善。

（五）社会主义核心价值观与工匠精神的融合

核心价值观是一个社会中居统治地位、起支配作用的核心理念，也是一个社会必须长期普遍遵循的基本价值准则。工匠精神是职业活动追求中的意识形态，是社会主义核心价值观在职业领域的具体体现。社会主义核心价值观中的敬业，更是工匠精神的最基本的表现。讲述本章可以将“敬业”专门拿出来，作为一个专题跟学生探讨：何谓敬业？为何要敬业？如何敬业？从理论探究到实践指引，让学生认识到敬业是人之为人的本质性表现，是人在社会生活中维持生存和体面的手段，敬业也是人的道德品质和法律契约责任的要求。就社会主义核心价值观的践行而言，敬业其实是有层次的，最低层次就是按照要求完成分内的事务；较高层次的敬业是有效率又有质量地完成相应的工作，并能够有改进的建议或积极的贡献；最高层次的敬业，乃是追求产品生产或服务提供的完美状态，为了目标，投入忘我工作，满足感来源于因工作或服务达成的积极效果，而非物质上的回报。核心价值观部分的教育，需要引导学生进行理论上的思辨，更需要通过联系所在地区以及地区卓越行业或行业领军人物的先进事迹，帮助学生认识到在未来的工作中，自己以什么人为榜样，并且选择在哪些领域敬业服务。比如说深圳，“深圳十大观念”实际上就是深圳人对社会主义核心价值观的地方性解读。教师可以给同学们分析“空谈误国，实干兴邦”“敢为天下先”“改革创新是深圳的根、深圳的魂”这些观念在深圳发展中所起到的巨大指引作用。这样开展教学，能够让学生们从更加具体的方面理解并体认社会主义核心价值观，而且为现代工匠精神内涵的渗透奠定基础。

（六）道德与工匠精神的融合

“明大德、守公德、严私德”一章主要从社会性规则的遵守角度来对学生的道德行为规范进行提醒与指引。中国社会主义道德主要包含传统道德、革命道德和社会主义道德。所有这些领域都包含中国特色工匠精神的内涵。在本章中，对于本科及以上层次的综合性研究型院校而言，可以把重点放在道德的学理性探究上。对于高职院校以及理工本科学校，其实可以重点系统讲述新时代中国特色工匠精神的内涵，即传统内容、革命内涵、外来内涵和未来内涵，便于学生经由中国特色工匠精神的孕育、自新与完善史，把握工匠精神内涵，理解中国传统美德、革命道德和社会主义道德的主要内容与特征，自觉提升道德修养。在此基础上再跟同学们探究工匠精神的最核心价值——为人民服务，同学们理解起来就会水到渠成。发扬新时代“工匠精神”的根本目的就是要求从业人员生产出高质量的产品，提供优质的服务，满足人们日益增长的美好生活需要。在此基础上，再去探讨为什么社会主义道德的核心是为人民服务，就不再抽象并难以企及了。进而，为人民服务是大德这个知识点就很容易把握了。

本章同样可以设置一个重点探讨的专题，即职业道德与伦理。可以分两次课开展，一次课从宏观上探讨职业道德，即作为普遍的无差别的职业人应该去学习的职业道德。另一次课从相对具体的方面，联系学生所在的专业，开展专业伦理的普及与案例研究，引导学生从道德和伦理两方面提升自身素养。以医护学院护理专业学生为例，教学可以从医学伦理冲突实例为切入点，激发学生自行访谈了解医护工作中有哪些可能的伦理问题，世界各国政府和专业机构在这些问题上有怎样的规定，专业伦理学是如果解读的，有哪些难以解决的问题，在实际工作中应该如何应对。再以化生、机电、机械等工程领域的学生为例，在现代商业环境下，适度地进行工程伦理教育是必要的，目的就是为了更好地实现工程造福人类的价值目标。我们有时会说，某某东西很好，很人性化，似乎是因技术独到而产生的效果，其实很多人性化设计，是因为设计者考虑到了伦理问题、社会关怀问题。比如说在建筑设计工程领域，老年人生活的区域，增设高度不等的扶手，这是因为设计者有对老年人的人道关怀。笔者调研发现，专门开设专业伦理教育的高职院校非常少，但是有必要渗透这类教育，真正有工匠精神的专业人员不太可能突破伦理底线，而且通常对自己的道德伦理要求超出一般人。

（七）法制观与工匠精神的融合

新时代工匠精神是社会主义市场经济与法治社会精神文化的重要组成部分，内含诚信文化、规则意识和契约精神，是不断完善的社会主义市场经济与法治社会的内在要求。2014 年，党的十八届四中全会通过的《中共中央关于全面推进依法治国若干重大问题的决定》中将“弘扬中华优秀传统文化，增强法治的道德底蕴，强化规则意识，倡导契约精神，弘扬公序良俗”作为全社会树立法治意识的重要内容。由此，高职院校思政课教学中，法律基础知识教育与法律思维培育显得尤为必要。具体到工匠精神培育方面，可以在两个方面有所体现：一是契约精神培育，二是以法律维护自身以及其他劳动者合法权益，捍卫劳动尊严的教育。

契约精神就是一种契约自由的理念以及尊重规则、重视规则，按规则与约定思考和行为的原则与意识，包含自由平等、公平公正、诚实守信等方面的内容。关于传统中国社会有没有契约精神，契约精神属于私人德行还是公共精神，学术界争议颇多。有人认为契约精神是人们摆脱身份的束缚、追求表达个体自由意志的产物，属于公共精神，中国传统社会契约精神并不明显，它主要是商品经济社会的产物。[①] 也有人认为契约精神在中国古代私人领域就存在，“古代中国社会与国家的结构方式，政治等级、社会等级、家庭内部等级的存在，并没能消灭经济生活中的契约的平等。古代的中国也是一个契约社会，契约本身也是一种生活方式”。[②] 在思政课教学中，这两种理解倾向一定程度上影响教师讲授契约精神的方式和路径。如果把工匠精神仅仅理解为商品经济社会的精神价值，那么在培育路径上更多会从外来法治文化入手，甚至会批判中国传统社会没有契约思维。就思政课而言，这样的教育方式，在肯定契约精神的同时，可能会导致另外一种我们不愿看到的现象，即对传统文化的贬损，这有违思政课教育的目标。还有一种理解，即把契约精神完全看成是一种中国自古就有的精神，仅仅从传统道德角度讲授遵守契约的重要性，这同样有可能带来问题，这种契约理念更适合传统的熟人社会中相对简单的社会关系，而对现代相对广阔的陌生人社会关系则缺乏足够的调节功效。其实，对于契约精神，笔者认为应该基于中国传统和现代社会的特质来理解，它是一种根植于中国传统契约意识，但革除了传统契约精神弊端的具有现代平等、自治和诚信的现代公共精神。传统契约精神产生于传统熟人社会、小农经济条件下，具有一定的狭隘性，无法推及陌生人。随着中国由传统保守社会向现代商业性的开放型社会转型，中国人的公共生活空间迅速扩大，传统契约意识必须实现现代性转化，注重利益平等的西方契约意识和诚信观念非常值得吸纳。事实上，为了保证现代契约精神，我国颁布了一系列的法律，从民事法律到商事规范，都深刻地体现了这一点。因为契约精神有其传统的一面，也有其现代的一面，有了这样的基本理解，才能更好地从思政课视角，而不是从纯法律角度，去传授契约对于调节社会关系、规范人们内心和行为的功效。

契约精神和商品经济社会相互依存，市场经济活动依赖于市场规则，而

① 林修果：《论中国现代化进程中的契约精神》，《福建论坛》2006 年第 1 期；宁团红：《中国传统伦理思想与现代契约精神》，《江苏行政学院学报》2003 年第 3 期。

② 霍存福：《中国古代契约精神的内涵及其现代价值——敬畏契约、尊重契约与对契约的制度性安排之理解》，《吉林大学社会科学学报》2008 年第 5 期，第 57 页；庞渤：《“差序格局”、“公”“私”观念与契约精神——对中国契约精神研究的反思》，《社会科学家》2018 年第 10 期。

规则的运行，又有赖于经济主体尊重规则的意识。现代工匠精神作为一种劳动者参与现代社会服务过程中的职业精神，自然而然地包含契约精神要求，因此，对学生加强契约精神教育，也是工匠精神培育的重要内容。学生是未来的劳动者，他们是否能以一种履行契约的心态对待职业劳动，事关他们的职业素养是否健全。有契约精神的学生在未来各种职业劳动中会明白，无论自身的喜好如何，自己有责任和义务为雇主、为社会保质保量地完成工作任务，没有契约精神的学生，可能会在职业劳动中存在懈怠甚至逃避的行为，这些行为小则失德，大则会因违背契约受到法律的制裁，甚至是付出退出行业的代价。

法制教育环节，还有一个非常重要的方面是法制思维的培养。工匠精神主要表现为劳动者的自我职业素养，但是对照中外国家在工匠精神培育和弘扬方面的措施，就会发现法律和制度上的保障对于维护劳动公平和劳动者的地位非常关键。而制度和法律的运行又依靠劳动者的推进和维护。培育劳动者的法律思维，确保劳动者的劳动、休闲、福利和其他权益得到保障，才能真正在全社会让工匠精神发扬光大。

三、“基础”课与工匠精神融合的意义和价值

顺应新时代教育发展目标，适应用人单位对高素质劳动者的渴求，对学生加强工匠精神培育，这是时代、国家、社会对高职院校的要求。高职“基础”课程如何才能教出高职特色，如何才能更加符合社会发展的需要，这是高职院校需要思考的问题。将工匠精神培育融合到“基础”课的教学中，有利于整合教学内容，便于教师抓住教学内容与目标，有效防止理论上泛泛而谈、实际上毫无触动的教育效果。将工匠精神培育作为高职基础课教学改革的重要抓手，有利于高职基础课类型特色的体现，客观上也有利于学生综合职业素养的提升。

第二节　工匠精神培育与“概论”课程的有机融合

一、“概论”课程简况

“毛泽东思想和中国特色社会主义理论体系概论”是大学思政课中一门学分占比最高的必修课，目的是帮助学生系统了解马克思主义中国化的历史进程，掌握马克思主义中国化的两大理论成果——毛泽东思想和中国特色社会主义理论体系，使学生对中国共产党的领导、中国社会主义建设的成就有更加深刻的理解与认同，培养学生运用马克思主义的立场观点和方法思考问题、分析问题和解决问题的能力，激励学生坚持道路自信、理论自信、制度自信和文化自信，明确自身的责任和使命，为实现共产主义的理想信念而奋斗。

“概论”课程以大政方针以及党和国家治国理政的成就为主，教师会给学生讲原理、讲理论、讲形势，最终目的是让学生做好成为社会主义事业的建设者和接班人的准备。分析来看，“概论”课程的内容有助于加强学生对中国工匠精神内涵的理解。马克思主义中国化的过程客观上是中国工匠精神突破传统工匠文化封建狭隘性、实现价值螺旋式上升的过程，也是中国工匠文化获得社会主义精神文化内涵的过程。“概论”部分的学习还有助于学生理论联系实际，紧密联系改革开放和社会主义现代化建设的实际，树立历史观、国情意识、问题意识和世界视野，用马克思主义的观点分析问题、解决问题，在现实生活中学会尊重事物发展规律和社会变迁规律，并涵养现代匠心，服务国家建设与发展。

二、“概论”课与工匠精神的内容融合

（一）马克思主义中国化与工匠精神

“概论”课程的核心内容就是通过马克思主义中国化的历程，向学生讲述

马克思主义中国化的重要理论成果。马克思主义中国化的曲折历程是中国共产党人打破旧世界，建立新中国，实践并完善科学社会主义，建设社会主义国家的伟大探索，是中国共产党探寻并追逐伟大梦想的过程。期间，中国共产党人经受了国内反动势力的阻扰、国际共运组织的压力、党组织内部的分裂等，但是在关键的时候，以毛泽东为首的党中央经受住了挫折，力挽狂澜，将马克思主义和中国社会、中国革命的具体情况相结合，找到了适合中国的道路。中国共产党人推动马克思主义中国化的宝贵经验，可以给学生们以启迪：伟大梦想的实现，不是一蹴而就的。工匠大师在成为工匠大师之前，通常都要经历常人难以克服的磨砺。年轻人在追求理想信念的过程中，当遇到诸多的挑战与挫折时，应该如何应对？共产党人探索中国道路的宝贵经验可资参照。

马克思主义中国化的理论成果蕴含着丰富的工匠精神内涵。马克思主义中国化的理论成果既是一脉相承的，又是与时俱进的，更是因地制宜的。毛泽东思想、邓小平理论、三个代表、科学发展观、习近平新时代中国特色社会主义思想都体现了马克思主义的基本原理，均是以马克思主义科学理论作为行动指南，坚持在实践中不断丰富和发展马克思主义。能够联系变化的中国国情民意，致力于解决不同时期中国发展面临的现实问题，同时为世界科学社会主义和共产主义运动做出自己的贡献。“把马克思主义与大众生活联系起来，不是降低了马克思主义的品味或者把马克思主义庸俗化，而是真正把马克思主义落到实处的客观要求，是使人民大众真信、真学、真用的前提。”① 马克思主义作为外来理论，能够逐渐被中国劳苦大众所接受，成为中国人民反帝反封建的指导思想，一代一代中国共产党人做出了不懈的努力。马克思指出：“批判的武器不能代替武器的批判，物质力量只能用物质力量来摧毁；但是理论一经掌握群众，也会变成物质力量。”② 学习马克思主义理论的最终目的在于指导学生认识世界、改造世界。学习马克思主义中国化的过程以及相关理论，可以联系现实让学生辩证地探讨历史传承和与时俱进之间的关系，

---

① 张丽：《与时俱进：推进马克思主义中国化的必然选择——读〈马克思主义中国化重大理论问题〉一书有感》，《中共山西省直机关党校学报》2014 年第 4 期，第 23 页。

② 《马克思恩格斯全集（第 3 卷）》，人民出版社 2002 年版，第 207 页。

新时代的工匠精神一个重要的内容就是要处理好这层关系，马克思主义中国化的过程与成果是信实的案例。

马克思主义中国化还是因地制宜精神的体现，对未来的劳动者来说，这是改进技艺和提升服务的重要策略。因地制宜、因材施艺不是现代产物，也不是外来智慧，它一直是中国传统工匠文化的重要特征，是中国天人合一、人与自然和谐自然观的体现。前文在分析《考工记》文本时，就提及过古人对天时、地利、良材的重视与运用，他们将这些智慧用在器物的设计上，不仅考虑造型之美，更考虑如何对特定的人或者服务对象的实用性。马克思主义中国化实际上就是中国共产党人有效传承了中国古人因地制宜的经典智慧。这样的智慧在我们的现代生产和服务中应该得到进一步的继承和发扬。因地制宜的马克思主义中国化成果，成功指导中国革命与发展的事实，也再次证明因地制宜的魅力。

（二）毛泽东思想与工匠精神

毛泽东是中国人民的伟大领袖、伟大的马克思主义者，他对中国革命和社会主义建设做出了巨大贡献。毛泽东思想是马克思主义中国化的第一大理论成果，内容博大精深。实事求是、群众路线、独立自主是毛泽东思想活的灵魂。它既是世界观、方法论，又是实践智慧，这些观点、方法和智慧是学生提升工匠精神的重要财富。

1. 实事求是与工匠精神

习近平在纪念毛泽东诞辰120周年座谈会上指出："实事求是，是马克思主义的根本观点，是中国共产党人认识世界、改造世界的根本要求，是中国共产党思想路线的核心，是我们党的基本思想方法、工作方法、领导方法。不论过去、现在和将来，我们都要坚持一切从实际出发，理论联系实际，在实践中检验真理和发展真理。"① 习总书记的讲话高度肯定了实事求是思想路线在中国革命和建设实践中发挥的重要作用。而实事求是这一马克思主义重要观点在中国成为我党的思想方法，毛泽东做出了重大贡献。在事关中国以及中国共产党前途命运的关键时期，毛泽东联系共产党全心全意为人民服务

---

① 习近平：《在纪念毛泽东同志诞辰120周年座谈会上的讲话》，人民出版社2013年版，第15页。

的宗旨，思考如何解决问题与矛盾，他想到的就是马克思主义的方法——实事求是。他撰写了《反对本本主义》《实践论》《矛盾论》等，坚决反对主观主义、经验主义和教条主义，在中国确立了马克思主义的实践观。以阐明认识论的《实践论》为例，当时毛泽东撰写的目的就是为了纠正党内左倾路线，以及忽视中国实际的经验主义和主观主义。实践是人类变革现实和改造世界的物质活动，实践是认识的来源，实践是认识发展的动力，实践是检验真理的标准。以前的唯物论离开实践去认识事物，这是不对的，科学的实践必须与客观的社会关系相连。人的认识过程是一个复杂的连续过程，有从感性认识到理性认识的飞跃，也有从理性认识向革命实践的飞跃。期间包含实践、认识、再认识、再实践，循环往复，不断向高一级上升的路径。因此，人的认识一刻都不能离开实践，离开实践就有可能导致错误的观点或者走上机械唯物主义的道路。

坚持实事求是的思想对于新时代大学生尊重现实、重视实践、辩证认识传承与创新的关系有重大作用。实事求是，就是一切从实际出发，理论联系实际，坚持在实践中检验真理和发展真理。坚持实事求是，就要深入实际了解事物的本来面貌，把握事物内在的必然联系，按照客观规律办事。坚持实事求是，就需要不断地认识、实践、再认识、再实践，永无止尽，而这恰恰是工匠精神精益求精的重要哲学来源。互联网时代的大学生，认识世界的途径较之以往更加丰富多样，容易产生无所不知、无所不能的假象。问题在于对照实事求是，对照《实践论》，需要审视一下：这些认识有多少是基于实践，能够经受得住现实的考验吗？能够服务于生产生活吗？能够有利于提高人民的幸福生活吗？毛泽东的《实践论》可以启发大学生既要重视权威和经验，又不能过于迷信权威，学会尊重实际情况，以实际情况思考传承与创新之间的关系。将来投身到实际工作中，要不断通过实践打磨自己的认识，提高自己的技能与服务。

再以毛泽东的方法论名篇《矛盾论》为例，毛泽东吸纳中国传统的矛盾关系，用它们做比喻，形象生动地论述了马克思主义唯物辩证法关于对立统一的观点，同时结合中国实际，创造性地提出了矛盾发展的不平衡性。他认为："矛盾发展不平衡理论是说在具体研究工作中必须看到矛盾的主要方面和次要方面、矛盾之主要的方面和非主要的方面这两种矛盾情况的差别性，不然就会陷入抽象的研究，不能具体地懂得矛盾的情况，因而也就不能找到解决矛盾的正确方法。”《矛盾论》虽然发表距今已经80多年，但是它的思想精髓不会过时，教师可以用它来教育学生以一种辩证的观点看待学业、生活中的矛盾，遇事不慌手脚，尊重事实，认真分析矛盾的层次，从主要矛盾和矛盾的主要方面入手，研究解决问题或改善弊端的办法。具有工匠精神的人一般来说也是能够实事求是、善于面对现实，善用辩证唯物主义、善于抓住主要矛盾解决问题，为民造福的人。

2. 群众路线与工匠精神

关于群众路线思想，经典的表述是：“一切为了群众，一切依靠群众，从群众中来，到群众中去”。这是毛泽东在大革命失败后，总结中国革命的教训，联系中国社会的历史与现状，在马克思主义理论指导下进行的理论创新。毛泽东指出：“人民，只有人民，才是创造世界历史的动力。”① 必须尊重人民的首创精神，调动最广大人民的积极性、主动性、创造性，充分发挥人民群众的历史推动作用。必须自觉服务人民，才能成为人民的一员。毛泽东的群众路线思想对于青年大学生培育工匠精神同样有启迪：其一，提高职业能力应该依靠群众，虚心努力地向群众学习，所谓高手在民间，说的就是这个道理；其二，职业劳动最终的目的是什么？同样应该是服务人民，因为人民是推动社会进步的依靠力量。

3. 毛泽东传奇人生与工匠精神

毛泽东的一生是为中国革命事业奋斗和奉献的一生。他的传奇人生本身可以成为工匠精神培育的经典案例。老师在讲述毛泽东思想前，可以请同学们自主查阅有关毛泽东生平故事的资料，在课堂上分享，将毛泽东的人生故事系统精彩地呈现出来。

他坚持信仰有韧性。从十多岁发下革命宏愿，毛泽东一辈子都在一心一意为中国人民的解放事业而奋斗。1910年，毛泽东写下《赠父诗》——孩儿立志出乡关，学不成名誓不还。埋骨何须桑梓地，人生无处不青山。少年豪情跃然纸上。他不是感慨完就忘却，而是用苦读、慎思、忍耐、实践，一步一个脚印地去探索个人的成才之路和国家的兴亡之路。期间他遭遇过很多挫

① 《毛泽东选集（第3卷）》，人民出版社1991年版，第1031页。

折和打击：1927年，毛泽东根据敌强我弱的形势，改变攻打城市的计划，开辟井冈山根据地，某些政策被误解，他一度沦为“党外人士”；20世纪30年代初，以农村为中心实行“工农武装割据”的思想遭遇王明左倾冒险主义的批判，毛泽东曾被剥夺对红军的军事指挥权；为摆脱国民党部队的持续“围剿”，他领导红军开展艰难的长征；亲人的牺牲曾给毛泽东以沉重的打击，但是他都用坚定的信仰和常人难以企及的毅力坚持了下来，他相信星星之火可以燎原，只要是做利国利民的事，就值得持之以恒。

他善于学习与创新。毛泽东的一生是笃志好学、博览群书的一生。在延安时期，他就提倡：“要在工作、生产的百忙之中，以‘挤’的方法获得学习的时间，以‘钻’的方法求得对问题的深入了解。”他既通读中国史学经典，又研读马克思主义哲学书籍，且联系中国实际情况思考解救中国人民苦难的良方。马克思主义中国化就是他兼容并包、传承创新精神的体现。当今时代，青年学子们也要学习毛泽东融会贯通、善于超越的精神，为传承与创新打下坚实的基础。

毛泽东的一生是奉献的一生，这样无私的共产党员风范，很值得新时期的“工匠”们学习。毛泽东之后的国家主要领导人，同样是这样孜孜以求为人民服务的楷模，他们是学生学习的榜样，他们的人生经历就是激发学生学习工匠精神的生动案例。学习毛泽东、邓小平、习近平等国家主要领导人的无私奉献精神，有助于同学们以更饱满的热忱投入中国社会主义建设中。

（三）新民主主义革命、社会主义改造与工匠精神的阶级跨越

1919年五四运动之后，在中国共产党领导下，以工农联盟为基础，人民大众反对帝国主义、封建主义和官僚资本主义的新民主主义革命，在我国阶级斗争史中具有重要的地位。经过新民主主义革命，以及新中国建立后不久开展的社会主义改造，中国人的阶级平等意识有了革命性的改变。在讲述“概论”课程时，如果要突出工匠精神培育的目标，教师不应该忽视新民主主义革命时期中国共产党人依靠马克思主义理论，通过阶级斗争，提升工农地位的努力。从早期的“劳工神圣”到后来的“为人民服务”，中国共产党人不仅在理论上，而且用实际行动证明，工农无产阶级是推动社会进步的力量，他们不是无足轻重、天生应该受苦受难的被剥削者，他们有智慧、有能力，

是历史开拓者。共产党人不仅是这么想，也是这么去做的。瑞金红色政权以及后来的延安红色政权，均明确工人、农民等一切劳苦大众是政权的主人，延安红色政权为突破敌人的围堵，开展了自力更生、艰苦奋斗的“大生产运动”，破除不劳而获、“劳心者治人，劳力者治于人”的思想，提出“为人民服务”，进一步确认人民的主体性。这在中国历史上具有划时代的意义，它向中国根深蒂固打着阶级烙印的传统工匠文化开刀。

教师讲述这一段历史，既可以让学生明白新民主主义革命以及共产党的新民主主义革命理论的价值，又可以加强同学们对现代中国工匠精神的理解，从而明白新时代工匠精神与传统工匠文化有何不同，中国现代工匠精神与西方其他国家的工匠文化相比又有哪些本质的区别，使学生认识到新时代工匠精神既注重平等，又讲究爱国奉献的特点。这与资本主义国家工匠精神完全讲求契约式对等，有很大的不同。有中国特色的工匠精神人才是又红又专的人才。

（四）习近平新时代中国特色社会主义思想与工匠精神的融合

习近平新时代中国特色社会主义思想是马克思主义中国化的最新理论成果，其中既包含了丰富的新时代工匠精神内涵，又有诸多可以和工匠精神相融合的方面。

1. 实干托起中国梦和工匠精神

习近平新时代中国特色社会主义思想，一个很重要的内容是确定中国未来发展的目标——实现中国梦。“中国梦的本质是国家富强、民族振兴、人民幸福。”① 中国梦清楚地回答了劳动的目标是什么、社会主义建设为了什么等根本性问题。实现中华民族伟大复兴，是一项光荣而艰巨的事业。如何实现中国梦？习总书记认为：“面向未来，全面建成小康社会要靠实干，基本实现现代化要靠实干，实现中华民族伟大复兴要靠实干。”② “空谈误国，实干兴邦”这句话，习近平总书记曾在多个场合提及。党的十八大召开之后，2012

① 习近平：《习近平谈治国理政（第一卷）》，外文出版社2018年版，第56页。

② 中共中央文献研究室编著：《习近平关于全面建成小康社会论述摘编》，中央文献出版社2016年版，第187页。

年 11 月 29 日，习近平总书记在参观《复兴之路》展览并发表讲话时指出："空谈误国，实干兴邦。我们这一代共产党人一定要承前启后、继往开来，把我们的党建设好，团结全体中华儿女把我们国家建设好，把我们民族发展好，继续朝着中华民族伟大复兴的目标奋勇前进。"

2012 年 12 月 7—11 日，习总书记到广东考察工作，在听取广东省委、省政府的工作汇报时，他动情地说："我要再一次强调'空谈误国，实干兴邦'这个口号。这个响亮的口号就是邓小平同志在 1992 年视察南方途中提出来的。我国改革开放三十多年的实践充分证明了这个真理。面向未来，全面建成小康社会要靠实干，基本实现现代化要靠实干，实现中华民族伟大复兴要靠实干。广东广大干部群众一定能够在党的十八大精神指引下，解放思想、脚踏实地、埋头苦干，在全面建成小康社会、加快推进社会主义现代化生动实践中创造新的更大的业绩。"①

中国从近代积贫积弱一步一步走到今天的繁荣兴盛，靠的就是一代又一代人的顽强拼搏，靠的就是中华民族自强不息的奋斗精神。中国人必须像习近平总书记所期望的那样，始终保持那么一股劲，那么一股革命热情，那么一种拼命精神，披荆斩棘、勇往直前。

在教学中，教师一方面可以让学生了解"空谈误国，实干兴邦"的来历，另一方面，可以组织同学探讨为什么新中国几代领导人重视实干、实干对于中国的发展和进步起到过什么作用、实干之于国家为什么重要等问题。这类讨论可以帮助学生们理解新时代中国梦，更加理性务实地认识到中国梦的实现，实干是出路。因此，要在全社会大力弘扬真抓实干、埋头苦干的良好风尚，出实策、鼓实劲、办实事，不图虚名，不务虚功。

2. 深化改革与工匠精神

"五位一体"总体布局明确了中国改革的几大抓手，统筹推进经济建设、政治建设、文化建设、社会建设、生态文明建设。其中，与工匠精神融合度高的是经济建设、社会建设和生态文明建设。在经济建设方面，着重深化供给侧结构性改革，着力提高供给质量，减少无效供给，扩大有效供给。高素

① 中共中央文献研究室编：《习近平关于实现中华民族伟大复兴的中国梦论述摘编》，中央文献出版社 2013 年版，第 88 页。

质的企业家、工匠和劳模是推动供给侧结构性改革、振兴实体经济发展的重要力量。要塑造良好的社会文化生态，营造鼓励创新、终生学习和勇于探索的社会氛围，厚植企业家精神土壤；厘清政府、市场边界，拓展企业家精神生长空间，激发和保护企业家精神。要建设知识型、技能型、创新型劳动者大军。要弘扬劳模精神和工匠精神，营造劳动光荣的社会风尚和精益求精的敬业风气。为此需要加大人力资源培育力度，注重调动和保护人的积极性。在讲述“五位一体”专题时，可以结合不同专业学生的特点，开展探讨“深化改革与专业匠心”的活动，引导同学联系自身的专业，挖掘专业相关方面的改革动向，思考如何在新时代勇于担当，敬业创新。这类活动可以由思政课教师组织，也可以请专业课老师在课程思政环节中体现相关意图。活动结束后，在课后巩固环节，可以“引导学生总结对工匠精神的深刻体会，并交流观点，写下自己对未来职业发展的要求，让工匠精神成为未来职业发展的思想基石”①。在社会建设方面，教育、医疗、卫生、就业与社会保障、文体旅游、人口计生等很多方面的健康有序发展与工匠精神的提升关联度极高。可以通过优化社会结构，完善社会服务功能、促进社会组织发展等方面改善。教师在对相关专业学生开展教学时，可以有针对性地去讨论提高社会建设质量的途径。

3. 新发展理念与工匠精神

新发展理念属于新时代中国特色社会主义经济思想的主要体现，也是中国共产党在发展问题上的重大理论升华。了解新发展理念、领会新发展理念的意图与着力点是对新时代工匠的基本要求。科学发展问题根本上属于观念的完善与升级问题，作为新时代工匠预备军的高职大学生因此要对新发展理念有较为全面的认识。

创新、协调、绿色、开放、共享的发展理念充分反映了十八大以来我党在治国理政上的系统思考与谋划。新发展理念五个方面是相互关联、相互促进的整体。“创新”致力于解决发展的动力从何而来的问题，“协调”思考的是发展的平衡问题，“绿色”着眼于人与自然的和谐共生共存问题，“开放”

① 曾志桃：《工匠精神与高校思政课的有效融合——以“概论”课为例》，《佳木斯职业技术学院学报》2019 年第 8 期，第 125—126 页。

注重的是视野的开阔性和发展的内外贯通问题，“共享”强调发展的互利互惠、公平公正问题。新发展理念是推动高质量发展的新的系统性创新思维，是在总结人类发展过程中的经验教训，对比各国发展的优势劣势的基础上产生的。与此同时，新发展理念有着鲜明的中国特色，是立足于中国的新发展环境、条件和目标的观念创新。新发展理念是“符合我国的国情，顺应时代潮流、厚植发展优势的重大抉择，具有战略性、纲领性、引领性。我们要深入理解、准确把握其科学内涵”。①

当前世界经济发展缓慢，我国发展面临较大的下行压力，如何实现稳定增长并且惠及民生，贯彻新发展理念是关键。而新发展理念的贯彻效果关键要看供给侧改革是否能够有效地推行。供给侧结构性改革强调优化、促进生产要素的科学配置，推动经济结构转型。在发展过程中，以优质供给为导向，推动质量和效益的双提升。前些年，部分富裕起来的中国人和具有稳定收入的中国中等收入群体对外国的商品趋之若鹜，一时间，出国淘货、海外代购很是风靡，根本原因是国内对高质量商品的需求满足不到位。另一方面，中国和发达国家在高端制造和服务领域尚存在较为明显的差距。这些均提示国人应该避免重复性生产与投资，缩减低端制造规模，提升高端制造的研发与生产规模，从供给上优化结构。人才是优化制造和服务的关键因素，广大高校学生和劳动者只有充分认识到供给侧改革对于国际竞争、国家发展、生活改善、民生福利的重要性，才能明确自身的责任与使命，在创新、环保、和谐发展等方面多钻研，利用集体的力量将“中国制造”推向“中国智造”。

教师在讲述新发展理念时可以纵向展示不同历史阶段发展的过程和存在的问题，也可以在横向上比较不同类型国家的发展模式，从而引导同学们思考什么样的发展是可持续的，并引导同学分析好的发展是由哪些因素造就的，坏的发展又是因为什么原因造成的，如果改善，则需要从哪些角度去改善。为了让学生理解新发展理念，教师可以和学生一起分析新发展理念的内涵，以及新发展理念五个方面之间的有机联系。比如创新和协调，可以针对学生所学专业领域设置情景，要求同学设计方案。比方说对于建筑设计、给排水、

① 《毛泽东思想和中国特色社会主义理论体系概论》编写组：《毛泽东思想和中国特色社会主义理论体系概论》，高等教育出版社 2018 年版，第 207—208 页。

林园绿化、旅游等相关专业的同学，可以让其思考在自然湿地保护与旅游开发双目标下，如何合理发展，这可以促使同学们理论联系实际，进行实践性思考。具备匠心的人才从来都是能够紧跟时代发展理念和现实需要去探索发现的人。

4. 坚定文化自信与工匠精神

习近平总书记在庆祝中国共产党成立 95 周年大会讲话中指出："文化自信，是更基础、更广泛、更深厚的自信，在 5000 多年文明发展中孕育的中华优秀文化，在党和人民伟大斗争中孕育的革命文化和社会主义文化，积淀着中华民族最深层的精神追求，代表着中华民族独特的精神标识。"① 坚定文化自信，讲好中国故事，传播中国声音，阐释好中国特色，有助于提升国家形象、增强对外话语的力量。中华文化博大精深，选取哪些内容重点讲述，容易激发学生的文化自豪感与国家责任感，则需要针对学生的具体情况确定。

工匠精神属于中国文化的重要组成部分，中国古代四大发明闻名世界，中国能工巧匠创作的大量精美作品让世界惊叹。"德艺兼修""心传体知""师徒传承"等，则体现了中国源远流长的文化精髓，也是中国文化自信的重要来源。教师讲述中国文化可以重点从工匠文化入手，通过展示、讲述、对比、分析来认识中国文化的外在表现和内在魅力。如此，学生更有代入感，也更容易形成共鸣。以艺术学院的"概论"课程为例，可以向同学们展示古代经典工艺作品，解析相关文化符号和工艺技艺，揭示其中的文化意象。比方说，广东地区的教师可以结合地方特点向同学们展示潮州木雕，从工艺制作流程到作品寓意，从木雕的古代文化价值到现代的艺术价值，从木雕的艺术外在表现到内在含义，从古代木雕市场流转状况到现代商业文明下木雕业持续发展的动力思考等。木雕构图饱满、雕刻精细入微，刀刻之间作品灵动，匠人却心无旁骛，这种纯粹的工作状态，是诠释中国敬诚奉业文化的鲜活案例。木雕图案蕴含着中国人的信仰以及对美好生活的向往，它们把抽象的中国文化具体化、生活化、生动化，赏析木雕作品非常有助于学生建立起对传统文化的亲切感和认同感，文化自信不知不觉得以塑造。同时，木雕也是文化传承的重要器物，透过木雕，学生了解到江海水族、神话传说、戏剧故事、

① 习近平：《在庆祝中国共产党成立 95 周年大会上的讲话》，《人民日报》2016 年 7 月 2 日。

文学作品等也可以用来表现社会主义核心价值观。透过木雕业的演进发展，教师还可以引导同学们思考传统工艺如何表现现代文化内涵、如何进行现代产业化转化、如何让古代的匠心工艺和匠心作品更加受到现代社会的欢迎、怎么通过创新获得市场认可。带着系列问题学习文化、研究文化，以此增强学生的文化责任感。

在讲述文化自信一节时，可以引导同学们思考文化在中国从制造大国到制造强国的转化过程中可以发挥怎样的作用。职业劳动，尤其是工匠劳动，如果脱离文化认知，很容易被看成是一种纯粹的、不带感情色彩的活动，甚至还会被看成是苦役。而要真正在劳动或劳动的作品中体现新意，文化内涵不可缺少。同样的，在全球化时代，中国制造或中国服务只有加入中国文化元素才会有更多的特色，才能在世界舞台上屹然挺立。改革开放初期，为了快速改变落后面貌，中国沿海地区“三来一补”企业大量涌现，主要生产代工制作商品，这些商品无法体现中国的文化内涵，因此，中国制造的后劲不足。这一点事实，可以启发同学们重视文化与精神的输出与创造性利用。比如如何利用制造和生产服务，讲好中国故事，展现中国文化。还可以将文化作为创新创业的重要因素，与技术工艺的创新结合起来，共同打造中国品牌。近些年，中国原创动画能够在世界上拥有一席之地，很大程度上便得益于突出了中国文化元素与特色。

第十章　工匠精神培育与思政课实践教学的融合

高校思想政治理论课实践教学是思政课教学的重要组成部分，是指学生在教师指导下，通过阅读、观察、讨论、调研、实践参与、社会服务等形式，有目的、有计划、有组织地提高实践理性和实践能力，增强对马克思主义和中国特色社会主义等先进思想的认同，坚定理想信念，提升人格修养和社会责任感的教学活动。思政课实践教学与理论教学活动相辅相成，在推动理论知识的掌握、思想价值观的内化与实践运用中发挥着不可替代的作用。与理论教学的系统性和逻辑性不同的是，实践教学注重在实践中加深对特定理论知识的理解，在实践体验之中实现知行合一。工匠精神既是理论精神也是实践智慧，工匠精神的培育既需要理论引导，也需要在实践中涵化加强。工匠精神培育和高职院校思政实践教学的目标具有内在一致性，两者可以实现自然融合。这样不仅拓宽了高职院校工匠精神培育的路径，而且也使思政课实践教学目标更为明确，可以适度避免当前有些高职院校实践教学形式过多、目标过泛、流于形式等不足，确保思政课教学实践的思政课本质属性。

第一节　作为思政课重要组成部分的实践教学

一、高校思政课实践教学缘起

2004 年，中共中央、国务院在《关于进一步加强和改进大学生思想政治教育的意见》中明确肯定社会实践对大学生思想政治教育的重要性："社会实践是大学生思想政治教育的重要环节，对于促进大学生了解社会、了解国情，增长才干、奉献社会，锻炼毅力、培养品格，增强社会责任感具有不可替代的作用。"①文件要求高等院校积极探索，将社会实践纳入学校的总体规划，研究社会实践保障体系，探索相关长效机制。随后，中共中央宣传部、教育部发文要求高校落实中共中央、国务院文件精神。2005 年 2 月，《中共中央宣传部 教育部关于进一步加强和改进高等学校思想政治理论课的意见》（教社政［2005］9 号，以下简称《意见》）出台②，"05" 方案取代"98 方案"，不仅进一步完善了大学思政课程，而且给思政课开展实践教学提出了明确的要求："高等学校思想政治理论课所有课程都要加强实践环节，要建立和完善实践教学保障机制，探索实践育人的长效机制。" 如果说之前思政课开展实践教学只是倡议，那么从《意见》出台开始，思政课教学中开展实践教学成为普遍的要求。文件还提出"从本科思想政治理论课现有学分中划出 2 个学分、从专科思想政治理论课现有学分中划出 1 个学分，开展本专科思想政治理论课实践教学"。由此思政课实践教学在各高等学校成为正常教学活动的重要组成部分，实践教学的落实情况成为考察思政课成效的重要考察点。

进入新时代，以习近平同志为核心的党中央加强了党对思想政治教育工作的引领与指导。2012 年，教育部等部门联合发文《关于进一步加强高校实践育人工作的若干意见》，"实践育人是全面落实党的教育方针，把社会主义核心价值体系贯穿于国民教育全过程，深入实施素质教育，大力提高高等教育质量的必然要求"，同时指出实践教学是实践育人的主要形式之一，要把实践育人摆在人才培养的重要位置。在一系列全国性会议中，思政课对于党和国家伟大事业的重要意义，对立德树人的重要价值多次被强调。高校思政教师深受鼓舞，也深感责任重大，思政课实践教学也受到更

① 《中共中央 国务院关于进一步加强和改进大学生思想政治教育的意见》，http：//www. scio. gov. cn/zhzc/6/2/Document/1025841/1025841. htm。

② 《中共中央宣传部 教育部关于印发〈中共中央宣传部 教育部关于进一步加强和改进高等学校思想政治理论课的意见〉实施方案的通知》，http：//old. moe. gov. cn/publicfiles/business/htmlfiles/moe/moe_ 772/201001/xxgk_ 80414. html。

加广泛的重视。2018年4月，教育部印发《新时代高校思想政治理论课教学工作基本要求》，要求制定实践教学大纲。2019年3月18日，习近平总书记在全国学校思想政治理论课教师座谈会上，提出改革和创新思政课教学的“八个统一”，成为改善思想政治理论课的重要遵循。在这“八个统一”中，其中就有坚持“理论性和实践性相统一”，将实践上升到原则与方法论的高度。

二、高校思政课实践教学的理论依据

（一）实践观是马克思主义的基本观点

实践的观点是马克思主义的基本观点。在《关于费尔巴哈的提纲》中，马克思强调：“从前的一切唯物主义（包括费尔巴哈的唯物主义）的主要缺点是：对对象、现实、感性，只是从客体的或者直观的形式去理解，而不是把它们当作感性的人的活动，当做实践去理解，不是从主体方面去理解。”① 马克思强调实践是人类特有的存在方式，是人类认识世界的来源。实践具有主体性、自主性、目的性，是人类自觉利用自然规律改造目标对象的活动，是主观见之于客观的过程。

马克思主义实践观强调理论的实践性，在马克思看来，马克思主义哲学的根本使命不是解释世界，而是改变世界。理论也好，认识也好，最终的目的是实践。理论来源于实践并指导实践，脱离了实践，理论就会失去光彩与价值。具体到思政课教学上，思想政治理论是人类实践的精华，是抽象而凝练的，教育学生掌握这些精华，对于提升学生的认识与修养具有重要意义。思想政治教育过程中，有两个问题很关键：一是如何让学生认识这些理论精华；二是如何运用这些精华指导社会生活。要针对性地解决这两个问题，实践的价值就凸显出来了。毛泽东曾高度肯定实践的价值，他说：“无论何人要认识什么事物，除了同那个事物接触，即生活于（实践于）那个事物的环境中，是没有法子解决的。”② 实践具有将抽象具象化的

---

① 《马克思恩格斯文集（第一卷）》，人民出版社2009年版，第499页。

② 《毛泽东选集》（第一卷），人民出版社1991年版，第286—287页。

能力，在抽象与具象的反复对照中，软化理论的刚性、稀释理论的厚重，展示出理论的魅力。实践使得理论有了使用的场景，实践还在特定情势的处理中展现了理论的洞见，从而让学生进一步确认了理论的价值，有着更大的动力内化理论，实现思想与价值观上的提升。将感知实践引入思政课教学，可以增加思政课魅力，“擦亮”理论，促进马克思主义理论内化，推动学生的全面发展。

（二）实践是思政课教学目的实现的重要手段

成功的教学活动以教学目的的实现为衡量标准，研究表明，单一的理论或知识教学不可能促成思政课“立德树人”目标的实现。华中师范大学陈佑清教授认为：“人的心理品质不能被看作是与经验方式相脱离的普遍的‘心理能力’，因此，人的发展并非与人在不同经验方式中的发展相异，相反，人的发展以人在不同经验方式中的发展为前提。”[①] 美国教育学家泰勒（Ralph W. Tyler）则认为“为了达到某一目标，学生必须具有使他有机会实践这个目标所隐含的那种行为的经验”。[②] 思政课的实践教学为学生提供了理论与经验之间的桥梁，让学习者通过实践活动获得与对象物直接或间接接触的机会，在互动中不断积累经验，从而提升思想认识与实践能力。

思政课是意识形态主导的课程，传统或习惯上，人们认为“你听我讲”的宣讲式或灌输式是最直接或最有效的，这种模式瞬时效果毋庸置疑，但是否内化则必须在具体情境下检验。过去，囿于资金、组织能力的有限性，思政课开展实践教学确实难度很大，但是伴随国家对教育，特别是思政教育的重视力度越来越大，加上日渐便利的科技、交通、通讯、网络等手段与媒介，组团参观，跨区、跨市参观调研，云访谈，VR 体验，网络情境模拟等已成为可能，实施实践教学的途径和方式被大大拓宽，因此实践教学作为一种有利于教学目标达成的手段理应成为常设的教学手段。

① 陈佑清：《论活动与发展之间的相关对应性》，《教育研究》2005 年第 2 期，第 77—78 页。

② 泰勒：《课程与教学的原理》，人民教育出版社 1994 年版，第 51 页。

（三）在实践中进行思想政治教育的有效性已被实践证明

作为马克思主义实践观指导下的政党，中国共产党非常重视思想政治工作，也非常重视实践在思想政治教育中的作用，共产党人思想政治教育的实践成果表明加强实践教育是完全正确的。

1929 年，毛泽东在古田会议决议中就强调要把思想政治建设放在首位。在中国共产党七大政治报告中，毛泽东认为“掌握思想教育，是团结全党进行伟大政治斗争的中心环节”。这为中国共产党以后的思想政治教育指明了重点。中国共产党人的思想政治教育一贯重视理论联系实际，注重实践教育。1930 年，毛泽东在《反对本本主义》中鲜明地提出：“没有调查，就没有发言权”。“他要求通过调查找到人们思想问题的各种成因，以便有针对性地开展教育。否则就是情况不明，思想政治教育自然起不到应有作用。”① “不论学习还是工作，都要面向实际、深入实践，实践出真知”，习近平总书记不仅重视思想政治教育工作，而且非常重视实践教育在思想政治教育工作中的作用。在梁家河 7 年的知青岁月里，习近平和老乡们一起拉煤、一起拦河打坝、一起建沼气池，将青春挥洒在田间地头，与老乡们同甘共苦，这段难忘的实践磨练了他的意志，坚定了他为人民办实事的理想信念。这样的实践经历也使习总书记更加重视理论学习的实践落实，他说要“学懂弄通做实，落脚点在做实。要牢记空谈误国、实干兴邦的道理，坚持知行合一、真抓实干，做实干家”。② 这既是他对中国共产党人重视实践的经验总结，也是引领青年在新时代伟大实践中勇于担当的勉励。

（四）加强实践教学是适应新时代大学生特点的教育

新时代的大学生，以“00 后”为主，他们出生在中国经济和技术高速发展的年代，物质条件相对父辈要优越很多，“贫困”“辛劳”不再是他们成长

---

① 王洁敏：《中国共产党三代领导人对思想政治教育理论与实践的主要贡献》，《学校党建与思想教育》2011 年第 6 期，第 12 页。

② 习近平：《在常学常新中加强理论修养 在知行合一中主动担当作为》，《人民日报》2019 年 3 月 2 日 01 版。

过程中的高频词汇。其成长的前20年，主要以课堂学习为主，校园、应试教育在他们身上打下了较重的印记。“00后”仍然属于计划生育政策下的一代人，独生子女的比例较高，在家庭中他们获得的关注和关心比较多。与此同时，“00后”还是互联网“原住民”，网络伴随其出生到成长，是生活中不可或缺的工具，网络拓展了他们接受信息的渠道，网络营造的虚拟社会是其生活的社会环境的重要组成部分，影响着价值观的形成。“00后”也是中国充分参与全球化时代的同龄人，市场经济和全球化大大推动了商品经济的发展，社会发展节奏和竞争激烈程度远超过父辈，商业活动和契约逻辑对他们来说毫不陌生。

如此社会背景下成长起来的“00后”，有如下较为明显的特点：对新事物持开放欢迎的态度，接受新事物速度快、融入快。与其“70后”“80后”的长辈相比，“00后”生活在“去中心化”的新媒体盛行的年代，他们个性自由，尊重差异认同，崇尚多元，理性务实。较低的物质压力，使得“00后”的人生规划中物质追求不一定是第一考虑，更多是关注自我的情感体验和价值实现，在实际生活中也乐于展现自己的“小确幸”。

与此同时，根据南京信息工程大学李浩、刘红梅、蒋晓雯等人2019年对南京10所高校近900名“00后”学生的调研发现：“00后”大学生存在社会实践参与意愿不强烈，奋斗意志不够坚毅，处事较为“佛系”，比较在意个体舒服度，而对社会责任和社会义务积极性不高的状况。① 根据长春工程学院王壹对6000名左右大学生的调研：“大学生道德意识较强，但在道德选择中标准不一……他们高度认可中国传统道德，并积极倡导用现代法律武器维护自己权益。但有的大学生在道德实践中缺乏约束和自我规范，知行难以实现有效统一”。②

新媒体的泛娱乐化常常导致一部分“00后”思维片面，甚至将理性或者严肃看成是没有娱乐精神，从而导致真与假、虚与实、公与私分界的模糊，部分青年甚至因此丧失了基本的责任意识和逻辑理性，浸泡在某些“宅萌呆

① 李浩、刘红梅、蒋晓雯：《新时代高校思想政治教育路径探析——基于“00后”大学生群体特点的调查研究》，《重庆电子工程职业技术学院学报》2019年第6期，第61—63页。

② 王壹：《新时代大学生思想特点及成长规律研究》，《长春师范大学学报》2020年第9期，第20页。

腐基”的“二次元”文化中不能自拔。面对这样一群新时代大学生，高校思想政治教育工作绝对不能保守在传统的理论灌输教育里，让青年远离商业和利益追寻，避免过度迷恋网络，要求他们树立积极的责任感和使命感，简单说教收效甚微。为此研究“00后”青年，创设实践情形，让青年通过实实在在的实践活动，真实体悟到什么是辛苦、什么是磨练、什么是意志、什么是担当，而不是停留在网络幻象中。再有，针对“00后”青年网络“粘度”较高的特点，可以利用网络技术和新媒体工具，创设以网络为媒介的实践活动，鼓励青年积极参与。针对“00后”青年爱关注自我情绪体验和价值实现的特点，可以设置红色越野模拟、革命景点打卡、传统文化体验等特色体验活动，将个人情绪与学习有机结合起来。

三、高校思想政治理论课实践教学现状与反思

从2005年教育部发文要求高等学校在思政课教学中落实实践教学至今，全国高校思政课实践教学走过了如下发展历程：从部分学校的局部尝试到各种类型高等院校全面开展思政课实践教学活动；从临时性不连贯的教学安排到成为常规思政课教学活动的重要组成部分。据北京信息科技大学董术的调研，截至2013年，全国约45%的高校建立了思政课的实践教学保障机制，将实践课纳入本科教学计划。[①] 2014年河北民族师范学院韩伟、张虹对河北一些高校的调研，基本印证了这一数字。2018年教育部发文要求高校思政课落实实践教学学分之后，据笔者调研和观察，广东地区高校均将实践教学列入思政课教学计划中。高职院校积极响应，开展了形式多样的实践教学活动，并明确落实了实践教学的课时数。目前高职院校实践教学的形式主要有：小组社会调研、参观博物馆等公共文化设施、志愿者活动、实践教学基地实践、访谈视频录制、大型节日或纪念活动实践、模拟法庭、演讲展示、短剧创作与演绎、经典研读分享等。有部分学校的实践教学活动还非常有特色。比方说深圳职业技术学院将改革开放元素融入

① 董术：《高校思想政治理论课实践教学现状分析》，《学校党建与思想教育》2014年第6期，第62页。

实践教学活动中，浙江工商职业技术学院将实践教学与电商服务文化有机联系起来，遵义职业技术学院、吉安职业技术学院充分利用当地红色资源丰富的特点打造特色思政课实践教学活动，实现实践教学与红色旅游有效结合。经过近20年的摸索，高校思政课实践教学真正地实现了“有”，而且还有不少形式和特色。但是仔细探究会发现高校思政实践教学总体而言还比较粗放，尚且存在不少问题需要进一步细化。未来在“好不好”上，还有不少路要走。

“基于各高校对思想政治理论实践教学的管理、投入、教学探索、效果考评等认识还处于起步阶段，加之长久以来存在的各类专业课对思想政治理论课形成的隐形冲撞和‘合理’挤压，思想政治理论课的实践教学很容易被弱化、泛化、散化、虚化和简化”,① 具体来说，高校思政课实践教学存在的主要问题有如下几个方面。

思政课实践教学的保障与检验有待加强。不可否认，思政课实践教学已在大学普遍开展，但是开展的深度和广度各不相同，究其原因，各个学校顶层重视程度、政策、资金、师资力量有差异。重视程度高、支持力度大的学校，组织管理、教学体系构建、教学运行、活动实施、效果考评比较到位，思政课实践不仅常态化而且质量高、成果丰富。重视程度低、支持力度小的学校，思政课实践成为点缀或者应付检查的手段。

关于思政课实践教学的质量的检测，目前多数学校缺乏严格的质量监控体系，通常每个学校会非常重视课堂教学资料的检查、教师授课质量的督导和评估，但是实践课因为受重视程度不高和实际操作中的困难，会沦为质量检测的洼地或盲区。多为象征性检测，满足于有没有开展，但是对于开展得怎么样、有什么效果则关注极少。

不少教师对实践教学缺乏理论研究、实践精神和热情投入。有些高职院校止步于把学生带出了课堂、走出了校门，但是教师很少花心思去琢磨思政课的实践教学实质内容是什么、有哪些可能的形式，思政课实践教学有什么目的、计划和规律可循等。指导思想缺失的实践，造成的后果是有活动却无

---

① 张春和：《新时代高校思想政治理论课实践教学体系的探索与构建——兼论“2018新方案”基本要求的落实落细》，《学校党建与思想教育》2018年第6期，第55页。

教学设计、无教学计划、无教学目标。缺少理论支撑，流于形式、疏于考核检验的实践教学，学生的获得感注定难以确认。造成这种现象的原因是：相较于理论课教学和研究，思政教师不太重视实践教学的研究和探索，有些教师认为实践教学没有什么含金量，不如做点理论研究，多出论文。还有一部分教师认为思政教师要负责的学生太多，没办法做到像专业课那样小班化实践，理论构想得再好但经受不住现实的考验，这事实上会造成实践教学认知的杂乱。以什么是实践教学为例，有些学校认为思政老师带领的“走出校门”的活动才属于实践教学，在校内搞的活动属于校内教学，实践锻炼意义不大，不属于实践教学。有的学校认为实践教学应该包括“课堂实践教学”“校内实践教学”“社会实践教学”，只要促使实践认识和实践体验的教学活动就是实践教学。

注重活动，缺乏政治引领，思政课实践教学与其他实践活动区别不明显，是当前思政课实践教学的又一个方面的问题。笔者跟不少全国高职院校同行交流发现：参观、调研是思政课实践教学的主要形式。这些参观包括：参观地区各级各类博物馆、艺术馆，参观校级思政课实践基地、参观古镇新城等。以参观博物馆为例，通常办法是老师跟同学们商量好时间，让单位派车，然后带学生过去，跟学生们约定好集合返程的时间就算完成了一次实践。一般一次要带七八十人到两三百人不等。通常学生自行参观，机会较好时，会碰到或者预约到讲解，有一部分同学会听取讲解，但是多数同学仍然是自行走走看看。艺术馆或者古镇参观等基本也是如此。这样相对松散的实践活动，教师在某种程度上沦为事务性的组织者，没有充分扮演思政教师的角色，导致实践参观与一般性的旅游观光、艺术鉴赏无区别。不可否认，学生们走出去参观，或多或少都会有些收获，但是收获多寡，收获的感悟、知识是否与思政教育相关其实很难确认，因为缺乏针对性的引领或点拨提升。再以调研为例，通常老师会给学生布置一些跟思政相关的调研话题，但是也只是看上去和思政课有关联，在实际操作时，很多学生并不清楚社会调研如何做，认为设计个问卷、问几个问题，总结一下就算调研了，内容经不起推敲。主要问题出在问卷设计或面对面访谈时思政元素不足，调研形式大于内容。虽然可以锻炼一些实际操作能力，但通过调研深化理论学习或加深对社会问题的认知等实践目标的实现则比较难，使这类社会调研与应用文写作类课程的实践调研有所区别则更难。

除去思政课实践整体特色不明显外，不同思政课实践教学的方法或形式雷同，造成学生持续学习积极性不高。专科思政课有三门必修课，本科是四门。这几门思政课的实践内容和实践形式目前在很多院校没有区别与梯度。参观、访谈、讨论、调研和展示，几门课通用，学生缺乏新鲜感。另外，在实际操作中，不同思政课老师之间很少就学生已经开展的实践活动沟通，结果造成学生重复某些形式或活动。“部分学生就不认真去做，甚至出现相互交换调研报告或改头换面应付差事的情况，达不到思政课实践教学的目的要求。”① 对此，有少数学校按照标准化、系统化、菜单化、精细化的基本原则，设计实践教学方案和模块，形成教学大纲和实践教学教案，这些教案围绕不同思政课的核心知识点和学生年级特点制订，有效地避免了低效与重复。

相较其他教育类型，高职思政实践课的特色不是很鲜明。主要表现为缺乏核心教育理念和目标，造成高职思政课实践活动泛化、无中心。2019 年国务院印发的《国家职业教育改革实施方案》提出：“把发展高等职业教育作为优化高等教育结构和培养大国工匠、能工巧匠的重要方式……高等职业学校要培养服务区域发展的高素质技术技能人才。”高职思政课实践教育要围绕要求，以政治为引领，在培育大国工匠和能工巧匠的思想素质、职业道德、职业素养上下功夫，促进学生德业并进，德技并修。

同时职业教育致力于培育一线高素质劳动者，劳动教育实践理应成为高等职业思政教育的重要特色之一，劳动教育与思政课教学紧密地结合起来，可以深化学生对马克思主义劳动观的认知，加强对勤俭、奋斗、创新、奉献等积极价值的体认。

最后，思政课实践教学相对孤立也是目前存在的一大问题。部分思政课教师将思政课实践教学僵化处理，认为只有思政课教师组织的活动才是思政课实践，只有在教室之外的教学才是实践，由此出发，缺乏与专业课、学生活动、社会组织之间的连通与联动，局限了思政实践课的空间。思政

① 丁春福、杨乃坤、韩影：《高校思想政治理论课实践教学“课程化”建设的思考——以沈阳工业大学思政课实践教学改革为例》，《思想政治教育研究》2016 年第 5 期，第 62 页。

课实践教学是学校大思政教育的重要组成部分，在实际操作中格局和视野要宽广一些，不必强求必须是思政教师主导组织，只要思政教师发挥主要思想引领作用，其实可以联络相关专业课教师、宣传部门、团委、学工部门，社会上愿意提供实践教学资源的机构和部门，联合开展实践教学活动，这样基础理论与专业实践的联系更紧密，校企合作更容易找到抓手。另外思政课的实践也并不一定就不能发生于课堂，只要沟通安排得当，思政课的实践可以发生于任何时间，就看思政课教师是否有能力和其他课教师找到协作点。举例来说，思政课从理论上讲关爱老年群体，发扬中华传统文化，爱老敬老。这个主题的实践，完全可以和学生的专业结合起来，起到理论联系实际的教育效果，例如可以是医护专业的针对老年病人的人性化护理设计、物联网专业的智能化时代如何方便老年人网络就医设计。这样的实践虽然不发生在思政课堂上，跟专业课堂的联系更为紧密，但是思政课的实践效果更为显著。

四、高校思政理论课实践教学的类型梳理与概括

综合众多高职院校的以学生为中心的思政课实践教学，分类标准多样，比如有的把实践教学分为“课堂实践、校园实践、社会实践”，有的把实践教学分为“基地教育项目实践、社会实践项目实践、校园文化建设项目实践、网络实践项目”等。再比如实践内容既有共性也有一些特色。共性的比如阅读、参观、调研等，特色的比如结合地方特色做的红色文化实践、浙商文化实践等。已有的这些分类和实践教学内容，给了笔者综合性思考并尝试系统梳理思政课实践教学类型的可能（详见图 10—1）。

除了以学生为中心的思政课实践，思政课教师基于丰富思政课理论教学的实践活动以及为组织好思政课实践教学开展实践研学、实践访谈、实践调研，拓展视野、收集资料并形成较为成熟的思考，也是高校思政课实践教学的重要补充。一流的思政课实践教学离不开一流的老师，问题是如果老师本身缺乏实践，他/她又如何设计出一流的思政课教学活动呢？因此，教师思政实践活动不可偏废，应该成为一种常态化的安排。有必要规范的是：教师实践活动不同于休闲旅游和放松，它本身需要带着考察、参观或调研的目的，

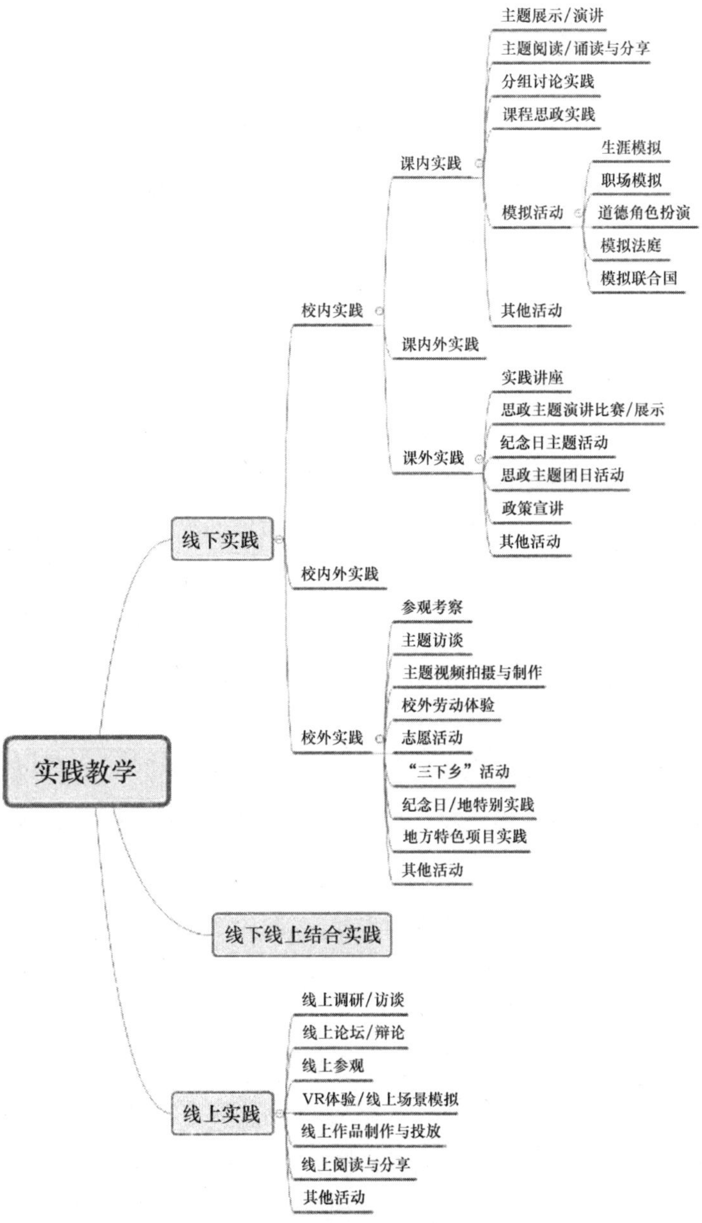

图 10—1　思政课实践教学类型

实践的过程就是探索这些问题的过程，也是收集、丰富资料加强理论问题实践理解的过程，所有这些努力最终可以汇集为教师的调研报告，加之提高或丰富理论理解，再通过实践教学或理论教学环节转换给学生，实现育人意图。

第二节　工匠精神培育与思政课实践教学的有效对接

面向教育中客观存在的问题，去寻求解决问题之道，是教育者的任务。针对高职思政课实践教学中存在的问题，将工匠精神培育融入进去是最为有效的方法之一。原因是培育工匠精神，建设知识型、技能型和创新型的劳动者大军，是我国经济发展由高速度向高质量转变的关键，更是提升高职思政课实践教学质量的重要抓手，它能聚焦高职思政实践课的教育目标、内容、形式与效果，更好服务于立德树人的教育宗旨。

一、工匠精神培育融入实践教学的优势

正如前文所言，目前思政课实践教学存在的一个重要问题是目标的泛化，比如“增强学生了解现实问题、解决现实问题的能力”就是如此。另一个极端是目标太多，比如“培养学生热爱祖国、热爱劳动、认同社会主义核心价值观的能力，提升人生价值和人生追求，激励学生做有理想有情怀有担当的新青年……”这些目标每个都很伟大，但是如果实践活动的目标有这么多，其实很容易在操作过程中被泛化为没有目标。

高职思政课实践教学的课时少，但是效果检验却比本科院校来得快和早，高职学生一般在校时长两年半，医学生的时间还要更少一些，学完两年就需要实习。这就要求高职的思政课实践教学要“绳牵两头”：一头确保实践教学深化对理论课程的理解，另一头要确保这些实践最好能跟学生触手可及的未来建立起密切的联系。

结合高职学生特点和高职教育的育人宗旨，高职思政课实践教学的目标

可以集中一些，从以上所列举的目标中找到一个占据时代主流的目标，这也是马克思主义者处理复杂问题的办法。结合中国时代特征，培育工匠精神作为具体的目标更契合实际。实际操作中，一方面便于老师把握实践教学重点，从而设计有针对性的实践教学活动，避免流于形式；另一方面也便于学生明确实践课的教学目标，及早对自己参与教学提出预期要求。

工匠精神培育目标易于把握，但是其内涵却极为丰富，可以与思政课的主要培养目标进行完美的对接。从纵向上看，工匠精神由朴素而古典的中国传统工匠文化而来，是中国传统天人合一思想和忠孝文化体系孕育下的文化支脉，饱含朴素生存哲学、劳动哲学和敬畏精神。同时，伴随中国近现代革命风雨洗礼，中国共产党人以马克思主义科学理论为指导，助其荡涤了传统中诸多狭隘保守的因素，展现出适应现代社会的潜力。新中国建立之后，工匠精神则在改革与创新中成为精益求精服务社会的职业精神的代名词。未来，工匠精神将在推动人类的自我解放方面有着巨大的推动力。在横向上看，工匠精神包含积极的世界观、人生观、工作观、服务观和契约观。工匠精神的这些丰富内涵无不可以在思政课教学内容和目标中找到应和。工匠精神与其他的诸多精神相比，最突出的地方就是它自带实践基因。工匠精神本身就是劳动人民在实践劳动中形成、感知、提炼、加工、批判和传承的宝贵文化财富，也只有在思政课的实践过程中，学生才能真正地从本源中感悟，从而内省自修。

二、工匠精神与高职思政课实践教学融合的路径

工匠精神怎么与思政课实践教学相互融合？这应该是探索工匠精神与高职思政课融合这一系统安排中一个不可忽视的重要组成部分。理论融合与实践融合属于一体两面，本书前述章节已就工匠精神与思政课教学的理论融合做了较为详尽的论述。本节重点探究工匠精神培育与思政课实践教学之间的有机结合。

首先，在顶层思维和实践目标上要明确工匠精神培育的目标和内容。即高职院校要严格按照国家有关思政课实践教学的规定，给思政课实践教学预留足够的学时，不得变相压缩学时，主动构建系统的实践教学框架，明确将

工匠精神培育作为思政实践课的重要目标之一，要求教师在制订实践教学计划时将工匠精神培育的具体内容与目标融入，并在实践教学时要有所体现（作为课程教学质量考评点之一）。

其次，构建结构合理、层次鲜明的工匠精神融入思政课实践教学的体系。思政课实践教学分为：校内课内实践、校内课外实践、校外社会实践、线上模拟实践。工匠精神融入思政课实践也可以此为框架构建，并适度结合学生的能力特点逐层安排。

第一，以思政课为核心的，以专业课为辅助的课内实践教学活动，适合于大一新生。新生刚刚脱离高考环境，很多同学未改变以书本为本、以老师为核心，识记加做题的传统思维和学习习惯。在大一适度安排一些课内实践教学活动，比较适合这个阶段学生的实际情况，便于他们有序过渡到重视自我学习和实践学习的高校学习模式，也有利于他们有质量地投入到校外的社会实践教学活动中，避免目前高职院校实践教学中较为普遍存在的一种现象，即学生对校外实践为什么做、做什么、怎么做，有何价值尚未搞清楚，就匆忙开展，结果实践活动看似搞得热热闹闹，但收效甚微。课内实践教学的形式可以是：敬业类中外经典文本或图书课内分享会（比如《青年在选择职业时的考虑》《敬业与乐业》《墨子》《工匠精神》《把信送给加西亚》）；大国工匠视频赏析讨论（比如《我在故宫修文物》《大国工匠》等）；专业领军人物事迹讲演赛（联系学生所在专业探究行业领军人物，比如建筑行业的梁思成、贝聿铭；医学领域的林巧稚、钟南山；漫画行业的丁聪、宫崎骏等）；翻转课堂线上发布两分钟故事会——一位让我感动的身边的劳动者；职业角色扮演与模拟舞台剧。

以专业课为辅助的课内工匠精神实践教学也是值得推广的。这里提的课内实践主要是针对专业课的校内实训。目前，中国高职院校绝大多数专业都有专业实训室，并有专门的校内专业实践课程安排。在“大思政”框架下，思政课教师完全可以突破原有的框架，将思政课的部分实践教学工作渗透到专业实训教学过程中。当然专业实训工作中，专业课教师是主导，思政课教师可以发挥指导和辅助的作用，帮助专业课教师设计专业实训过程中的工匠精神培育的环节。为此，思政课教师需要做如下一些工作：了解专业和行业发展简史、行业特点、国家关于该行业的发展政策与未来要求、行业职业道德、行业伦理、行业法规，行业领域有代表性的杰出企业与匠心人物。根据校内实训课的规范和流程，设计与之配套的加强职业认知的规范化要求，比如让学生必须穿实训服、坚持按时打卡，实训开始前准备好一天的材料与相关环境，实训时有序按照流程操纵，实训结束后完成相关器材和环境整理，并撰写工作日记，反思实训过程中的优点与缺点。学生会在一点一滴中不仅提升技能，更能感悟到匠心教育。

第二，校内课外实践教学活动。这类思政课实践教学活动是以校园文化活动为有效载体开展的，思想元素的植入可以为校园文化活动提供积极的思想引领和指导。这类活动的有效开展首先取决于顶层设计，即学校层面，要有“大思政”思维，有效协调和组织学生处、团委、马克思主义学院三部门之间的工作。马克思主义学院负责思想政治类校园文化活动的理论指导、目录制定和考核标准。为突出工匠精神元素，可以将敬业乐群、服务他人、职业道德、职业规则、劳动与法等理念有机融入学生处和团委组织的工作中。比如，非遗文化传播、传统工匠文化传播与传承类的社团和集市类活动、社会主义核心价值观之敬业演讲赛、校园辩论赛（设置几个与敬业相关的话题，比如对待工作爱一行干一行和干一行爱一行）、职业规划周、大国工匠进校园讲座、杰出校友回校园职业分享、校园十大学习标兵/运动标兵/敬业楷模评比，激励同学用实际行动争当校园内的标兵，要求同学们学习标兵或楷模的先进事迹，通过校园公众号进行分享与传播。

第三，思政课工匠精神校外社会实践。这类社会实践有两种形式，一种是完全由马克思主义学院思政教师组织的，作为课堂教学延伸的实践活动。比如说带领学生参观工匠精神类展览馆、艺术馆、参与传统工艺文化的实际体验、实景角色扮演、校外职业理想、职业选择、职业坚持类调研或访谈、暗含工匠精神元素的才艺或礼仪模仿秀、短期会务服务等。另外一种，也是笔者看来非常契合高职学生特点、学习周期和学习效果的设计，即由“思政课社会实践与专业实训实习叠加教学”完善而来的工匠精神融入思政课的社会实践。① 这种类型的思政课社会实践最大的好处是整合并打通思政课与专业

① 刘学飞：《工匠精神融入高职院校思政课实践教学的基本模式》，《宁波城市职业技术学院学报》2017 年第 12 期，第 63 页。

课的资源，“避免出现专业实训实习与思政课实践教学各自为政、各行其是的‘两张皮’现象，最终形成育人合力”。[①] 为此，马克思主义学院要与其他各专业学院建立起合作共识，并且统筹计划安排。

目前课程思政理念已在全国产生巨大影响，不少学院已经行动起来，要求老师在校内专业课程中体现思政情怀或思政元素，但是将这一理念延伸到实践教学环节的还不算多。就学生工匠精神培育而言，思政课和专业课实训可以合作的空间很广阔。比方说，针对目前思政课老师和专业课老师分别发掘和建立校外实践基地的倾向，有专家就指出完全可以减少麻烦，提高学生在有限实践条件下的获得感。比如说建立“双基地”的办法。“双基地”是指在专业性、思想性相统一的前提下，以思想性为基础，以专业性为依托，选择各院系已经建立的并且比较成熟的专业实习基地作为自己的思政课实践教学基地，[②] 思政课教师和专业课教师与实践教学基地进行充分深入的对接交流，思政课教师充分挖掘实践教学基地的思政资源，联系实践教学基地资源和工匠精神培育的目标，做一些基地实践教学安排。

实际操作过程中分两种情况，一种是基于思政课师生比远低于专业课师生比的实际情况，思政教师无法腾出足够时间与精力，做到每个班进行专业校外实训时均能跟班实践教学。在这种情形下，教师可以在学生进行专业课实训前给同学们布置一些与思政课、工匠精神培育相关的实践任务。以深圳职业技术学院人文学院文创专业与深圳帛采文化发展有限公司合作建立的校外公共实训基地实践教学为例，专业课老师带领学生主要实践草木染工艺及相关产品的设计、制作、布展到营销的全流程，其中设计制作核心能力是专业实训的重点。但是这处实训基地传统文化意蕴深厚，学生们从上山采摘植物到制作染料、煮布、挑选染材、提取染液、过滤、绑扎、染色、阴干、熨烫、缝制、再熨烫，草木染工艺有至少十几道工序，本身富含丰富的工匠精神元素。教师在学生出发实训前，可以事先对学生布置如下任务：阅读《考工记》原文以及译本，总结出中国传统工匠文化的重要特征，思考有哪些方

① 刘学飞：《工匠精神融入高职院校思政课实践教学的基本模式》，《宁波城市职业技术学院学报》2017 年第 12 期，第 63 页。

② 钟利红：《高职院校思政课实践教学“双基地”建设的探索》，《深圳信息职业技术学院学报》2011 年第 12 期，第 28 页。

面和草木染工艺相耦合；实训过程中，观察实训教师的职业行为，抓住重要方面记录并点评；结合自己参与草木染实训的全流程开展活动反思，总结自己对工匠精神的理解；从人、技术、文化角度思考传统工艺如何才能在现代化都市的市场上大放异彩，新时代的大学生可以从自我修养、个人德行、技术创新等方面做哪些提升。这些任务布置给学生后，即便思政课教师没有随时跟进，但是学生因为带着这些问题，在实训过程中就会有更明确的目的性。等学生实训回来后，教师可以做一个校内分享会，在分享过程中，同学们对工匠精神就会有更深刻、更系统的体会。

还有一种情形，就是思政课教师全程参与专业课实践基地的参观学习过程，需要思政课教师协调好自己的时间，能够与专业课校外实训课相互一致有些难度，但也不是没有操作可能性。一旦实训时间确定下来，思政课教师和专业课教师就需要通力合作，明确教学目的、教学计划、能力培养、教学内容等。在分工上，两位教师各有侧重，一个教师负责思想政治的引导，一个教师负责专业技术的解读和学习。比方说，深圳职业技术学院曾经带机械专业的学生去大亚湾核电站参观，参观项目含基地厂房及其配套设施外观、公共展示中心、核电机组模拟展示大厅。思政课教师可以带领学生从中国大胆改革开放，果断引入外资筹建中国第一座商用核电站的历史，联系核电站展示中心的实物和档案资料讲述。专业课教师更多把精力放在核电机组运营原理、技术设计、创新等方面让学生从专业角度认识技术的力量。与此同时，两位教师可以配合讲解核电人员在工业安全上所下的精细功夫，理解核电站“一次把事情做好”的匠心文化。依靠思政课教师和专业课教师相互合作的“双基地”教学模式，学生在有效时间内获得从理论到实践、从技术到精神的全方位培育，这是一个非常好的实践教学路径。

第四，线上模拟实践教学。网络教学的普及与虚拟仿真等现代技术的发展，为开展线上实践教学提供了诸多可能。线上实践教学最大的优点是可以适度解决线下实训的资源不足、参与者的空间和时间安排难题，这对思政课实践教学的落实特别有帮助，因为思政课覆盖面很广、多合班教学，线上教学能保证认真学习的同学可以享受应有的教育资源。比如线上大国工匠杰出事迹作品观摩，只要有网络，每个同学都能清晰完整地欣赏从而完成学习过程。再比如云参观、线上模拟法庭（甚至可以真实地请到法院校外辅导员在线上做全程指导）都能起到比线下更全局参与的效果。另外虚拟仿真技术的运用，为职业模拟、职场角色扮演、职业伦理冲突处理、匠艺制作等提供以假乱真的实践体验。浸润式的学习环境，更有利于学生体验与参悟。对于“网络原住民”的当代大学生，线上模拟实践教学，是一种特别有亲近感的实践模式。它寓学于玩，将思政课的严肃与网络、现代信息技术的多变和跳跃有机结合起来，使得思政课的亲和力增强了。

深圳大学从2010年前后就开始进行“思想政治理论课情境模拟实验”，采用人机互动形式，将学生置于某个设定的场景中，运用已经学过的理论，自行浸润在情境中，进行思考并做出决断。职业伦理冲突时选择与判断就是诸多情境实验项目中的一个，学生化身职场中的重要角色，需要处理职场中比如职业道德与规章制度、职业道德与家庭道德、职业要求与道德义务等冲突或在道德两难中，找寻合适的解决办法，为职业发展创造良好的环境。职业伦理、职业道德培育是工匠精神教育的重要组成部分，深圳大学通过这类模拟实验，让学生身临其境地感受到在正式步入职场前，需要对职业及其背后的道德规则具有理性的认知、清醒的判断。深圳大学的模拟实验中心通过排课系统安排，基本可以实现所有入读深大的本科生均可参与一次实训，总体效果还不错。

深圳职业技术学院建筑与环境工程学院的学生曾在笔者带领下参观中国钢结构博物馆，在博物馆内同学们利用虚拟现实技术，戴上VR眼镜，感受到了站在深圳平安金融中心（高度600米）之巅的非凡感觉。与此同时，同学们对参观之前全国劳动模范陆建新讲座的内容有了感同身受的体验。陆建新在讲座上提到，20世纪90年代修建深圳地王大厦时，测量人员的高空安全保障还不像现在这么做得到位，身处钢筋混凝土的建筑之中，他一方面需要用手抓牢建筑物以抵挡高层建筑的高空大风，另一方面还要做精细的测量，有时需要坚持数小时。学生们倾听时，能够感到这项工作的不易。VR体验时，经受摇晃、大风考验、平衡感失灵等挑战，就会更加感受到炼成大国工匠没有勇敢的胆魄、坚持的定力和毅力是不行的。

关于工匠精神融入思政课，还有两个注意点：一是工匠精神融入思政课的实践教学最好能体现一定的梯度。高职阶段，以三门思政核心课程为中心建立起多元复合型的工匠精神实践教学安排。思修课以校内课内社会实践为主，校内课外实践为辅；概论课以校内社会实践为辅、校内课外社会实践为主；形势与政策课以校外实践教学、线上实践为主。这样的安排，既适应学生思政课学习的特点，又符合能力梯度，再有就是与不同课程的侧重点相契合。

二是工匠精神融入思政课的实践教学需要有一定的验收和质量监督保障。针对不同类型的实践教学，设立不同类型的检验方式。教师采用阅读类教学方式，可以要求学生完成如下内容：阅读内容与工匠精神在哪些方面有关联，有什么样的思考和启迪？写成读后感进行文字分享，或制作 PPT 口头分享；采用演讲类教学方式，就要求学生有演讲设计、演讲立意和演讲稿；比赛类，要有比赛准备资料、比赛应变方案、比赛稿全文；参观类，要有参观计划、发现的亮点、个人感悟；调研类，要有访谈提纲、调研图表分析、调研报告；模拟类，要有模拟准备、模拟感悟和今后的规划。其他没有列举到的类别，也要有针对性的验收和质量监督安排，只有这样，工匠精神实践类教学才能区别于自由体验，教学目标和价值才能突显出来。

第十一章　工匠精神培育与课程思政的融合

课程思政是国家教育体制改革在德育领域的一个重要成果，是发挥课程育人主渠道的必然选择，也是落实学校立德树人根本任务，确保育人工作贯穿教育教学全过程的重要举措。高校课程思政回应了德育的价值本源，契合了德育的根本规律，是“大思政”教育的重要组成部分。高职院校课程思政应该如何开展？如何才能体现高职培养目标？怎样让非思政教师找准实施路径？将课程思政与工匠精神培育结合起来是可行的思路。

第一节　作为教改理念和策略的课程思政

一、课程思政及其探索过程

“课程思政既是一种教育改革理念，也是推行‘大思政’教育的一种策略”，“‘课程思政’其实质不是增开一门课，也不是增设一项活动，而是将高校思想政治教育融入课程教学和改革的各环节、各方面，实现立德树人润物无声”。① 简而言之，“就是高校的所有课程都要发挥思想政治教育作用。”②

① 高德毅、宗爱东：《从思政课程到“课程思政”：从战略高度构建高校思想政治教育课程体系》，《中国高等教育》2017 年第 1 期，第 44 页。

② 邱伟光：《“课程思政”的价值意蕴与生成路径》，《思想理论教育》2017 年第 7 期，第 10 页。

实现思政寓于课程，课程融入思政的教育状态。

课程思政作为专有名词提出是近几年的事，但是课程思政理念早在21世纪初上海高校开启学校思想政治教育课程改革的探索之路、酝酿“大思政”教育体系时就已逐步形成。“大思政”是相对于过去比较狭窄的思政教育思路而言的。以往，人们习惯把思政教育看成是思政教师的事，思政教学就是讲授几门思政课程就算完成任务，大中小学思政教学内容上缺乏对接与融通，各自为政，这种理念和状态与思政教育的根本目标有较大距离，也无法确保高等教育育人目标的实现。客观现实需要拓展思政教育的广度和深度，将思政教育教学看成一个宏观的系统工程，思政课的理论和实践教学只是主阵地和主渠道，需要其他学科和部门的有效协同配合。“大思政”教育强调学校在思政教育上要有顶层设计，要有体制机制保障，要健全学校党委统一领导、党政工团齐抓共管、各二级学院密切配合、全体教职员工积极参与的整体思政教育理念，目的就是把学生思想政治教育融入全员育人的诸个环节、融入学生日常生活与学习全过程。

2005年开始的上海德育课程改革使得“大思政”的思路渐渐清晰起来，课程思政作为落实大思政的一个重要抓手在几年后被正式提出来，在此之前经历了一系列的实践摸索，最初是“学科德育”的思路，即把德育的核心内容与价值目标分解到各类课程中，实现全课程全员育人。上海为此修订完善了基础教育课程标准，制定《2005年上海市基础教育（含中职学校）教育工作的若干意见》，实践表明效果值得进一步推广至高等教育。2010年，上海承担国家教育体制改革试点项目“整体规划大中小学德育课程”，其中的德育课程的“横向贯通”，就是把各类课堂整合起来，形成协同育人合力。2014年，上海市委、市政府颁布《上海市教育综合改革方案（2014—2020）》，德育改革是其中的重要部分。当时选取了一些高校作为代表，试点挖掘专业课程中的思政价值元素，在全市范围内开设了《大国方略》等“中国系列”课程，有上海大学的“大国方略”、复旦大学的“治国理政”、上海交通大学的“读懂中国”、同济大学的“中国道路”、上海师范大学的“闻道中国”等。这次尝试，历时3年，资深思政教师、杰出行业专家在课堂上紧扣时代发展，回应大学生关切，反响很好。“实现思政课与各门课程同向同行，关键是找准结合点。这个结合点，是专业课程与思政课程、理论与政策、学术与政治的结合点。”[①] 上海的尝试为进一步推动高校思想政治工作改革创新积累了经验。

2016年12月7—8日，全国高校思想政治工作会议在北京召开，习近平总书记强调，要坚持把立德树人作为中心环节，把思想政治工作贯穿教育教学全过程，实现全程育人、全方位育人，努力开创我国高等教育事业发展的新局面。上海教育界很受鼓舞，并以此为契机，在总结以往经验的基础上，构建全方位、全过程、全员育人的高校大学生思想政治教育体系。从实际情况出发，“树立‘课程思政’核心理念，强调学校教育应具备360度德育‘大熔炉’的教育合力作用。在教育教学中，既要注重在价值传播中凝聚知识底蕴，又要注重在知识传播中强调价值引领，突出显性教育和隐性教育相融通，实现从‘思政课程’向‘课程思政’创造性转化”。[②] 开展课程思政的学校和课程门类越来越多。2016年，以上海中医药大学为例，被试点立项为课程思政的专业课程增至23门，涉及《中医各家学说》《中药学》《生物化学》《卫生法学》等。该校院校两级试点课程思政的课程总计50多门。

在上海先进经验的带动之下，全国其他地区逐步尝试开展课程思政工作。北京联合大学在机器人学院、城市轨道交通与物流学院、艺术学院等开展相关教学，实现了思政元素与专业课程的有机融合。东北林业大学开展了课程思政示范课程项目建设，参与教师以课程思政为指引，完善了教学大纲，改革了教学方法，优化了教学团队，完善了教学设计。以机械类专业基础课“金属切削原理与刀具”为例，教师在讲述“我国切削技术的发展现状与趋势、刀具材料、刀具的修整与刃磨、车削与车刀”等教学内容时，讲述中国制造2025、笔尖钢、“文墨精度”等案例与专业课程无缝融合，激发了学生对专业价值、专业理想与职业精神的追求，实现了该门课程的课程思政教学新变革。从2017年开始，绍兴文理学院积极推进课程思政，通过创建“三张表单”，实现1900门课程全覆盖。一是凝练思政元素表，制定《“课程思政”教学设计编制指南》，引导教师把坚定理想信念的要求、做人做事的道理、道德法制的规范、民族复兴的责任和使命等融入各类课程教学设计中；二是填

① 高德毅、宗爱东：《“中国系列”思政课选修课程：提升思政课教学质量的有效选择》，《中国高等教育》2017年第11期，第10页。

② 高德毅、宗爱东：《从思政课程到“课程思政”：从战略高度构建高校思想政治教育课程体系》，《中国高等教育》2017年第11期，第44页。

写课程思政教学设计表；三是撰写课堂案例表，撰写课程思政师生教与学的心得体会。该校的做法获得教育部的报道。①

二、课程思政理念与顶层设计

课程思政试点与基本思路的形成离不开党和国家的教育智慧。党的十八大以来，国家高度重视思想政治教育对治国理政的重要意义与价值，习近平总书记多次就思想政治理论课改革做出重要指示，教育部等部门多次就加强思想政治理论课改革做出重要部署，这些顶层设计为思政课的改革指明了方向，也为课程思政理念的形成打下了基础。

2016 年 12 月，习近平总书记在全国高校思想政治工作会议中指出："要用好课堂教学这个主渠道，思想政治理论课要坚持在改进中加强，提升思想政治教育亲和力和针对性，满足学生成长发展需求和期待"，"其他各门课都要守好一段渠、种好责任田，使各类课程与思想政治理论课同向同行，形成协同效应"。② 这次会议明确指出其他课程要与思政课相互配合，某种程度上治理了以往教育中部分存在的问题，如：认为思政教育就是思政课的事，或者，离开了思政课堂，学生在其他课堂上，某些不注意价值观教育的老师将思政课的积极价值消解掉。

2017 年 2 月，中共中央国务院印发《关于加强和改进新形势下高校思想政治工作的意见》，要求"坚持全员全过程全方位育人。把思想价值引领贯穿教育教学全过程和各环节"，"充分发掘和运用各学科蕴含的思想政治教育资源，健全高校课堂教学管理办法"。③ 这份文件使得"其他学科与思政课相向而行"的思路变得更加清晰——全员、全方位、各学科挖掘思政资源。为后

① 《绍兴文理学院积极推进"课程思政"全覆盖》，教育部网站，http：//www. moe. gov. cn/jyb_xwfb/s6192/s222/moe_ 1742/201812/t20181226 _ 364873. html? from = singlemes-sage&isappinstalled =0。

② 《习近平在全国高校思想政治工作会议上强调：把思想政治工作贯穿教育教学全过程 开创我国高等教育事业发展新局面》，《人民日报》2016 年 12 月 9 日。

③ 《中共中央 国务院印发〈关于加强和改进新形势下高校思想政治工作的意见〉》，新华社 2017 年 2 月 17 日。

面各学科开展课程思政做了思路上和方法上的准备。

2017 年 6 月，教育部在上海召开课程思政现场推进会，高度肯定上海高校在思政课改革方面的大胆尝试，认为上海“改革敢为人先、谋划超前，路径清晰、层次分明，领导重视、建章立制，取得了重要进展，为构建以思政课为核心，各类课程与思政课同向同行、形成协同效应的思想政治理论教育课程体系提供了一套有价值、可推广的‘上海经验’”。①

2018 年 8 月 14 日，中共中央办公厅、国务院办公厅印发《关于深化新时代学校思想政治理论课改革创新的若干意见》第 17 条，在政府文件中明确使用“课程思政”一词，与高校课程思政相关的内容是：“整体推进高校‘课程思政’……深度挖掘高校各学科门类专业课程……蕴含的思想政治教育资源，解决好各类课程与思政课相互配合的问题，发挥所有课程育人功能，构建全面覆盖、类型丰富、层次递进、相互支撑的课程体系，使各类课程与思政课同向同行，形成协同效应。建成一批‘课程思政’示范高校，推出一批‘课程思政’示范课程，选树一批‘课程思政’教学名师和团队，建设一批高校‘课程思政’教学研究示范中心。”②

2019 年 3 月，习近平总书记主持召开学校思想政治理论课教师座谈会并发表重要讲话，他指出，思想政治理论课的改革创新要坚持“八个相统一”，其中就有“要坚持显性教育和隐性教育相统一，挖掘其他课程和教学方式中蕴含的思想政治教育资源，实现全员全程全方位育人”。

2020 年，为深入贯彻落实习近平总书记关于教育的重要论述和全国教育大会精神，贯彻落实中共中央办公厅、国务院办公厅《关于深化新时代学校思想政治理论课改革创新的若干意见》，课程思政在全国思政课教育中全面铺开。2020 年 4 月，教育部等八部门发布《关于加快构建高校思想政治工作体系的意见》，其中第八条指出：“全面推进所有学科‘课程思政’建设。统筹‘课程思政’与思政课程建设，构建全面覆盖、类型丰富、层次递进、相互支撑的课程体系。”

---

① 《打赢提高思政课质量和水平的攻坚战——教育部召开高校“课程思政”现场推进会》，《中国教育报》2017 年 6 月 23 日。

② 中共中央办公厅、国务院办公厅印发《关于深化新时代学校思想政治理论课改革创新的若干意见》。

2020年6月，教育部印发《高等学校“课程思政”建设指导纲要》。在第一段纲要制定目的显要位置指出：“把思想政治教育贯穿人才培养体系，全面推进高校‘课程思政’建设，发挥好每门课程的育人作用，提高高校人才培养质量。”①

基于以上顶层设计，课程思政已然成为思想政治教育守正创新、提质扩容的重要突破口。

三、课程思政的重要意义与价值

课程思政是国家加强思想政治教育，提升学校教育质量的需要。课程思政有助于落实教书育人的主体责任，确保全员育人、全程育人、全方位育人（“三全育人”）要求的实现，在中国高等教育领域具有重要的价值与意义。

课程思政有助于回应为谁培养人的问题。党的十八大以来，国家全面加强了党对教育工作的领导，要求教育围绕“培养什么人、怎样培养人、为谁培养人”的根本问题展开。思想政治工作的重点在于培养什么人、为谁培养人。课程思政是加强思想政治工作的重要理念创新，有助于利用各类课程阵地，坚守社会主义办学堡垒，有助于确立马克思主义在高校意识形态的主导地位，增强学生的“四个自信”，为社会主义改革和发展服务。

课程思政契合了“三全育人”的需要。中共中央、国务院《关于加强和改进新形势下高校思想政治工作的意见》提出的坚持全员、全过程、全方位育人的要求，课程思政契合了“三全育人”的需要，调动所有教师参与思想政治教育，让所有老师成为学生思想成长的引路人。当今信息化社会，德育工作面临的环境非常复杂，学生接受信息的渠道丰富，各种思潮相互激荡，观点多元庞杂。此外，在快速发展的现代社会，学生在求学的不同阶段，受影响的因素和自身关注的侧重点均在变化，这意味着德育工作不能限定于某位老师某个课程或某个学期，必须要有长期性、系统性和整体性的规划与安

① 《教育部关于印发〈高等学校“课程思政”建设指导纲要〉的通知》，教育部网站，http://www.moe.gov.cn/srcsite/A08/s7056/202006/t20200603_462437.html。

排。这样教育才能是立足于时代、立足于社会现实、立足于学生成长规律与特点的教育。课程思政还丰富了“三全育人”的内容，除了政治教育、思想与道德品质教育、法制教育、环保教育、生命教育以外，学生还能在专业课程中获得专业道德与伦理的教育，实现知识教育与价值引领的有效统一，使得思政教育更加全面有效。

课程思政是实现显性教育与隐性教育相互结合的有效方法之一。加强思想政治理论教育，既要理直气壮地开好开足思想政治理论课，占领好意识形态主阵地，又要不忽视其他的隐性教育影响。就学生而言，受教育受影响的途径众多，但是比较来看，课程教育是发挥影响最深刻的环节。在其他课程中融入思政元素，可以让学生在潜移默化中持续接受积极价值观的引导，从而学会思考、善于分析，不仅获得真知，而且知道如何选择与判断。

四、课程思政开展过程中存在的问题

课程思政从上海初试，得到国家教育部门肯定，在向全国推广的过程中，产生了一些积极的影响：不少高校真正认识到课程思政的意义与价值，并在学校育人方案和课程教学要求中体现，与此同时，也有部分院校存在认识误区，认为课程思政是某些高校为了改革而搞的噱头，实际上没有新内容。甚至有些院校行政部门“懒政”，把要求当作文件来看，只负责下发，不进行实际工作研究与部署，不开展实实在在的工作。

通过调研和观察，笔者发现，无论是已经认真开展课程思政工作的院校，还是不太重视课程思政的院校，或多或少在课程思政实施方面存在如下一些问题，这些问题客观上制约了课程思政的有效开展。

（一）没有搞清楚课程思政是什么就贸然推进

高校开展课程思政，需要在整体上有顶层设计，并对老师开展相关理论指导与培训。让所有老师明白，为什么要开展课程思政？课程思政究竟是什么？开展好课程思政需要做好哪些基本准备？现实情况是，有些学校从来没有接触过课程思政，也没有积极关注课程思政的前期试点工作，听到习总书记讲话中要求其他课程与思政课同向而行，看到教育部的通知要求要开展课程思政，就匆忙要求老师全员开展课程思政。结果非但不能很好地开展课程思政教学，而且会引发老师微词。专业课教师不明白课程思政的意图，将它看成是不得不赶快完成的行政任务，而不是教学目标实现的重要理念和手段。还有些学校急于提交课程成果汇报，在课程思政方面要求粗放，造成课程思政理念被教师们私下贬损。

（二）课程思政的本质理解有偏差

在实际操作中，有些学校把课程思政看成为一类与思政课程有关联的课程，甚至前者包含后者，前者科目繁多，内容更为丰富。在这样的理念下，近些年来，有不少院校增设了多门思政类必修或选修课程，视之为课程思政的实践。还有认为“课程思政”和“思政课程”没有包含关系，而是相互补充的关系，两者侧重点不同，不能混为一谈。除去以上观念，有的地方教育部门认为，课程思政仅仅是一种教育理念，即为了实现思想政治教育的效果，必须在课程中承载思政元素，而思政课又必须与课程相互联系，才能提高育人效果。当然，这种理念在实际运用中，也为部分老师所不认同，他们认为，就其实质来说，“课程思政是方法，是高校在落实立德树人根本任务的过程中体现马克思主义指导地位、践行社会主义核心价值观的方法，是坚持用习近平新时代中国特色社会主义思想铸魂育人，实现习近平新时代中国特色社会主义思想进教材、进课堂、进头脑的方法”①。在实际运用中，重在课程中使用这种方法，而不是在理念上去纠缠。理解的偏差结果造成在具体实施时各自为政，都觉得自己的理解和做法抓住了关键。

（三）一些专业课教师思政素质与能力水平难以满足课程思政教学

思政素质表现为主客观两方面。② 一方面，有些“专业课教师思政教育主体意识不强”，坚持认为思想政治教育是思政教师的事，自己主要是进行专业

---

① 杨祥、王强、高建：《课程思政是方法不是“加法”——金课、一流课程及课程教材的认识和实践》，《中国高等教育》2020 年第 8 期。

② 吴晨映：《专业课教师“课程思政”能力问题探讨》，《河南教育学院学报》2020 年第 1 期，第 57 页。

知识与技能培育。甚至有些老师内心并不认同思政教育在学生培养中的作用，或认为是花架子，浪费时间，有这些时间还不如用在巩固专业知识与技能上，或认为自己具有自主权的课程若被思政化了，是专业水准的弱化。这些认识不纠正，就有可能带来一种恶劣的现象。即专业课老师应付上级要求对待课程思政，无法实现课程思政与专业课程的有效融合，结果既制约专业课教学，也影响思政课教育的效果。另一方面，非思政课教师客观上开展课程思政能力不足，主要表现为：平时没有关心时事政治，思想政治教育知识储备不足，有些老师甚至不能说出什么是社会主义核心价值观、中国梦究竟是什么样的设想，专业领域未来国家有何规划；思政素质不够，无法抓住课程思政教育的价值核心；不会挖掘所教课程的思政元素，生搬硬套思政课上的爱国、诚信、敬业等社会主义核心价值观，结果造成简单“贴标签”现象，思政元素与课程教学仍然是“两张皮”，油水分离，泾渭分明，毫不相容，“生出怪胎”，让学生看之生厌。

（四）课程思政资源开发不足

表现为所在专业群未对专业中的思政元素进行充分挖掘，未能对不同专业不同课程的课程思政元素运用进行宏观协调和安排，结果造成少量资源被多门课程的教师在不同课程上重复运用，造成学生学习获得感有限。要开展课程思政教育，教师要了解思政课主要传递的价值理念，思考所教课程在哪些方面可以融入这些价值、课程思政教育的核心点在哪里、是否需要每个章节每个点都面面俱到。同时需要对所教课程中的思政元素进行再认识和再构造，让它们与课程发生化学反应，而不是物理叠加，目的是既不削弱所教课程的主体功能，又能够传递积极的价值观念。

（五）不同类型院校课程思政的特色不明显

思想政治教育是所有高等院校均要开展的教育形式，但这并不意味着所有高校的课程思政均要开成一个模样。不同类型高等院校学生基本素养和培养目标有差异，这就意味着课程思政也应该有各自的特色。目前看来，本科研究型院校、本科技能型院校、高职院校的课程思政教育特色并不明显，在一定程度上制约了课程发挥的效用。

五、基于本质、目标与问题的课程思政路径

"'课程思政'是从课程论的视域审视、研究与实施高校思想政治教育。"[①] 它本质上不是开设一门新课，而是通过运作整个课程，打通显性的思政课和隐性的其他课程间的通道，对学生进行全员、全方位、全过程的思想政治教育。它既是一种思想政治教育理念，也是一种教育方式。课程思政的根本目标既不是为了改革而改革，也不是为了追求教育形式的多样，而是为了真正地实现全员育人，提升新时代大学生的基本素养。基于前面所列目前课程思政中出现的问题，应该在如下几方面加以完善。

第一，明确出发点。开展每一项改革尝试，都要问问为什么。对于课程思政，教师需要明确的是要以"培养什么人"为首要问题，要以真正能够促进学生成长成才为出发点和落脚点。离开这些目标，一味创造形式或制造热闹，没有实质内涵，只会干扰已有被证明较为有效的教学过程与方法，得不偿失。只有明确出发点，自始至终都记得这个出发点，才能在课程思政方面不被形式主义所困。

第二，完善人才培养方案和课程标准。课程思政是一种全员全过程育人理念和教学方式，实际有序开展需要有顶层设计，顶层设计要能保证得到贯彻，则不能停留在会议和文件层面。它应该真实地存在于人才培养方案、课程标准、教学大纲中，要落实于教师的考评体系中。这样老师们才能有据可循，也才能因为采用了新的教学理念得到褒奖和激励。督促者也才能依规督促，提出要求。这在一定程度上可以防止课程思政在实施过程中出现脱轨和严重变形的现象。

第三，把握课程思政的本质，从理念与方式上改进已有课程教学的设计与内容。教师需要真正转变教育理念，授业解惑的同时不要忽视传道。要传社会主义的道，传社会主义核心价值观。部分高职院校专业课教师骨子里持技术决定论观念，认为有技走遍天下，无技寸步难行，社会最终靠技术说话，因此觉得过多摄入道德教育并无大用，还耽误学生有限的学习技术的时间。这种教

① 何玉海：《关于"课程思政"的本质内涵与实现路径的探索》，《思想理论教育导刊》2019 年第 10 期，第 20 页。

育理念不符合教育的本质，不符合新时代教育的要求，实际上是短视心理作祟，同时也是对课程思政的本质缺乏了解使然，没有用一种研究的态度去思考怎么样将课程思政的理念和方法用于实际教学。课程思政需要技道合一的教师开展技道合一的复合型教育。为此，教师要自觉提高政治觉悟、理想信念、专业伦理和法律精神，并在教学过程中将这些理论融于具体的课程教学之中。

第四，挖掘课程所蕴含的思想政治教育元素。一门课程，融进课程思政教学理念之前，必须做好思政元素的充分挖掘，可以从以下四个维度进行探究。①

第一个维度，从学科和专业角度进行挖掘。不同学科具有不同学科的重点关注领域，这些领域与国际竞争、国家安全、国计民生、社会福祉有怎样的关系；学科或专业领域有哪些关键技术、这些关键技术发展的历程是什么样的，什么人在什么时候通过什么样的手段推动了该项技术的进步，而这个人付出了怎样的努力，有哪些是值得同学们学习的；本学科领域有哪些道德义务，有什么样的专业伦理规范，该如何理解这些规范的现实运用；学科、专业研究或实际运用中可能带来的法律风险及其应对。围绕这些专业领域的问题，教师需要对照知识点，仔细搜寻相关的案例和数据，并思考知识点与案例之间的结合点。案例的取舍或密集程度需要“不忘初心”，即前面提到的为何要课程思政的问题。

第二个维度，结合工匠精神培育目标进行挖掘。工匠精神培育是新时代学生职业素养培养的新要求。教师可以积累工匠精神相关的理论与案例，特别是专业和行业相关的案例。同时，教师需要对案例深入分析并有的放矢地再加工，将它们制作成适合融入的课程思政素材。这项工作常常为老师们所忽视，当看到一个相关案例，一个字不改直接搬过来就用。实践证明，如此教学效果一般，很容易造成前面说到的“两张皮”现象，以及教学缺乏聚焦的问题。好的做法是，一个相关案例出现在眼前，教师需要分析这个案例与课程哪些章节有直接或间接的关联，这个案例可以在哪些方面加深同学们理解某个知识点、在哪个细节处可以点燃学生专业学习、报效国家的激情？哪些方面可以用来引导学生关注职业规范与道德要求，从而提升基本职业素养。

---

① 北京联合大学党委书记韩宪洲的研究给了笔者一些启发，韩宪洲：《“课程思政”方法论探析——以北京联合大学为例》，《北京联合大学学报》2020 年第 2 期，第 1—6 页。

第三个维度，结合中国历史与现实来进行挖掘。中国历史悠远绵长，中华民族在中华大地上创造了悠久的文明。几乎每一个专业领域都有属于自己的独特历史画卷，它生动地向后人讲述从古到今中国人是如何发现、发明、创新或发展某个领域的，有哪些动人的故事，遇到过什么艰难与屈辱，有过什么欣喜与悲欢。这些中国往事就是丰富的专业教学素材，教师运用时自不必系统讲述，也不必时时提及，但是某些关键章节用上一些，定会锦上添花。除了历史，新中国在各行各业的发展现状，取得的丰富成果，也是教师加强学生专业自信的重要源泉。

第四个维度，结合最新国际国内形势以及中国未来发展战略挖掘。大学生思维活跃，对社会热点问题有较高的关注度和参与热情。如果将一些和课程教学目标相关的热点事件充分利用起来，可以建立起课程内容与现实之间的关联，引发学生们更多的好奇心和求知欲。以 2020 年以来国际国内热点事件为例，一年来，世界关注最多的就是新冠肺炎疫情的蔓延与防疫。新冠肺炎疫情在全球攻城略地，对全球的政治、经济、人员往来、文化交流、国际合作等均产生了深刻的影响，没有一个专业领域可以免受其影响。国际国内为抗击新冠肺炎疫情，涌现了大量的感人事迹，很多行业的工作人员都体现了难能可贵的专业素养与职业精神。专业课的老师但凡内心装着课程思政的理念，就可以将这些典型的事件与案例用在教学中。

第五，加强思政课与专业课的合作、专业与企业的合作。从调研结果来看，多数院校思政课教师和其他课程教师联系较少，甚至从未有过真正的合作。思政课教师专注思政的教学与科研，专业课教师专注于教学、实训与科研创新。真正实施“大思政”教育，真正让课程思政成为深入人心的教育，就需要思政课教师懂一些专业，专业课教师懂点思政。两者的合作非常必要，专业课加强思政课教师的专业知识，可以避免思政课泛化施教；思政课教师指导其他课程教师，可以提升他们的思想觉悟，还可以帮助他们挖掘课程思政素材，增强课程思政的教学针对性，避免课程思政理念强硬嫁接，无法在学习效果上直达人心。

第六，结合学校类型开展有特色的课程思政教育。学校类型不同，学生的培养目标和方案均应该有一定的差异性。研究型院校课程思政重点应该是加强国家战略教育、爱国主义教育、远大理想教育、科学精神教育和钻研精神培育。技能型院校课程思政教育应该加强技能报国教育、专业道德与伦理教育。高职院校应以大国工匠为学生成长成才的目标，拥有匠心匠艺。为此，教师应引导学生立志在平凡的工作岗位做出不平凡的工作，从而实现自己的人生价值，为国家和民族富强添砖加瓦。

第二节　工匠精神培育融入课程思政的探索

一、工匠精神培育与课程思政的耦合

探究工匠精神培育和高职课程思政的耦合，基于如下主客观条件。

将工匠精神培育融入课程思政是整合现实顶层设计的需要。近些年，基于维护和建设稳定、富强、文明的社会主义国家的需要，党和国家要求加强高校思想政治理论课教育、工匠精神培育、劳动教育，推行课程思政，目的是有效提升思政课教育教学效果，增强学生的政治素养与职业素养。客观来讲，这些设计每一项均有相当的必要性，但是如何在高等教育中有效地执行，则受到学时、师资、资源、考评体系等诸多限制。将工匠精神培育有效融入到课程思政中，实为课程整合所需要与要求的。如果每项教育要求单独予以推行，则需要耗费大量的时间、人力与物力资源，结果还会因为缺乏协调与安排，交叉重复，学生学起来如同鸡肋。目前，已有部分院校存在不能领会国家顶层设计意图，上面说加强思政教育就一阵风地重视思政课，上面让加强劳动教育，就赶紧设置课程，要求老师们赶紧搞劳动课，凡此种种，反而使合理的教育教学秩序被破坏，师生疲于应付。

工匠精神培育不仅是解决上述乱象的良方，它本身确实具备融入课程思政教育的条件。两者不仅可以整合，而且，整合起来不是 $1+1=2$ 的问题，而是形式上 $1+1<2$，效果上 $1+1>2$ 的问题。课程思政和工匠精神之间存在天然的耦合关系，即两者育人目标相通、价值导向一致、实现路径统一。[①]将

① 尹继明、仝晓芳：《“课程思政”教育和工匠精神培育耦合策略的研究》，《教育科学论坛》2020年第3期，第56页。

工匠精神作为课程思政的主要价值目标，可以使课程思政在高职院校的实施思路和目标更清晰。正如前文所述，不少高校在缺乏校情、学情分析，缺少对课程思政充分理解和课程资源整合的基础上，匆忙开展课程思政工作，结果搞出五花八门的课程思政，甚至有些课既不像专业课又不像思政课。究其原因很大程度上是老师们不清楚不同类型的院校课程思政该如何搞，总体指导思想是什么，课程思政致力于哪些核心素养培养，专业课程的个性化特色可以在什么边界范围内显现。高等教育的主要目标是为国家培养各级各类人才，以服务各种各样行业发展的需要。工匠精神属于人才的必备素养，虽然思政课、劳动教育课、就业指导等课程以及各类校园文化活动与社会实践活动可以培养学生的工匠精神，但是对于学生来说，专业课程教育还是占据主要时长的教育。专业课程也是培养学生专业素养的重要平台，因此，将工匠精神培育作为课程思政培育的核心内容与目标，正是抓住主要教育矛盾，解决主要问题。

将工匠精神培育作为课程思政的主要目标还有利于专业教师有的放矢地整合资源，提高课程思政的效果。一般来说，专业课教师对于专业教学的知识目标、能力目标是非常清晰的，较之思政课教师有更强的企业关注和行业参与意识。他们相对薄弱的是对专业课程的价值目标关注较少。课程思政不等于思政课程，也不应该上成思政课程。加强工匠精神培育作为课程思政的目标，便于专业老师聚焦任务点，挖掘课程思政资源并设计相关课程。

工匠精神培育融入课程思政，有助于突出高职人才培养的特色。工匠精神培育作为课程思政的重点，有助于突显职业院校教育理念和目标，也更加符合社会的需要。高职院校致力于为社会培养高素质的一线劳动者，职业性、技能型是人才培育的应有之意。现在不少高职院校规模越扩越大，向综合性发展，但是这并不意味着它们和综合性本科院校一样，将学生培养成研究型人才，这就背离了高职院校的类型设计初衷了。另一方面，职业价值观、职业理想和职业行为规范都是企事业单位非常看重的要素。课程思政重点加强工匠精神培育是教育顺应社会发展需要的体现。职业素养绝非一朝一夕灌输而成，渗透、浸润式的课程思政模式，在潜移默化之中影响着学生的职业观、专业观和社会责任感。这也是为什么习总书记在有关思政教育的讲话中提到，要将显性教育与隐性教育相结合处理得当，更能发挥育人功效。

二、课程思政中包含的主要工匠精神元素

其他课程与思政课同向同行，培育学生的工匠精神应该抓住哪些主要内容呢？结合思政课的主要教学目标和新时代工匠精神的主要内涵，筛选梳理，会发现如下几点可以在课程思政中呈现，基于不同课程的特点，在实际执行的时候，可以部分呈现，也可以系统加强。

（一）家国情怀

家国情怀教育是新时代工匠精神培育的逻辑起点，宏观上它能够部分回应培养什么人、为谁培养人的问题，微观上它可以回应为什么要学习、为什么要劳动与工作、为谁劳动和工作的问题。传统中国，是一个家国天下的连续体，个人的行动和生活的意义置于家国天下的框架下才能获得价值正当性，个人与天下之间隔着家国，个体必须通过“齐家、治国”才能与天下沟通，因此在华东师范大学许纪霖教授看来，“儒家的个人良知之实现，必须通过在家族与王朝的公共事务之中从事道德实践”①。个体的重要程度在这一实践中客观上被遮蔽和弱化了。而这为近代对传统的批判与反叛提供了抓手，受西方人本主义和资产阶级自由主义思想影响，个人的独立性被凸显出来，个体与王朝的关系成为个体与作为主权代理人的现代民族国家之间的关系。近代的革命运动，造成传统家国天下连续体的断裂。个体从传统的伦理制度中“脱嵌”而出，成为本真性的“原子化”个人，与他人相互隔绝，互相对象化、工具化，不关心社会与整体的发展。这样虽然自由自主却又功利片面的个体于社会整体是有益的吗？中国的工匠文化发展史证明，并非如此。一方面传统匠人对集体的责任意识弱化了，另一方面匠人的私欲膨胀了。新时代工匠精神就是在改造传统的基础上，强调“家国天下新秩序”的再嵌化。教师在教学过程中引导学生认识个体追求个体权利自由与对国家、集体之间的责任间的相互依存又辩证的关系，谨防学生在学习专业、追求专业技能过程中的过分“原子化”和功利化，激励学生树立建设社会主义国家的责任感，

① 许纪霖：《家国天下》，上海人民出版社 2017 年版，第 8 页。

从事于公于私均有积极意义的学习和工作，为自己理想中的民族国家共同体而努力。家国情怀理念的塑造会从根本上提升学生对自我和社会关系的认识，从更高的角度看待职业学习和职业劳动的价值。

（二）职业理想

2013 年 5 月 4 日，习近平总书记同各界优秀青年代表座谈时强调："广大青年一定要坚定理想信念。'功崇惟志，业广惟勤。'理想指引人生方向，信念决定事业成败。没有理想信念，就会导致精神上'缺钙'。"[①] 理想是多层次的，有社会理想、家庭理想，也有职业理想。大学阶段是青年人确立并追寻职业理想的关键时期，如何才能让青年树立积极的职业理想，需要所有老师全过程共同参与。职业理想也是工匠精神培育的重要内容之一，离开职业理想与追求，谈论工匠精神只能是空谈，职业理想会引导青年联系现实，追求卓越。课程思政教学过程中教师可以通过专业行业发展史的介绍，引导同学们认识到行业的每一个进步都离不开挑战与创新，同时可以通过行业中杰出人物职业情怀的介绍，引导同学们以杰出人物为榜样，树立崇高职业理想，产生积极的推动自身发展和行业进步的使命感和责任心。

（三）敬业精神

工匠精神最外显的特色就是敬业精神，具体表现为对学业或事业的好奇、敬畏与钻研，对服务对象尽其所能的贴心服务。如果说职业理想相对宏观，敬业精神则相对微观，它更为日常，在斗转星移中缓慢呈现，需要不计得失地勤于投入奉献。敬业精神的产生既需要有为人民服务的社会主义人生观、价值观的培育，也需要有坚忍不拔意志力的磨练。既可以通过灌输宣教引导学生自觉树立踏实勤奋、敬业乐业的价值理念，又可以通过榜样的力量照亮学生选择的迷茫，更可以通过专业实训以及实际工作场景的模拟训练，培育学生吃苦耐劳、勇于付出的精神。敬业精神塑造在课程思政中是比较方便开展的，老师们处理起来较为得心应手，学生们通常对此也非常欢迎，可以实现思政元素和专业课程的无缝对接。

---

① 习近平：《习近平谈治国理政（第一卷）》，外文出版社 2018 年版，第 92 页。

（四）职业道德

职业道德虽然是从业人员在职业活动过程中应该遵循的行为准则，但是职业道德的训练可以从学生求学时期就开始培养。大学阶段学生要完成准职业人到职业人的技术与思维的转变，因此职业道德教育成为必修内容，其系统理论教育主要存在于思政课中，但是职业道德的实践外显则在专业教育与专业实践中比较明显，因此，后者同样承担着职业道德教育的重要任务。在这些课程中，任课教师首先要在心理上明确课程的价值目标，将职业道德培育看成是课程设计中的重要环节，思考如何在课程中布局训练学生的职业习惯，比如有些学校要求学生上实训课程按照标准公司流程运作，穿实训服、打卡、领取工作任务、按流程请示汇报，下课前收拾好工作台面并清洁实训场所，通过这些程序性工作，对学生保持高标准要求，就会在重复中隐性地训练学生的职业习惯，让学生形成一种职业素养记忆。职业行为中的其他职业道德内容，比如诚实守信、办事公道、服务群众、奉献社会等也可以通过课程思政开展。比方说，任何课程的教师都可以要求学生保质保量地完成课程项目作业或任务，将诚信作为第一指标，规范项目开始与截止日期，将团结协作、精益求精、社会效益与价值作为重要考察项。专业课教师在教学中要留心收集专业发展史、专业现状与未来趋势、中外行业发展对比数据或图表、专业领域领先的重要方面、专业薄弱环节、专业领域内杰出专家及其先进事迹，目的是在培育学生的专业使命和社会责任过程中有案例和数据为证、有对比结果可呈现。

（五）专业伦理

专业伦理是在专业学习和工作过程中的伦理关系及其调节原则。专业活动实际上是社会性干预活动，不可避免地会影响各种社会关系，造成可能的矛盾冲突和利益冲撞。如何处理专业实践过程中发生的伦理问题，并在不同情境下做出道德分析与判断，选择最佳行为，这是专业伦理教育的重要任务。专业伦理是工匠精神的重要组成部门，具有工匠精神的从业者通常是具有专业操守的人，明白行业底线，重视行业规范，既能够处理好工作中的同级关系、上下级关系、与服务对象的关系、与行业管理部门的关系，也能够处理行业发展与社会责任、国家法律之间的关系。专业伦理学属于应用伦理学范畴，中国专业伦理学相对薄弱，存在伦理学教师不太懂特定专业的实际问题，而专业课教师又不太通伦理学理论的尴尬状况。① 但是存在问题不是回避专业伦理教育的理由，国家加强课程思政，实质上已经向专业课教师提出改善知识结构，在教学中摄入专业伦理教育内容。要求所有老师掌握各个领域的伦理理论与实践很难，但是就专业研究专业伦理，加强继续教育，然后将专业伦理作为课程思政的一个重要抓手，是可行、对路，并且有效、有价值的课程思政思路。比方说，建筑工程类的教师，掌握工程伦理学是基本的要求，这样才有可能在实际教学中引导学生关注工程伦理问题。不仅仅把工程看成是造物的活动，而是养成关注、辨识工程活动中的伦理问题的意识，以“工程造福人类”为己任，做对产品负责、对职业忠诚，有社会责任感和使命感的技道合一的工程师。

（六）创新精神

无论是古代还是现代，崇尚创新都是工匠文化的重要方面。固然好的工匠是能够安于寂寞、精益求精做事的人，但是如果一直固守陈作，则很难推动社会进步，也必将被社会所淘汰。人类社会就是在不断革故鼎新过程中发展的，创新是工匠精神活的生命力。在国际竞争日趋激烈的当今社会，创新的重要性更上升到国家战略层面，由此，培养学生的创新思维与创造精神符合教育的本质，也是时代性的必然要求。当前，高职教育中的创新活动如火如荼，有很大的进步，但是也存在一些值得改进的地方，比如说创新教育主要由团委、学生处举办，甚至完全由学生自主进行，与专业关联度较低，多重复性的活动，即“创新活动缺创新”。在指导教师方面，很多创新活动由辅导员指导，不少辅导员曾经是高校中的佼佼者，指导学生能力足够，但是也存在部分辅导员毕业就进入学校工作，本身社会实践经历欠缺，谈何创新？针对这种情况，在课程思政中引入创新教育，由专业老师拓展创新思维会更有针对性，而且能够让创新活动做实做强。

---

① 夏嵩、王艺霖、肖平、富海鹰：《土木工程专业教育中工程伦理因素的融入——“课程思政”的新形式》，《高等工程教育研究》2020 年第 1 期。

（七）法律思维

现代工匠精神是现代契约社会下的精神文化，法律意识和思维是工匠精神中不可缺少的内涵。从法律意义上看，职业契约关系需要劳动者履行对雇主忠诚的义务，比如服从工作分配，告知工作进度，注意工作过程中的安全与保密等；需要劳动者履行诚实、勤奋劳动的义务；需要劳动者接受培训与教育，提高劳动技能的义务；需要劳动者承担职业劳动过程中社会风险的责任。与此同时，现代契约关系、法律制度也给劳动者有尊严地、体面地劳动提供了一定的保障，比如《劳动法》规定了劳动者应该获得报酬、福利、休假、失业保障等方面的权利，为劳动者安心工作提供了保障。思政课中的《思想道德修养与法律基础》会对学生进行法律基础知识和法律思维的培养，但是仅有这些是远远不够的，作为未来的专业技术人员，有责任也有义务了解行业相关的法律事务及其法律保护。目前，就高职院校来说，绝大多数专业都没有安排专门课程讲述相关方面的内容，使得少部分学生因为疏于引导，专业法律思维比较薄弱。课程思政中适度融入与专业相关的法律，不仅不会削弱课程的生动性，而且会增加课程的社会价值。比方说在讲授化工类课程时，顺便给学生讲授化工安全与法律；讲授互联网人工智能信息类课程时，可以适度给学生讲授互联网相关的立法、知识产权相关法律。专业课程中融入法律内容，会让学生不单单接受专业知识，而且还能够了解与专业相关的社会法律责任与义务，学生的法律思维会水到渠成地养成。

三、工匠精神培育融入课程思政教育的路径

思政教育涉及的内容非常丰富，课程思政并不需要全部涉足，要力戒把其他课程上成了思政课。高校类型不同就意味着课程思政突出的重点应有差异，要避免把课程思政上成一个模子。高职院校课程思政就应把工匠精神培育作为关键点。在实施时，可以从如下几个方面开展。

第一，以学院和专业为单位构建工匠精神培育方案。学院性质和课程结构差异决定了不同学院工匠精神培育的重点也有不同。二级学院需要在学校人才培养方案基础上，明确本学院学生工匠精神培育的内容与实施方略。为

此全体学院成员要开展头脑风暴，确认本学院的工匠精神培育重点、难点以及实施方案，并在人才培养方案中体现。为了抓准关键，可以请思想政治类教师、人文公共课专家、企业与行业代表积极建言。课程思政的内容在实施时应该根据学生成长特点，尽量在不同课程中逐步体现。以医护学院为例，忠于中国的医疗事业、追求仁心仁术、遵守医护职业道德与职业伦理是工匠精神培育的重点。再以机电工程学院为例，服务“中国制造 2025”，追寻“两个一百年”的中国梦，不怕吃苦、务实创新，遵守工程伦理与法律规范是工匠精神培育的重点。学院总体方案和思路成形后，可以以全员全过程为目标，有序且有选择性、阶段性地不中断对学生开展课程思政教育。工匠精神培育的重点确定后，是不是意味着同一个班级同一个专业的学生每一节课里都要体现课程思政？笔者认为并不需要。在每学期之初，学院可以结合课程特点和任课教师的个人意愿，设置一到两门课程思政重点课程，其他课程不是说不贯彻课程思政理念，而是说相比较而言有所侧重，这样可以避免所有教师都强调专业与工匠精神之间的关联，甚至有些素材使用过于频繁，造成学生有累赘之感，或者是隐性教育过于喧宾夺主，既影响课程思政目标的达成，也制约知识与能力目标的传递。以护理学院为例，低年级重点在公民素质、人文道德素养、医学生责任与职业认知，中年级可以强化职业操守与职业伦理，高年级强化职业沟通与法律契约精神。

第二，加强教师师德与工匠精神教育。教师是实施课程思政的主要力量，教师政治是否过硬，是否具备工匠精神事关高职工匠精神培育的效果。学校要定期加强教师的思想政治教育，或者二级学院与所在学校的马克思主义学院结对子，马院派指定教师定期对特定二级学院教师进行形势与政策辅导，加强教师们爱国爱党教育和社会责任感教育。学校和各二级学院要严抓师德师风，特别是职业道德教育，教师个人要提高自我修养，严格要求自己，做到学高为师、身正为范。只要身处教育环境，教师要留意自己的一言一行、一举一动。因为教师如何对待职业，会对学生产生最为直接的影响。试想一下，一位教师每次上课都能准时到校，总是衣着得体举止端庄大方，备课一丝不苟，讲课注重细节，关心学生掌握程度，对学生有问必答，重视学生的获得感，课后还积极继续教育，增进课堂教学效果，课程总能激发学生的求知欲，这样的老师怎能不成为学生的职业楷模呢？如果一个老师经常迟到早退、课件上常有错别字或逻辑疏漏、学术不严谨，却在课堂上大谈工作要精益求精，又有什么样的说服力呢？

第三，主阵地和其他课程相互配合。思政课程是课程思政理念的主阵地，讲求工匠精神培育的系统性。高职院校思政课程的实际教学，不必严格固守思政课教材原有的章节顺序，可以以新时代工匠精神的主要内涵为核心，将教材体系转化为教学体系，结合鲜活的案例、自主的阅读与反思、精心设计与安排的项目，有序地开展教学。可以从纵向上让学生明白新时代工匠精神形成的过程，了解古代传统工匠文化、共产党人对传统工匠文化的改造与创新、新时代工匠精神的新内涵，横向上让学生们了解工匠精神的七大主要元素。学生除思政课以外的其他课程，可以结合课程特点，在教学中侧重某一到两点工匠精神的体现，不必面面俱到。

第四，以项目为单元培育学生的工匠精神。项目教学法，可以运用在理论课程，也可以用在实践课程中。针对理论重点，为增强学生学习兴趣，增加认知，教师可以设置小组研究性话题，让同学们以小组为单元完成一到两个具体的研究任务。比如：新时代工匠精神与传统工匠精神有何相同与不同？为什么劳动是光荣的？为什么要敬业？你觉得大国工匠都是一些什么特质的人？这些特质有哪些是先天的，哪些是后天形成的？为了培养学生的项目责任感、团队意识、设问意识、实践意识和探究精神，教师可以对项目的实施流程、实施方法与评价做出规定。比如要求必须以小组形式参加，必有分工清单，必须包含资料查阅、访谈或调研、资料整理或数据分析，必须要形成小组的主要观点，必须要能够做好精细的汇报报告，必须在一定的时间内完成，必须有实事求是的个人项目反思总结。所有的这些安排其实都在模拟职业运作，是在点滴中强化学生的职业素养。

第五，校企合作。在实训或比赛中培养学生的工匠精神。实训或比赛属于学校教学的另一种形式，注重学生学有所用的训练与检验。传统上，多数院校比较注重学生实际技能的训练，也称实操，通常实训是由老师安排，在校内进行，即便少数在校外开展的，指导主体也以校内老师为主。如果用课程思政的理念去看传统的实训，就会发现传统实训重视技术训练，忽视学生职业习惯与职业精神的训练与养成。实训方案或内容、效果与产品均由校内教师负责，可能存在一定的局限性，离真实的工作场景与要求距离较大。最好的改进办法，是加强校企合作，教师要明白行业的使命与要求、企业文化、企业管理规范，将这些规范融入到学生的实训中，同时也可以与企业一同探讨，制定符合实际需求的实训项目。浙江工业职业技术学院曾经在纺织生产工艺实训课程中与企业密切合作，[①] 采用模拟订单方式进行实训。实训时将学生分组，按照订单制作流程和工艺要求，设置经理、打样员、浆纱整经员、穿综穿筘员、织造员等岗位。通过小组模拟贸易洽谈获得订单，进而要求学生在规定时间交付面料，然后由企业进行面料检测。这样完全模拟企业需求的实训，教师可以把职场礼仪和沟通艺术、职业操守、质量意识等工匠精神要素有效融入实践之中，一轮实训下来，学生的投入与收获比较大。

第六，比赛出精神。通过准备或参加各级技能大赛，在有限的时间内引导学生高强度地训练、学习，养成对最好、最优追求的习惯。课程思政强调教育的涵化功能，但是这不意味着它排斥阶段性突击式比赛。教育如电影，有高潮与低潮才能吸引观众；教育如人生，有老年的沉稳，也要有青年的激情，这些都是教育过程中不可或缺的风景。

四、工匠精神培育融入课程思政教育的设计——以医护学院护理专业以及“基础护理学”为例

医护学院在高职院校中属于兼具技术与人文的学院，医护学院的学生要具备专业的医学知识与技能，同时要具备较高的政治素质和人文情怀，因为医学生要直接或间接地与不特定的病人打交道。但是据南方医科大学史瑞芬教授的研究显示，“与其他院校相同，护理院校的思政教育，也一直依托课程体系中的思想政治理论类课程，学时不少，学分不低，发挥的作用却有限”。[②] 如何有效化解这个矛盾？课程思政要求其他课程与思政课同向同行，而将工

---

① 张毅、杨彬、董艳、刘京、陈洛阳：《工匠精神引领下纺织类专业校内生产性实训的教学改革研究——以〈纺织生产工艺实训〉课程为例》，《轻纺工业与技术》2020 年第 2 期，第 173—174 页。

② 史瑞芬：《让专业课堂“思政飘香”——从护理“人文课程”到护理“课程人文”》，《护理进修杂志》2019 年第 14 期，第 1253 页。

匠精神作为医护学院课程思政的核心培育内容的设想，可以为改进上述不足提供一种可能性。

以医护学院护理专业为例，以课程思政理念为指引，将工匠精神培育作为课程思政教学法追求的核心，需要做好一些准备。首先是教育理念的宣传和动员。希望尝试改革的医护学院在学校支持下召开院级会议，邀请对课程思政有研究的专家，给老师们讲授课程思政是什么、为什么要以此为理念来改革、如何贯彻课程思政等基本问题，让医护学院的老师们认识教育改革的新理念，就其中的疑问进行组别“头脑风暴”，致力于解决问题。其次，要求教师查阅相关资料，结合自己所教课程思考：以“工匠精神”培育为核心内容开展课程思政教育，本门课程可以从哪些方面着手，采用什么策略，为此在人才培养方案、课程标准和教学大纲方面需要做出哪些调整，考虑成熟后提交“××课程以‘工匠精神’为核心内容的课程思政方案初稿”。再次，学院以教研室为单位，汇总教师们的“方案初稿”，以专业教研室为单位协调确定本专业工匠精神培育的重点内容、不同学期不同课程课程思政核心内容之间的关系如何。最后，学院向学校汇报课程思政的改革方案，并在政策、考评、资金支持等方面向学校提出申请。获批后即可请老师们仔细挖掘相关课程工匠精神资源，设计可供执行的方案，在课程中运用。

笔者经过调研与思考，认为以课程思政理念为指引的新时代护理专业工匠精神培育可以在如下四个方面加以明确：人才标准中明确学生的思想道德和法治素质要求；课程标准中明确课程思政的理念；教学大纲中明确将工匠精神培育作为课程思政的重要内容；教学设计中要明确工匠精神培育的方案。

（一）护理专业人才标准中明确学生的思想道德和法治素质要求

思想道德素质包含思想政治素质和道德素质。思想政治素质是个体从事社会政治活动所必须具备的基本条件与品质，是其政治知识、政治价值观、政治信仰、政治能力等的综合表现。思想道德素质是个体在学习和生活中形成的比较稳定的思想价值观念、道德修养与行为习惯的体现。而法治素质是指个体通过学习和实践所拥有的法律知识、法治思维和依法维护自身与他人权利，并依法履行义务的修养和能力。课程思政理念指引下的具有工匠精神的护理专业人才培养方案中必须旗帜鲜明提出新时代中国特色社会主义制度下护理专业大学生的思想道德和法治素质内涵，应能体现如下内容：

（1）拥护中国共产党的领导和中国特色社会主义制度，热爱祖国，具有深厚的爱国情感与中华民族自豪感，关心祖国的医学建设和发展。

（2）崇德向善，认同社会主义核心价值观，履行道德准则和行为规范，关心人民群众健康福祉，具有社会责任感和社会参与意识。

（3）认同“敬佑生命、救死扶伤、甘于奉献、大爱无疆”的医者崇高精神，尊重护理对象的价值观、文化习俗、个人信仰和权利，具有平等、博爱的人道主义精神和全心全意为护理对象健康服务的专业精神。

（4）热爱护理专业，敬业爱岗，有协作精神，注重职业道德修养，遵守护理人员专业伦理规范。

（5）遵守《中华人民共和国宪法》，具备坚定的社会主义法治理念、完善的社会主义法治知识、健全的法治意识、严谨的法治思维，能够自觉维护社会主义法治文化，[①] 养成依法行医的思维习惯和意识。

（二）课程标准中贯彻课程思政的理念，培育工匠精神

如何在护理专业课程中贯彻课程思政理念，重点培育学生的工匠精神？本书以“基础护理学”课程为例作一探究，也算抛砖引玉。为什么以“基础护理学”为例呢？因为“基础护理学”是高职院校医护学院护理专业的专业核心课程，主要培养学生的临床护理、社区护理和家庭护理等岗位必需的护理能力。这门课程包含了护理岗位最基本的理论、知识与技术操作，是职业素质内化的根基课程，在护理专业学生取得执业资质以及职业发展中占有重要的分量，课程主要讲授护理基本理论、知识与技能，是专业基础课和临床护理之间的桥梁，在护理专业课程体系中具有承前启后的功能。课程的专业内容主要包括：医院环境认知、出入院护理与技术、各类疼痛的护理、感染预防与控制、生命体征的评估与护理、给药与注射原则与技巧、标本采集、饮食与排泄管理、危重护理与抢救、临终关怀。基础护理学通常在大一开设，是学生从普通高中生转向高职院校医学生的关键时期，以本课程为重点专业课程贯彻课程思政理念，更有助于学生思想政治素养的养成和未来职业身份的认同与认定。

---

① 陈赞宇、尹奎杰：《培养新时代大学生法治素养》，《光明日报》2018 年 9 月 20 日第 14 版。

课程标准主要包含课程概要、课程定位、教学目标、课程设计、教学内容安排、教学条件六个方面。课程思政理念在基础护理学这门课程中重点培育学生的“工匠精神”，建议在课程标准的六个方面均要有文字性的体现，方能成为课程执行的指引和考核的重要依据。笔者调阅过两个学校的护理专业教学文件，发现了一个共同的现象，在人才培养方案中体现了思想政治素质和法治素养，但是在两个学校基础护理学课程标准中这方面的体现并不明显，只有个别地方提及，还需要笔者进行一定的联想才能把那些文字跟思想政治素质和法治素养联系起来。这说明一个问题，人才培养标准和课程执行在接洽上还需要加强。

1. 课程概要

主要呈现课程的基本信息，比如名称、学分、类别、性质、开设学期、教学方式、考核方式、成绩构成等。可以在教学方式中加入课程思政，作为几类教学方式之一。

2. 课程定位

主要是概述课程的性质、目的、内容、意义与价值。课程思政理念与工匠精神培育目标可以体现为：通过本课程的学习，学生能够完成从高中生向高职医学生的身份转变，认同作为社会主义医者“敬佑生命、救死扶伤、甘于奉献、大爱无疆”的崇高精神，以“大医精诚”为引领，勤勉学习、刻苦钻研，尝试结合医护关系实际情境运用人性化和技术化方式解决问题，养成基本的护士工作习惯和职业素质，学会技能，满足未来临床护理工作和职业发展的需要。

3. 教学目标

通常专业课程的教学目标都会包含知识目标、能力目标和素质目标。如果要以课程思政理念加强工匠精神培育，则最好增加价值目标，并在素质目标上体现出来。

4. 价值目标

认同爱国、敬业、友善、奉献的社会主义核心价值观；认同“敬佑生命、救死扶伤、甘于奉献、大爱无疆”的社会主义医者崇高精神；认同“大医精诚”“厚德怀仁”“重义轻利”的中华传统医学美德。

5. 素质目标

养成护佑生命责无旁贷的医者精神；养成自觉提高职业修养，尽心服务病人的自觉意识；养成精益求精、钻研业务的职业精神；养成严谨、务实、细致、规范的职业习惯；增加有效沟通、团结友善的能力；具备医者职业伦理；遵守医学相关法律。

6. 课程设计

关系到课程以什么样的方式、教授什么样的内容。这就涉及教学理念和方法，以及如何将这些理念有效地融入教学中，实现教学目标。课程思政要贯彻到基础护理学中，关键还在于实际的教学设计中要能体现，否则前面教学目标写得再好，也只是个有待实现的构想。笔者查阅了中国大学慕课，截至 2020 年 8 月能够查寻到的 8 个学校开设的基础护理学课程，发现一个比较普遍的现象：教学目标或多或少涉及思想修养与职业素质，但是在教学设计中体现不够，有的甚至毫无体现，基本就是讲护理技能与注意事项。笔者认为，教学设计中必须明确将课程思政教学方法写进去，并在教学内容上以一定的案例、模拟情境或实践贯彻下去。笔者以深圳职业技术学院“基础护理学 1”和“基础护理学 2”课程标准为参考进行模拟设计，具体如下。

以价值目标、能力目标和素质目标为指引，以培养德业兼备的具有工匠精神的新时代护理工作者为己任，依照学生接受新知识、形成新习惯、认同积极价值观的难易程度以及护理工作的一般性流程，结合国家执业护士资格考试要求，将课程内容以工作情境进行项目化重构，包含：入院护理、医院感染防控、评估与观察、生活护理、基础治疗、生命支持、出院护理 7 章共 34 个项目点。以课程思政理念为核心培育学生的思想素质和以医者价值观为核心的工匠精神，以 PBL 教学法“五动五会”为项目技能目标，培养学生的护士技能与职业素质。以课程思政为指引，分别挖掘以上 7 章中的课程思政元素，通过经典案例讲述、视频播放、提问等方式在 34 个项目点中合适的项目中渗透，思政元素之间要有一定的关联，整体上要有助于学生系统思想修养和积极医护价值观的确立。教师在教学中用“思政元素”引起学生思考，并总结其中关键的价值观要素，引导同学品味、感悟，模拟或就此树立新的更高的价值目标和标准。模拟现实工作情境，以 PBL 教学法为指引，引导同学带着问题思考、以解决问题为导向开展技术、技能的学习，从而把握每一小节的关键要素，即核心知识点、关键技能点、护理程序与思维、关爱患者和有效沟通。以医护工作标准为指引，进行学习效果的验收、评估，形成同学互评、小组评价、教师评价等多元评价体系。

一是教学内容安排。教学内容主要明确课程所涉及的章、节、目，以及学生需要掌握的重要价值点、知识点和技能点。在这一部分，以课程思政理念培育学生的工匠精神，则需要在教学内容安排中有所体现，并有相关的资料做支持。还以“基础护理学”为例，下面选用深圳职业技术学院“护理学基础1”（涉及34个项目点中的19个）的课程内容为蓝本，[①] 编写课程思政教学安排（如表11—1）。基于本门课程一般在大一开设，因此课程思政的重点在公民道德修养、医学生责任建立、护士身份与职业形象认知、专业主义与职业伦理、遵守规范与合理创新、工作意义与价值、护士职业荣耀与使命构建。

表11—1 深圳职业技术学院“护理学基础1”课程思政教学设计

单元（项目）	节（任务）	知识点（*为重点）	技能点（*为重点）	价值点（△）
1. 认识护士工作	(1) 学习护理发展史，概括出护理的内涵演变 (2) 观察护士工作的一天，理解护理思维，体会护士职业素养	护理的发展史和内涵 *南丁格尔的贡献 *护士职业素养 医院布局 医院的种类和门诊护士的一天、急诊护士的一天 *病房护士的一天；护理程序五步骤	*护理思维（护理程序） 作业： 画护理的发展史的树状图/箭头图 描记病房护士的一天，理清护士的工作模式和“五动五会”的护士职业素养	△职业认知与职业荣耀 护士是保护生命、减轻痛苦、增进健康为职责的职业，是值得荣耀的有仁爱之心的工作 备选案例：南丁格尔与中国首位南丁格尔奖获得者王琇瑛的故事 王琇瑛名言：“护士是国家保健的卫兵，这是他们工作中的信条。国家不可一日无兵，亦不可一日无护士。” 备选资料：国家卫生健康委：新中国成立70周年来我国护理事业发展新闻发布会 活动建议：宣读医学生誓词（中华人民共和国教育委员会高等教育司1991年106号文件附件之四）

① “基础护理1”课程内容采用深圳职业技术学院医护学院“史学敏护理学基础课程组”的方案。

（续表）

单元（项目）	节（任务）	知识点（*为重点）	技能点（*为重点）	价值点（△）
2. 保证护理安全	(3) 完成护士着装 (4) 完成七步洗手 (5) 模拟锐器伤/针刺伤的处理	环境要求（温度、湿度、声音、光线等） 护士职业防护措施	护士着装；口罩的使用 *七步洗手 *锐器伤/针刺伤的处理；负重伤的预防 作业： 三年内均正确着装；所有操作时均正确洗手、使用口罩；针刺伤的处理措施图示	△职业形象与匠心外显 护士是专业性工作，护士服是专业性工作的现实需要，也是专业性的外在体现；仪容得体大方是修养的外显，护士服是一种职业礼服，便于更好地服务病人 备选案例：央视纪录片《见证》（42000多名援鄂医疗队员肖像） △职业保护与职业安全 备选案例：一名护士被艾滋病针刺伤后的五年…… 自学资料：《护士条例》
3. 根据病人情况合理准备床单位	(6) 空床的整理、铺备用床 (7) 迎接新病人、铺暂空床 (8) 迎接手术后病人、铺麻醉床	病人床单位及设施	铺备用床；铺暂空床 *铺麻醉床 作业： 根据病人的情况（案例待定）；合理准备病人床单位及设施，提交报告/视频	

（续表）

单元 （项目）	节 （任务）	知识点 （*为重点）	技能点 （*为重点）	价值点 （△）
4. 根据病人情况制定运送方案并安全实施	（9）送病人做 CT 检查（轮椅运送法） （10）一人平车运送 （11）二人平车运送 （12）三人平车运送 （13）四人平车运送	移动和搬运病人的注意事项	轮椅运送法；一人平车运送；二人平车运送 *三人平车运送 *四人平车运送 作业： 根据病人情况选择合适的运送方案并安全实施，提交报告/视频	△职业道德：从“仁者爱人”到“为人民服务” 备选案例： 论语中“仁”的思想；白求恩：为人民服务 探究建议： 医乃仁术，在准备床单位、运送病人和安置卧位中如何体现“仁”？ △以人为本的人性化服务、以病人为中心的服务理念 探究建议：什么是人性化服务？护理中为何要重视人性化服务？搜集你能够看到、听到的最有人性化的护理服务，分析其好在哪些方面，对自己有什么启发？ 备选资料：顾竹影：《日本医院人性化护理的现状及启示》，载《中华护理杂志》2005 年第 7 期。
5. 根据病情正确安置卧位	（14）为脊髓腔穿刺后病人摆放卧位（去枕仰卧位） （15）休克病人（中凹卧位） （16）配合胃镜检查（侧卧位） （17）促进产后子宫复原（膝胸位） （18）为躁动病人合理使用保护具	卧位与舒适 满足病人安全需要的方法 主动、被动和被迫三种卧位	安置病人仰卧位；去枕仰卧位 *仰卧位 中凹卧位；屈膝仰卧位； 侧卧位 *半坐卧位 端坐位；俯卧位；头低足高位；头高足低位 *膝胸位 截石位；协助病人翻身、移向床头、保护具的使用 作业： 之一：根据病情（案例待定）正确安置卧位，提交报告/视频 之二：根据病人情况选择合理的保护具并实施	

（续表）

单元 （项目）	节 （任务）	知识点 （* 为重点）	技能点 （* 为重点）	价值点 （△）
6. 做好入院评估	（19）为新入院病人进行入院评估，进行护理分级 （20）填写入院单/卡，收治新入院病人的各类文件正确排序	入院程序 * 分级护理 认识各类医疗文件；医疗文件的保管 * 正确书写医疗文件 1——入院评估表 * 各类文件正确排序 1——收治	* 入院评估及记录（PIO 公式）；各种记录单/卡/表填写 * 病历资料整理 1 作业： 提交入院评估表（使用 PIO 公式）整理病历资料后提交图片	△专业主义之一：注重细节与流程 参考资料：毛泽东《工作方法六十条》文章和文件都应当具有这样三种性质：准确性、鲜明性、生动性。 推荐图书：汪中求：《细节决定成败》 参考案例：协和张孝骞病历；林巧稚 1946 年病历；90 后护士“高颜值”笔记。
7. 评估生命体征	（21）检查病室所有体温计并完成消毒 （22）为一位住院病人常规测量生命体征 （23）将所测结果描记到体温单上 （24）为一发生脉搏短绌病人测脉搏并记录 （25）为高热病人进行护理，描述其热型（案例待定）	生命体征的概念、产热、散热器官；散热方式；产热、散热中枢 * 体温、脉搏、呼吸和血压的正常生理变动 异常体温、脉搏、呼吸和血压的评估；口温、肛温、腋温测量的禁忌症 * 热型 * 高热病人护理措施 脉搏测量部位 * 正确书写医疗文件 2——体温单	体温计检查；体温计消毒；体温（口温、肛温、* 腋温）的测量 * 脉搏（含绌脉）测量 * 呼吸测量 * 血压测量 * 体温单的绘制 作业： 提交一份测量温度、脉搏、呼吸、血压时减少正常生理变动的策略；提交一份测量生命体征的实训报告；提交体温单（含描记物理降温、脉搏短绌的情况）；提交高热病人个案护理报告 提交描绘不同热型曲线的作业	△专业主义之二：量变到质变 参考资料：马克思主义唯物辩证法，量变到质变的规律 活动建议：开展一次课后接龙讨论，题目为“请同学们补充下面这句话：简单的事情重复做，重复的工作____做”，结合测温与标本采集工作谈一谈为什么要如此；教师运用唯物辩证法，对讨论进行精益求精工匠精神引导。 △专业主义之三：持续学习与勇于创新 备选案例：顾伟萍、李小勤：《平车安装伸缩式输液杆的设计和应用》，载《护理研究》，2013 年第 8 期。

（续表）

单元（项目）	节（任务）	知识点（*为重点）	技能点（*为重点）	价值点（△）
8. 采集标本	（26）为清醒病人留痰培养标本 （27）为做早孕诊断留取尿标本 （28）为发热病人留取常规血标本	标本采集的意义 标本采集的原则 采集血液标本的注意事项 *常用尿标本防腐剂及用法	*痰标本采集 咽拭子标本采集 呕吐物标本采集 *粪便标本采集 *尿标本采集 血标本采集 作业： 提交送检化验单及留取标本报告/视频	
9. 书写病室报告	（29）完成一份病室交班报告的书写	*正确书写医疗文件3——病室报告	交班报告的书写 作业：提交一份病室报告	
10. 准备为病人小换药	（30）使用无菌棉签消毒无菌溶液瓶口 （31）为病人小换药（准备无菌盘，正确穿脱无菌手套） （32）为某疫源地设计消毒隔离方案	医院感染的概念；消毒与灭菌方法（煮沸消毒法、*压力蒸汽灭菌法、紫外线灯管消毒法、过氧乙酸、戊二醛、甲醛、*含氯消毒剂、碘酊、乙醇、碘伏等）；无菌操作的原则无菌区与非无菌区	无菌持物钳的使用 无菌容器的使用 无菌包的使用 *无菌手套的使用 *铺无菌盘 作业： 提交小换药视频；提交为某疫源地设计的消毒隔离方案	△职业使命与担当 案例1："最美奋斗者"——护士长叶欣，品格要点：临危不惧、身先士卒、合规防护。 案例2：防护服下的武汉白衣天使。 备选实践参观点：广东省中医院二沙岛分院院内叶欣塑像
11. 进出隔离病房	（33）进出某隔离病房为病人四测（戴圆帽、口罩，穿隔离衣，避污纸，手消毒，脱隔离衣）	*清洁区、半污染区、污染区；隔离原则、隔离种类	圆帽的使用 *手的消毒 避污纸的使用 *穿脱隔离衣 提交进出隔离病房视频	

（续表）

单元（项目）	节（任务）	知识点（*为重点）	技能点（*为重点）	价值点（△）
12. 为昏迷病人做口腔护理	（34）为装有义齿的老人做口腔护理 （35）为昏迷病人做特殊口腔护理	口腔卫生指导 义齿的清洁与护理；常用漱口溶液 *昏迷病人口腔；护理注意事项	*特殊口腔护理 作业：提交特殊口腔护理报告/视频	△职业道德：关心病人、同理心与人性关怀 参考资料：《备急千金要方·大医精诚》 讨论建议：感同身受在护理中如何合理的运用 资料参照：感同身受的关怀护理与沟通（阚晓蕊）
13. 为卧床病人床上洗发	（36）使用洗头器为卧床病人床上洗发	头发护理知识 灭头虱、虮方法（含百部酊药液配制）	*洗头器床上洗发 作业： 提交床上洗发报告/视频	
14. 为骨折病人做皮肤护理	（37）为卧床老人制订预防压疮计划（含穿脱衣、背部护理） （38）为某右下肢骨折病人做床上擦浴（必要时为病人更单）	皮肤卫生指导 淋浴或盆浴注意事项 *压疮发生的原因、易患人群 *好发部位 *压疮的预防与分期及护理措施	穿脱衣；背部护理 *床上擦浴 会阴冲洗/便盆的使用；卧床病人更单 作业： 结合压疮好发部位提交背部护理的视频；为长期卧床老人制订压疮预防计划；提交床上擦浴视频	△职业契约与伦理：周到服务、知情同意、保守医密 头脑风暴：结合对长期卧床病人或昏迷病人的护理谈《护士伦理学国际法》相关尊重与隐私条款的困惑与认知。 参考资料：《护士伦理学国际法》 情境模拟："医院来了大明星"

（续表）

单元（项目）	节（任务）	知识点（*为重点）	技能点（*为重点）	价值点（△）
15. 为昏迷病人进行营养支持	（39）为某冠心病病人制订饮食计划 （40）为某择期行胆囊造影试验病人制订饮食计划 （41）为某浅昏迷病人进行营养支持（鼻饲） （42）记录出入液量	医院饮食分类 基本饮食种类 *医院常用治疗饮食（三高四低一少一无）适用范围、饮食原则、用法 *医院常用试验；饮食（潜血试验饮食、胆囊造影饮食、甲状腺病人饮食适用范围、饮食原则、用法 鼻饲适应症 *判断胃管在胃内方法 经肠营养	协助病人进食 *鼻饲 肠内营养输注泵；出入液量的记录 作业： 提交饮食计划（饮食原则、具体食谱）；提交鼻饲报告/视频；提交出入液量的记录单	
16. 为尿潴留病人制订解决方案	（43）为某产后尿潴留病人制订解决方案 （44）为某术前病人留置尿管	尿液评估主要内容及临床意义，多尿、少尿、无尿； 影响排尿因素 *为尿潴留、尿失禁病人制订护理措施 男女导尿的异同点 预防尿路逆行感染 膀胱冲洗注意事项	促进排尿技术； 一次性导尿 *留置导尿 拔除尿管；膀胱冲洗 作业： 提交解决方案（促进排尿的措施）；提交一次性导尿、留置导尿报告/视频	△人生价值与职业意义 案例：男护士郭新月 2020 年 9 月 2 日央视开学第一课讲述“被需要、被依赖，你会觉得自己很有价值”。

（续表）

单元（项目）	节（任务）	知识点（*为重点）	技能点（*为重点）	价值点（△）
17. 缓解病人便秘	（45）为某便秘病人制订促进排便方案 （46）为某便秘病人选择灌肠溶液并完成配制 （47）为某肠道检查术前病人清洁肠道（大量不保留灌肠）	排便评估主要内容及临床意义；影响排便因素 *为便秘、腹泻、肠胀气病人制订护理措施 灌肠溶液的选择和配制	促进排便技术； *大量不保留灌肠 小量不保留灌肠 保留灌肠；肛管排气 作业： 提交解决方案（促进排便的措施）；提交选择灌肠溶液原则及配制方案；提交大量不保留灌肠报告/视频	△专业主义之四：职业日常与素养 阅读：《协和医事》“把护士变成天使的学校”一节，思考协和护校“勤、慎、警、护”在当代病人护理中的运用。 课程思政作业： 材料：特鲁多医生墓志铭：“有时治愈，常常帮助，总是安慰” 作业形式（二选一）： 小论文：“有时治愈，常常帮助，总是安慰”在现代护理中的现实意义与价值。 调研视频：访谈至少两位护士，请她们联系亲历的工作案例，谈对特鲁多墓志铭的理解，视频末尾需要有采访人感悟。
18. 为病人保暖	（48）为某剖宫产术后病人减轻伤口疼痛制订方案	热疗法的生理效应和激发效应；热疗法的作用 *用热的禁忌症和禁忌部位	*热水袋的使用 热湿敷法；烤灯	
19. 为高热病人物理降温	（49）［结合（25）］为某高热病人制订物理降温方案	冷疗法的生理效应和继发效应；冷疗法的作用 *用冷的禁忌症和禁忌部位	冰袋（囊）的使用、温水拭浴 *乙醇拭浴 作业： 提交方案；提交酒精拭浴视频（含热水袋、冰袋使用、复测体温）	

二是教学条件。为满足课程思政与工匠精神教育在护理学基础课程中的实际教学效果，护理专业课教师首先要具备专业精神与职业道德，言行要成为学生的职业榜样；其次，教师应该具备一定的政治教育基础知识和素质，懂得医学伦理学，明确医学职业精神，掌握较为丰富的富含职业精神的医疗实践案例。学生方面要能理解老师课程思政的意图，避免“技术至上”思维，对专业道德与伦理持欢迎态度。从校方来说，对于教师在课程思政方面的积极付出，要及时给予鼓励与肯定。

（三）教学大纲和教学设计中明确将工匠精神培育作为课程思政的重要内容

一是，教学大纲是教师从事实际教学活动的主要依据，要落实课程思政，加强护理专业学生的工匠精神，必须在教学大纲中明确课程思政理念与教学方式。在教学内容的安排中留有医护职业精神教育的内容，在教学设计中，教学重点中要包含护理工匠精神的培育，在教学方式时，除了其他的教学方式，要明确包含课程思政，并将这一方法贯彻于教学过程中，以恰当的课时体现出来。

二是，以深职院“基础护理 1”课程为例，按照课程标准，课程共 64 学时，其中理论 24 学时、实践 40 学时。课程思政理念指导下的工匠精神培育，既可以在理论课程中体现，也可以在实践课程中贯彻。

职业认知与职业荣耀——占 0.5 学时理论课，渗透进单元 1。

职业形象与匠心外显——占 0.5 学时理论课，0.5 学时实践课，渗透进单元 2。

职业道德——以病人为中心，为人民服务，占理论课 1 学时、实践课 1 学时，渗透进单元 3、4、5。

职业道德——同理心与人性关怀，占理论课 0.5 学时，渗透进单元 12。

专业主义——注重细节与流程，占理论课 0.5 学时，实践课 0.5 学时，渗透进单元 6、9。

专业主义——工匠精神，理论 0.5 学时，实践 0.5 学时，渗透进单元 7、8。

专业主义——职业日常与素养，占理论课 0.5 学时，渗透进单元 16、17、

18、19。

职业使命与担当——实践1学时，渗透进单元10、11。

职业契约与伦理——理论课1学时，渗透进单元14、15。

人生价值与职业意义——理论课0.5学时，渗透进单元16。

相关阅读，推荐给学生课后阅读与体悟。

教学大纲中的考核环节，也包含课程思政指引下的护理工匠精神环节，可以分别在过程性考核的环节中体现。一般来说，目前多数学校采用过程性考核，常见的构成为：平时成绩（课堂出勤、学习态度、平时练习的完成度、讨论的参与度等）+期中测试+期末考核。可以将学习和上课的积极程度、钻研精神等看作学生匠心的一个评价指标。另外在期中和期末测试中可以分别设计一道考察职业素养的题目，检验学生是否在理论上认识到自己是什么时代背景下的医学生（护士），有什么样的职业角色和使命。也可以在实际操作考核中设计一道能够考察到学生专业精神和素养的情境式试题，检测学生是否认同“敬佑生命、救死扶伤、甘于奉献、大爱无疆”的医学职业精神，是否已内化为关爱病人、尊重患者的职业道德，是否已形成“健康至上、质量第一”的职业意识和严谨细致、精益求精的职业习惯。

第十二章　工匠精神融入高职思政教育的实践探索

深圳职业技术学院（简称“深职”）基于国家发展的时代方位、所在城市区位特点、学校办学定位，十分注重工匠精神的培育，通过宏观规划统筹、微观具体落实，形成了一套有自身特点的工匠精神融入高职思政教育的实践方案。

一、深职基于方位、区位、定位的工匠精神培育目标

2005 年，《中共中央 国务院关于进一步加强和改进大学生思想政治教育的意见》发布之后，我国的思想政治理论教育作为一个学科真正开始步入建设的快车道。思想政治教育该教什么、该由谁来教、该怎么教才能有特色等问题，一直是思想政治教育各界人士和机构思考的话题。深圳职业技术学院作为国内规模最大的几所高职院校之一，一直在探索提升思想政治理论课实效性和学生获得感的方法与路径。党的十八大以来，基于中国发展的时代方位、所在城市区位特点以及学校办学的定位，深职形成了“大思政”格局下现代工匠精神培育的特色。①

任何教育都是特定时代下的培育活动，它既服务于人的成长，也服务于国家和社会发展的需要。科学认清教育活动所处的时代对于明确教育目标是至关重要的。中国特色社会主义进入新时代，这是中国特色社会主义的新方

① 谭属春：《大思政格局与现代工匠的培养》，《深圳信息职业技术学院学报》2019 年第 2 期，第 4 页。

位，也是国家发展的新方位，这意味着教育活动的构想和设计均要立足于这样的时代坐标。深职工匠精神培育究其根本也是立足于此，中国社会主要矛盾转化为人民日益增长的美好生活需要和不平衡、不充分的发展之间的矛盾，培养高素质人才服务于高质量发展，推动“中国制造”向“中国质造”和“中国创造”转变，满足人们对美好生活的诉求，这是教育的出发点。时代渴求大批工匠型高素质劳动者，高职教育必须呼应这样的需要，深职顺应时代需要在人才培养目标和方式上及时做出更新和布局。

深职所在的城市——深圳，在中国有着独特的区位特性。从 1978 年以来，深圳就是中国改革开放的窗口。深圳在土地制度改革、立法、市场化试验等方面走在全国前列。十九大以来被赋予新的更大的使命，深圳要建成中国特色社会主义先行示范区，同时深圳也是粤港澳大湾区中心城市。深职依托珠三角产业发展，秉承特区改革开放精神而建，得益于深圳市政府正确的政策引导、雄厚的财政支持，虽建校时间不长（1993 年建校），但是发展速度非常之快，近 30 年来，坚持产教融合，为深圳的地方建设做出了巨大贡献。步入新时代的深圳，增长方式正在调速换挡，产业结构正在转型升级，实现深圳创造、深圳智造、深圳质造、深圳绿造是深圳未来发展的重要方向。要实现这些突破，创造二次奇迹，深圳除了继续大胆改革开放之外，就得继续依靠人才，特别是能够适应城市高质量发展的新型人才，他们得有敬业的职业素质、过硬的技能、创新的思维，以及为社会持之以恒提供高质量服务和技术的积极心态和舍我其谁为城市奉献力量的主人翁意识，而这些都是新时代工匠精神所蕴含的品质。可以说工匠精神是深圳制造和深圳服务要补的“精神之钙”。它们本身为深职工匠精神的培育提供了鲜活的素材，同时也给深职的人才培育提出了要求，从教育服务于地方经济的角度，作为市属高等院校的深职必须在工匠精神培育上有所作为。

2020 年 12 月 1 日，教育部、广东省政府联合印发《教育部 广东省人民政府关于推进深圳职业教育高端发展 争创世界一流的实施意见》（简称《实施意见》），支持深圳建设国家职业教育改革市域试点，为深圳提升职业教育现代水平，打造世界一流职教提供了政府层面的政策支持。《实施意见》要求扎根中国大地办教育，坚持思想政治引领，基于深圳故事开展国情教育，用好改革开放生动实践的“活教材”，实施“大国工匠”精英引领计划。可见，政治与技术引领是职业技术发展的两条主流发展路径。加强工匠精神与思政课的融合是深圳思想政治教育改革的新方向，深职在《实施意见》公布之前已经做了一些尝试，未来有政府的政策支持，会有更大的发展可能。

深职作为一所高职院校，基于学校性质的定位，也把工匠精神培育作为重要的目标。职业院校以技立身，但是这里的“技”并不是无价值取向、无灵魂之根的技术，“工匠精神”恰恰是赋予高职院校文化和价值生命的所在。正如前文所讲，与研究型院校注重科研创造能力相比，工匠精神可以说是高职院校的类特色，它强调务实、专注、坚守、创新，学校委托专业机构对历年毕业生的调研反馈证明，这些品质是高职院校人才能够经受现代市场激烈竞争的关键。基于此，培养学生的工匠精神，深职具有内生动力。同时，深职一直是中国高等职业院校发展史上有代表性的院校，它自身有着强烈的使命感，希望通过不断的实践尝试，让其他更多的兄弟院校感受到工匠精神对于职业院校安身立命的重要性。

二、以“大思政”思维宏观构建深职工匠精神培育思路

为提高思想政治教育的针对性和实效性，深职进行了众多的探索，完善了“大思政”育人格局，开展了工匠精神培育工作。

（一）一个顶层设计

一所高校“大思政”搞得好不好，特色教育做得扎实不扎实，首先要看的就是它的顶层设计，深职非常重视这项工作。为了深入贯彻落实全国高校思想政治教育工作会议精神，有针对性地化解深职思想政治教育的四组主要问题：思想政治教育主渠道和主阵地配合不足、思政理论课与专业课接洽协调不足、教师思想政治教育和学生思想政治基本情况契合不足、思政教育线上线下结合不足，学校研究出台了《关于进一步加强和改进新形势下学校宣传思想工作的实施意见》，制定了《新时代“大思政”育人工作实施方案》，建立党委统一领导、部门分工负责、全员协同参与的责任体系，组织实施了“课程育人”“文化育人”“管理育人”“实践育人”等十大育人工程，发挥校内校外、课内课外、线上线下和学校各部门的整体育人优势和育人合力，营

造思政教育的良好环境和氛围。学校作为教育部职业院校文化素质教育指导委员会重要的成员单位，校领导一直兼任该委员会的主任委员或副主任委员，一直致力于素质教育，同时学校也是教育部职业院校文化素质教育指导委员会工匠精神培育专委会重要成员单位，积极带头推动并开展工匠精神研究、培育与宣传工作。另外，深职开放办教育，为创新创意教育、校企合作、行业合作提供了机制和平台。学校成立特色产业园、非遗创客平台、“南粤工匠”工作室、大师工作室，推动职业素养、创新能力培育，为粤港澳大湾区和中国特色社会主义先行示范区建设培养高素质技能型专门人才服务。

（二）一支匠心队伍

学校主要做四方面的工作，打造“大思政”下的匠心队伍，开展以下有特色的匠心研究与教育活动。

一是加强思政教师队伍建设。按照教育部要求，以师生比1：350配齐思政课教师；成立思想政治研究中心，以此作为连接思政课教师和学生队伍、基层党组织书记的平台，加强三者之间的沟通和力量融合，共同在课程、校园文化活动、学生党团活动方面协调合作，打造有利于提升学生职业精神的教育安排。同时要求思政课教师以习总书记“3·18”讲话为指导，加强自身修养和能力，争做名师，以优质的教学活动让学生受益；设立名辅导员工作室，鼓励能力强、有研究能力的辅导员有针对性地开展活动，比如深职就有名辅导员专注于学生劳动教育。工匠精神非常核心的方面就是如何对待劳动，如何实践劳动，所以这样的辅导员工作室建设可以为校园工匠精神培育工作做出贡献。

二是倡导重用并引进“双师型”教师。“双师型”教师既有企业工作经验又有教育工作能力，这对于工匠精神培育是不可多得的资源。以专业课教师为例，有企业工作经验的教师对于企业文化、生产销售服务过程中的职业规范要求、社会期待等有更为直观的了解，通常他们积累的企业案例要比从高校毕业后直接从事高等教育的老师要丰富很多，这些案例是进行专业匠心培训的宝贵资源。深职“双师型”教师占比82%（2018年数据），近两三年加大了“双师型”教师引进力度，虽统计数据未进行官方更新，但占比应该是上升的，此举也有加强匠心教师队伍培育的意图。

三是鼓励教师开展工匠精神培育研究与探索。工匠精神培育在职教界热度很高，但是如何开展工匠精神培育则是新问题，需要研究、探索和试验。深职从科研教研立项等方面资助教师进行相关研究，从2016年以来，校级层面的科研教研立项指南中，均包含工匠精神研究项目。另外，还鼓励教师积极申报市级、省部级、国家级相关项目并获得相关立项。据不完全统计，深职市级以上工匠精神研究项目有十余项，级别较高的有宋晶老师主持的全国教育科学“十三五”规划课题“现代职业教育的工匠精神研究”、孙晓玲主持的2018年教育部优秀马克思主义团队建设项目“工匠精神培育与高职思政课融合研究”。据朱永跃等人的综合调研比对研究，就论文贡献而言，截至2019年，深职是“前8个工匠精神研究重要机构”，前面7个皆为本科院校。①

为丰富工匠精神培育，教师们深入研究相关理论，挖掘更多的案例素材，筹建资源库。为了保证教育资源的丰富性，除了收集已有资源，教师们还通过走访或自创，积累新颖的、能长期使用的一手资料或能够常态化运作的项目。这些实践尝试对于深职工匠精神的培育有直接的推动作用。比如说很多人都听说过敦煌是研究中国传统文化艺术的宝库，但是他们不知道的是敦煌文物保护者是中国工匠精神的百科全书，为此，深职老师专门到敦煌进行了调研，挖掘了不少一手资料，将这些鲜活的资料运用于建环学院、艺术学院、动画学院等思政课程的教学，同学们为一代代敦煌保护者的拳拳爱国心、无问西东的敬业奉献心、积极创造保护形式的创新意识所折服。深职教师工匠精神培育的相关实践作品参与省部级活动，获得一等奖，“寻匠悟道”实践活动被教育部文化素质教育指导委员会工匠精神培育专委会评为经典案例。劳动教育和工匠精神培育具有密切的联系，学校成立劳动教育中心，鼓励老师们探索高职劳动教育的培育模式，编写了《高职生劳动教育教程》，被不少高职院校广泛订阅，作为教材。

四是评选“深职匠心”教师，丰富校园“匠心”文化。发动全校力量，推选最有工匠精神的优秀教师。2019年推出第一批共16位老师，2021年

① 朱永跃、马媛、欧阳晨惠：《工匠精神研究述评与展望》，《江苏大学学报》2019年第9期，第69页。

推出第二批共18位。通过专题宣传片，大型KT宣传板、官微、校报、校宣传部公众号推文、校友期刊等多个途径在全校开展宣传活动，讲述相关老师的教育初心、研究激情，激励同行看齐，激发学生动力，向老师学习，形成优秀的学习习惯和严谨、务实、求进的工作作风。学校鼓励教师参评市级、省级、国家级技能大师或能代表技能与职业品质的身份标识，目的是激励师生见贤思齐。化生学院江世宏教授带领的植物保护教师团队是教育部首批黄大年式教师团队，老师们在教学、科研与应用等方面严谨务实、忘我工作，他们的事迹通过宣传和报道为大家所熟知，让师生们既感动又钦佩。同时，不少老师暗下决心向江教授看齐，以更加积极主动投入的态度对待工作。

（三）一个教学模式

深职根据新的形势和高职学生的特点，探索出“一体两翼三融合”思政课教育教学模式，以此模式为中心，深职开展了内容丰富形式多样的工匠精神培育。

“一体”是指思政课理论课堂教学，是思想政治教育以及工匠精神理论培育的主渠道，在教学目标上除了要对应思政课的宏观教学目标，还要求对应微观目标，即所教授的课程是否回应职业标准和职业岗位能力，而且，学校教学质量保证中心在每学期课程结束后都有对应的督查表格对教师是否致力于这些教学目标进行核查和监督。在教学内容上，马克思主义学院作为主要承担思想政治理论课教学的部门，各教研室会结合教师们的专长进行集体备课，按照专题讲授课程，在不同的专题中融入工匠精神内涵。以“基础”为例，人生观部分会探讨劳动之于人生以及人类的意义，价值观部分会探讨为什么劳动最光荣，社会主义道德部分会探究为人民服务的当代意义、为什么人要敬业，法律部分会讨论契约精神以及与职业相关的法律法规。

“两翼”即实践教学和课程思政教学，这是思政理论课教学的重要补充，这里的实践含思政理论课的实践教学部分还有专业课程的实践教学，课程思政部分主要涉及专业课以及选修课，以课程思政作为指导思想。深职思政课的实践教学以锻炼学生深刻领悟思政课重要理论，锻炼学生规划、协调、操作、调研、归纳、演绎能力为重要目标，这些目标很多指向学生的综合职业素养与工匠精神培育。通常一门思政课，教师会以清单的方式列出一些实践项目供同学们选择。下面以笔者2019—2020学年第2学期“基础”课实践小组活动中涉及工匠精神培育的选题为例。

2019—2020学年第2学期小组实践活动选题

选题一：接待参观团模拟。学校来了一个港澳大学生青年团，你们小组负责接待环节中的一项——带领青年团参观游览校园，你们会怎么接待并为他们介绍深职呢？请以15分钟时间为限在班级进行模拟。

要求：按照接待文化旅游团的标准设计（含接待礼仪和导览词），校园场景以PPT图片代替（自摄图片占比不少于70%）。

选题二：专业大咖秀。选择一位你现在所学专业领域的优秀人物，讲述其成长经历，剖析其人生选择和价值认知，给同学以启示或启发（比如动画学院有人选过宫崎骏、建环学院有人选过梁思成）。

要求：细读“基础”教材第一章内容，了解人生目的、人生态度、人生价值评价标准。查阅和收集专业大咖的人物传记、人物访谈、典型作品、典型案例等相关资料，按照一定的条理和逻辑讲述人物故事，突出重点，分享其成为专业优秀人才的独到之处。

选题三：青年烦闷的解救法。访谈调研当代青年烦闷的类型及原因，找寻应对之策。

要求：细品“基础”教材第一章人生态度部分；读《宗白华论人生》中《青年烦闷的解救法》；调研中应包含积极工作在解救青年烦闷时的功效；要有原创访谈视频和调研数据表。

选题四：个人梦·深圳梦·中国梦。深圳建市四十年来，来深建设者既在追求个人之梦，也在成就深圳辉煌的今天。请采访1—3位在你眼里比较有成就的来深追梦人，请他们联系自己的经历，谈谈个人理想和国家理想之间的关系，以此为素材论证“个人梦”“深圳梦”和“中国梦”之间的关系。

建议：细品“基础”教材第二章理论部分；选好采访对象、拟好采访提纲，所问问题应围绕主题，最好穿插一两个比较感人又能说明主题的故事，可以在征求当事人同意的情况下使用一些老照片，也可以拍摄采访相关照片和视频。

选题五：改革开放四十年来，中国制造业，特别是深圳制造业经历了怎样的发展过程？当前深圳制造业面临哪些机遇与挑战？

建议：阅读“基础”教材第三章理论部分，查阅有关改革开放后中国制造业的发展历史，筛选整理、概括中国制造业发展的历程。以深圳为例，谈中国制造业发展的成就与挑战。可以采访一两位八九十年代参与深圳制造业建设的亲历者，请他们谈感受。

选题九：论证“为人民服务”的当代意义。

建议：阅读“基础”教材第五章理论部分，从“为人民服务”提出的历史背景、对中国社会的贡献等入手，论证“为人民服务”的当代价值。

选题十三：大学生兼职及其保护。

要求：阅读“基础”教材第六章理论部分，通过线下访谈和线上调研，收集同学兼职过程中曾经遭遇过的受害经历，分析其中的违法方面和原因，提供可行的应对方法和建议。

选题十四：寻匠悟道。寻访深圳杰出工匠，体悟工匠精神。

建议：细品“基础”教材人生选择、职业理想、家国情怀以及社会主义核心价值观之敬业、职业道德、契约精神章节，选择有代表性的人物，制订访谈计划，拍摄并制作视频分享。

除思政课以外的其他课程，深职也已全面要求贯彻课程思政的理念，在工匠精神培育方面，表现为对全校所有学生开设常规通识课程：大学生就业创业指导、开展职业实践周、指导学生进行生涯和职业规划，这些是深职和其他学院类似的典型课程。除此之外，深职加强了通识课程的职业文化和人文精神教育，并在专业课程中强化专业精神教育。近年来，深职“以‘职业人文’理念统摄人文教育、构建了立体化的文化育人新模式”①，改革了传统的大学语文课，以人文性和职业性为导向，编写《职业人文》《国文课/高等职业院校人文通识教育系列教材》用于大学语文课程，让学生们从人文角度感受职业之于生存、之于生命、之于人的自我价值、之于社会运行的意义，在职业的辛劳中、煎熬中、隐忍中、欢乐中、自豪中感受职业生活，从而以更加理性和积极的心态去感悟生活，迎接未来的职业生涯。职业人文类大学语文课涉及全校绝大多数学生，经过该课程的教育与熏陶，大一新生们普遍对职业与工匠精神有了人文性的理解。大学语文是职业人文的一个方面，而在大学英语中，深职开发了《职业综合英语》，课程模拟常规涉外工作场景，对学生进行语言、文化和礼仪等方面的教育，使得学生将职业要求和职业状态带入到学习之中，一定程度上培养了学生的职业风貌与职业能力。在全校的公共选修课中，深职以匠心培育为重要目标的课程就有多门，比如“护理伦理学”“中国插花艺术”“寻匠悟道——中国工匠精神与职业素养”等。以“中国插花艺术”为例，课程寓工匠精神于插花，从中国制造的量到质的飞跃性要求到中国插花的时代使命，从中国传统工艺美到中国插花的价值意蕴，从插花的技艺到讲述工匠精神的精益求精内涵，在一花一枝中呈现出技艺美、花语美、劳动美。

在二级学院层面，深职开展院校专业文化通识课程教育。专业文化教育是对过去过分强调专业技能教育的纠偏，旨在从专业意识、专业认知、专业规则和专业伦理等方面让学生明白专业知识与自身的学业、未来职业之间的关联。“专业精神”是工匠精神的重要精髓，专业精神的形成既有技能上的不断学习、巩固、强化，直到成为专业记忆，也有专业文化上的持续熏陶反思和内在心理认定。为加强专业文化，深职整合资源，按照专业大类编写了

① 谭属春：《大思政格局与现代工匠的培养》，《深圳信息职业技术学院学报》2019 年第 2 期，第 4 页。

《物理学之美》《生活中的经济学》《汽车文化》《计算机思维与专业文化素养》等教材，开设了专业 + 行业的文化课程，开设了旅游文化、汽车文化、翻译文化、IT 文化等多门专业文化课程。学生对行业的认识从模糊到清晰，学习目标、人生追求伴随认识的提升，定位渐渐聚焦。

除了通识课以外，深职在专业教育中贯彻课程思政理念，专业课程中贯彻课程思政最契合的就是进行工匠精神培育。学校与阿里巴巴、中国平安、华为、比亚迪等世界五百强企业或行业领军企业紧密合作，建设 10 个特色产业学院，共同开展党建活动等“九个共同”，打造一流专业。为推进课程思政建设，培养有工匠精神的学生，学校实施了“一三十百”课程思政示范工程，建设经济学院 1 个示范学院，学前教育、会计、护理 3 个示范专业，推出 10 门示范通识课程，打造 100 门示范专业课程，目前该工程正在有序推进，汽车维修、动漫设计、护理等专业课程中，教师以国家战略为引领，以行业历史、杰出行业故事为例，将匠心与匠艺融为一体，收到了非常好的效果。

“三融合”中的“三”是指思想政治理论课主渠道和学校日常思想政治教育主阵地为一体的“1 + 1 = 1”，统筹思政队伍，马克思主义学院（简称“马院”）以“菜单”形式为各学院提供工匠精神内涵、职业伦理与职业道德类优质讲座，后者根据学院需求点单上课。马院提供的有关讲座有“新时代工匠精神的内涵与本质”“百年中共与中国劳动观的变迁”“文人气质和中国工匠精神”“新时代中国特色工匠精神”“经济发展中的伦理思考”等，对全校学生开放。由马院和校宣传部合作提供的讲座有“最美的青春　挑战不可能”“坚守建工一线，见证中国高度”“源于心、践于行”等，这些讲座既重点面向某些相关专业，又对全校有兴趣的师生开放。马克思主义学院同时将学生处、团委等进行的一些活动纳入工匠精神的培育中。深职院团委已经连续举办了十余届“能工巧匠”技能大比武活动，近些年顺应时代需求，主题向工匠精神聚焦，不仅仅满足于比赛，更注重活动的宣传与观摩，目的是激励学生争做能工巧匠。

志愿者组织并参与活动也是深职一大特色，同样在开展过程中纳入专业精神培育的安排与元素。深职有在校注册义工两万多人，学校按照“制度化引领、品牌化塑造、基地化建设、数字化管理、课程化推进、模块化培训、专业化发展、媒体化营造、科学化激励、人性化保障”的“十化”工作机制进行在校义工的组织、教育与管理，学生义工服务于社会福利、公共场所与设施维护、大型活动与赛事、社区文化宣讲等诸多领域，不同领域对应不同的行业或专业要求，学校注重专业化培育，将专业技能与职业伦理、职业规范传授给学生，近些年志愿者的培训与教育成为“大思政”一个不可忽视的重要方面，成为“三融合”的一种直观的体现。

（四）一个资源库

深职马克思主义学院积极筹建思政资源教育资源库，为配合学校的工匠精神培育工作，特设置了“工匠精神”分支资源库，内含政府文件、图片资源、案例资源、课件与课程资源等数百条，为有志于工匠精神培育的老师提供了丰富的资料和有效的引导。同时马克思主义学院也积极发动相关老师持续进行资源库的建设与积累，目的是一方面反映并总结工匠精神培育的实际努力，同时也为进一步加强和完善工匠精神培育提供可能的电子平台。待学校思政课整体资源库建成后，该资源库分库会对全国其他学校师生开放，目的是与同行交流分享，推动职业院校工匠精神教育。

（五）一个社区阵地

深职是教育部“一站式”学生社区综合管理模式建设的十所试点高校之一。2019 年学校印发了一站式管理方案，通过先行试点再逐步推广的模式，推动学生社区教育培养、管理服务、协同育人体系和支撑保障的体制机制改革，打造以书院为中心的学校社区教育与自主管理模式。将文化育人与匠心培育下沉到基层，体现于各式书院阅读分享、下午茶/午餐会讨论、展示活动中。同时为了锻炼学生自主管理，倾力打造学生事务中心、校园安全协作中心、温馨小家等平台，将教育与服务下沉，让学生在自主学习与服务过程中提升职业素养和服务意识，培养复合式创新型高素质高技能人才。

（六）一类校企联动文化

深职与深圳工业展览馆合作，推进工业文明进校园。在工业展览馆牵线之下，深职与企业、行业组织合作，推动产业文化、企业文化进校园，实现产教融合、校企合作。为此，合作制订人才培养方案、合作开展专业建设、合作开发课程体系和教学标准、合作建设实习实训场地、人员互相兼职，校企双主体共同培育学生的工匠精神，均是深职正在做或致力做的工作。深职已经多次成为深圳文博会分会场，持续推出了文化创意产品展、非物质文化遗产艺术展、缤纷珠宝交易展、文化创意技术服务展、文化创意论坛、创意市集等十余项展示活动。师生的匠心作品面向校内外人士展示，非遗传统和大师们精彩的技艺生动地呈现于师生眼前。2020 年文博会上，传播学院师生新开发的家居饰品系列，在设计时，将传统工艺榫卯结构与现代激光雕刻相结合，辅以不同材质的穿插与重叠，打造出传统工艺无法企及的精工作品，其展现了现代工艺难以体现的人文情怀，在工艺打磨中塑造了学生难能可贵的工匠精神。

深职工匠精神培育在摸索中取得了有目共睹的成绩，形成了深职特色。其中最重要的、起到稳定根基与指引方向的特色是整体性与持续性的统一。学校重视工匠精神培育，顶层设计上对此进行了系统的安排，并提出了达标的要求。从课程到实践实训再到校园文化活动，均将工匠精神培育作为学校特色、高职特色、人才培养特色来抓。所以无论是课程还是校园文化活动都在有条不紊地渗透职业人文、职业道德、职业规则、敬业观念和契约精神等工匠精神要素。

三、小结

深职工匠精神培育同时实现了职业性与地方性统一，深职工匠精神培育紧扣高职层次人才培养目标，致力于为地方培养具有职业精神的技能型人才。为此，深职脚踏深圳大地，心怀职教理想，在教育过程中，善用地方丰富的匠心文化资源，用深圳改革开放过程中涌现出的鲜活的杰出工匠、杰出企业的匠心故事教育学生，其结果是带入感很强，学生对工匠精神认同度高。

匠心教育是个长期的过程，深职尊重教育规律，注重互动性与浸润性的统一。工匠精神作为职业精神和文化观念，单纯道理学生能听懂，没有问题，但要做到知行合一并非易事，这就需要让学生能对工匠精神有直观的体验。为此，深职不仅在各类课程中设置了蕴含工匠文化与工匠技艺的实践环节，创设适合培养学生创新思维和积极进取的匠心校园，而且通过“走出去”“引进来”等手段，鼓励学生走出校门捕捉匠心、参与校外实践活动体验匠心，把工匠大师引入校园传授匠心，让同学们在课程和实践的互动与浸润中获得真知与启迪。

最后需要补充的是，深职工匠精神还做到了原创性与创新性的统一。深职地处深圳，是中国改革开放的最前沿，也是中国产业结构转型升级最早的地区，深圳建市得益于开放，如今深圳踏上建设中国特色社会主义示范区的征程，同样依托于创新。创新是深圳城市发展的需要，也是新时代工匠精神的重要特征。深职工匠精神培育将创新、创业、创意教育放在非常重要的位置，在教学目标上追求创新，鼓励原创。深职不仅鼓励教师对工匠精神的内涵和培育方式进行创新型研究，还创新工匠精神培育的方法，比如挖掘一手工匠精神培育的经典案例、探索工匠精神实践育人的可能途径等，而且鼓励教师带领学生进行坚持不懈的原创性研究或发明，创新创业文化在校园蔚然成风，这是工匠精神教育与时俱进的体现。

结　语

三千多年前，周成王平定方国淮夷的叛乱后，用“功崇惟志，业广惟勤”来总结经验并告诫群臣，此句用我们现代的话来演绎就是：要取得丰功伟业，得有伟大的志向；要成就伟大的功业，唯有坚持不懈勤奋地工作。时过境迁，剥离掉封建王道的剥削阶级自利性，以它激励当下的国人则是妥帖的。中国正处于“两个一百年”伟大历史交汇点，十九届五中全会擘划了中国未来五年的蓝图，前瞻了2035年的远景目标。要实现中国人民的伟大志向，唯有进行伟大的奋斗、踏实勤奋地工作。工匠精神是新时代新阶段的重要精神力量，培育并弘扬工匠精神仍是高职院校的重要使命之一。

十九届五中全会指出未来五年是中国迈入高质量发展的关键期，中国制造从过去关注“有没有”，到现在追求“好不好”，这是中国持续发展的必然要求，也是实现中华民族伟大复兴的必经阶段。如何实现发展方式的重大转变，一是要加大实体经济的持续投入，稳定中国制造基本盘，二是要坚持创新在我国现代化建设全局中的核心地位。当下的创新，不是简单的升级改造，而是在已有创新基础上的进一步突破；不仅是高新科技的创新，而且是人才培养、人才管理的创新。人才创新的根本点则在于培育更多的高素质劳动者。十九届五中全会召开不久，习近平总书记在两次重大场合强调弘扬“工匠精神”，一次是2020年11月24日全国劳动模范和先进工作者表彰大会上，一次是2020年12月10日，在致信祝贺首届全国职业技能大赛时，他不仅概括了工匠精神的核心内涵——“执着专注、精益求精、一丝不苟、追求卓越”，而且强调技术工人队伍是支撑中国制造、中国创造的重要力量。

高职院校作为中国培养高素质技能型劳动者的重要机构，在工匠精神培育方面，任重而道远。思想政治理论课是高职院校培育工匠精神的核心载体，未来它在塑造学生家国情怀、使命担当、劳动观念、职业理想、敬业精神与奉献意识等价值核心人格，深化工匠精神培育方面将扮演更为重要的角色。从思想政治理论课程到思政实践项目设计，从思政课程到课程思政，从校园工匠文化活动到校外企业行业核心价值分享，工匠精神弘扬都是内嵌的价值目标。工匠精神是中国特色的职业精神，也是高职职业素养教育的核心内容之一。新时代工匠精神内涵丰富，高职院校在工匠精神培育时既要向学生讲清楚工匠精神的主要特点，更要讲清楚新时代工匠精神形成的历史脉络，既重视传统工匠文化的宣教，也不能忽视共产党人利用马克思主义思想，在新民主主义革命时期，对中国传统劳动价值观的革命性改造，以及为人民服务的现代中国特色社会主义工匠精神的形成。还要注意到工匠精神的时代性特征。智能化时代，创新求进是工匠精神永恒的品质之一。目的是让学生认识到工匠精神塑造不仅关系到个人成长成才，更关系到中国主要矛盾的解决，关系到“中国梦”的实现。也就是说新时代工匠精神培育不能停留在个人的利己层次，而要上升到家国情怀、国家理想的高度，这样才能激发起更大的能量。

当下青年大学生以“00后”为主，“十四五”规划的五年，是他们入读大学的重要时期或是刚刚步入社会的头几年，可以说他们的成长与中国特色社会主义新时代、新阶段如影随形。为顺应中国新阶段高质量发展需要，高职工匠精神培育与思政课融合的重点应在鼓励青年一代确立正确的职业信仰，将个人职业梦想和国家的发展结合起来，端正劳动态度，坚定走技能成才、技能报国之路。为此，高职工匠精神培育既需要阐释好工匠精神理论，又需要讲好“工匠故事”，更要在激发学生走出书斋，真学真做、勇于挑战、大胆创新方面下足功夫。

生活中，我们常常听人说，理论有什么用？具体到工匠精神教育，就更容易产生这样的感觉，认为有讲理论的功夫不如教育他们如何去做。但是有没有想过：如果只是教人如何去做，而不是教育他们自我思考为什么需要去做，怎样做才更有意义、更有价值，那么这种教育可能永远脱离不了模拟或模仿的痕迹，更遑论其能有多大的自觉性、自愿性、自主性和创造性了。至于要让学生建立起劳动与高尚、劳动付出与精神意义之间的稳定连接，并以此指引未来的职业活动则难上加难。理论是规范人们思想和行为的概念系统，高职院校工匠精神培育融入思政课教育，绝对不能忽视理论教育，只有系统掌握工匠精神的丰富内涵，对中国古代匠人文化、现代革命文化、当代马克思主义劳动观和价值观有深刻的认知，才能从思想根源上认同劳动的价值、敬业的魅力和奉献的荣耀。理论相当于路线图，没有这个路线图，在不确定的利诱面前，学生可能迷路而偏离正确的人生价值航向。

思政教育要让工匠精神深入人心，还要进一步讲好“工匠故事”。工匠精神是广大劳动者在实践中凝练而成的优良品质，古典的吃苦耐劳、仁爱忠信，现代的敬业奉献、勇于创新，外在于杰出工匠的劳动中，讲好这些历史故事和现代故事，可以充分展现劳动之美、职人之美、时代之美。讲好“工匠故事”，能让学生见贤思齐，从优秀工匠身上感受到职业的荣耀和劳动的魅力。2020 年 12 月 1 日，教育部、广东省政府联合印发《教育部 广东省人民政府关于推进深圳职业教育高端发展 争创世界一流的实施意见》，强调加强党对职业教育的全面领导，讲好“深圳故事”，用好深圳改革开放生动实践的“活教材”。这一指导性文件也从另外一个侧面凸显了讲好工匠故事对于提升职业教育质量的价值。关于什么是“讲好工匠故事”，过去很多高职院校停留在传统讲故事的方式上，即什么人做了什么事，通过教师的嘴讲出来，或者通过播放视频放出来。其实可以在讲故事的方式上“精益求精”，比如通过海报、雕塑展示专业杰出工匠形象，由同学们讲述或者用话剧形式演绎杰出工匠，以及通过校园公众号讲述等都是讲故事的方式。

工匠精神归根结底还是实践精神和创新精神，未来高职工匠精神培育需要在“大思政”框架下，实现理论教育与校内外学习生活的深度融合，比如将工匠精神元素融入公共课程实践、专业课程实训、党团活动组织、校园文化塑造和公益服务项目等多个对学生生活产生影响的环节。让学生在校园里随时能感受工匠精神，在课堂上课时能认同工匠精神内涵，在企业参观时能观察到工匠精神，在校内实训时能触摸到工匠精神，在实习时能经受住工匠精神的考验，在公益服务时能体验到工匠精神的魅力。总之，在潜移默化的渗透与培育中，培养学生向优秀看齐、精益求精的习惯，让自立自律、刻苦钻研、追求卓越成为一种生命常态。工匠精神的真正内涵是干一行爱一行，爱一行精一行，精一行创一行。

附　　录

工匠精神培育融入思政课的深职案例三则

案例一：敬业精神进课堂——授课教案实录

教学章节	第五章第三节（三）职业道德
选用教材	《思想道德修养与法律基础》（2018 年修订版），高等教育出版社 2018 年版。
参考书目	马克思著，中央编译局编译：《1844 年哲学经济学手稿》，人民出版社 2008 年版。 张燕婴译注：《论语》，中华书局 2006 年版。 梁启超：《饮冰室合集 · 敬业与乐业》，中华书局 1936 年版。 马克斯 · 韦伯著，苏国勋等译：《新教伦理与资本主义精神》，社会科学文献出版社 2010 年版。
班 级	护理 1 班
课程类型	必修课
教学背景	1. 党的十八大以来，中央多次在多个场合就在大学培育社会主义核心价值观做出重要指示；2017 年年初，中共中央、国务院印发了《关于加强和改进新形势下高校思想政治工作的意见》，要求把社会主义核心价值观体现到教书育人全过程，引导师生树立正确价值观、法治意识和社会责任意识。敬业是社会主义核心价值观在个人层面的价值准则。 2. 敬业品质的教育是响应党和国家号召，在高职院校培养“工匠精神”的重要一环。 3. 学校教育的目标是培养整全的人，高职院校的教育目标是“手脑并用，立德树人”，以敬业为核心的职业道德教育是高职教育树人环节的重要部分。

续表

教学目标	知识目标：认识并了解国内外对敬业理由的解读。 价值目标：让学生认识到敬业并非仅仅是人的被迫选择，它可以成为人的自主价值选择，而且这类价值选择是人获得自由和尊重的重要途径，从而形成积极而正确的职业价值观。 技能和方法目标：学会通过在东西方对比、古今比较中分析社会问题的能力；学会多层次、多角度分析问题的能力；提升全面认识问题的能力。
教学重点	为何敬业的四个层面的理由
教学难点	敬业的道德层面理由和美学层面理由
教学方法	引导教学法、案例教学法、层次教学法、对比教学法
教具与形式	电脑、投影仪、PPT、视频
教学过程	教学内容
复习回顾	大家好，上一小节我们和同学们探讨了何谓敬业，我们知道敬业就是用一种恭敬严谨的态度对待工作，并努力做到最好的精神状态，它是社会主义核心价值观在个人层面的价值准则，也是最基本的职业道德要求。
设问导入	但是在日常生活中，我们常常听人这么说……（请同学们看个小短片，短片内容：一个公司员工，在老板离开办公室后就跟其他同事说，赶快玩玩，不就是打份工嘛，为啥较真呢?） 是啊，不就是干份工作、打份工吗？干嘛那么较劲呢？今天，我们就针对这个问题，探讨一下人为什么要敬业。
主体部分	从功利层面看，敬业是个体生存和发展的需要。可能有人会跟我说，“天下熙熙，皆为利来；天下攘攘，皆为利往”，人们之所以敬业还不是因为可以得到实实在在的利益，还不是为了满足人生存发展的需要。没错，敬业确实有可能让人们增加收入，获得机会，赢得晋升，拥有安全感等。一句话，功利性因素必不可少。然而正如马克思所强调的，人的本质不是被迫谋生的生物人，而是自由的有意识的改造世界的社会人，我们作为社会人的道德和理性也是促发我们敬业的重要理由，这些因素往往被人们所忽略，起的作用却更持久更深沉。下面我们就来重点谈谈敬业的道德层面理由。 从道德层面来看，敬业是人之为人的重要责任。为什么这么说呢？这在中西方理解上有些差异，但是殊途同归。在西方基督教世界，特别是马丁·路德宗教改革以后，新教认为一切工作皆天职，都是来自上帝的“calling”，即“神的召唤”，尽职工作就是去协助上帝善待众生，并完成人之为人的使命与责任。敬业成为宗教虔诚的衡量指标。2013 年我在美国佛罗里达大学访学，一位信奉新教的公交车司机，会热情地跟每一位下车的乘客说：Have a nice day！不厌其烦，而乘客们受其感染，总会说“谢谢”。那种工作的热情让人动容。我想新教天职观对于他尽责工作、快乐工作是有

续表

主体部分	一些影响的。 在中国，敬业是一个有仁德的人的责任，是中国强大的传统文化给我们提供了做人必须敬业的有力支撑。我们常说人在社会上要像人一样活着，而不能活成一堆肉。儒家认为人与动物的最大区别在于人有仁义。而“敬业”被视为一个有仁德的人的基本素质和重要责任。孔子说：“饱食终日，无所用心，难矣哉！”如果一个人满足于吃饱饭而不思进取，那是最难办的。“敬”是中国儒家哲学的一个基本范畴。孔子主张“执事敬与人忠”，意思是在外做事应该一丝不苟，认真严谨，不要懈怠。北宋理学大家程颐更进一步说：“所谓敬者，主之一谓敬，所谓一者，无适（心不外向）”，即：敬是指一种思想专一、不涣散的精神状态。宋明之后，敬业已被提升到了天地本体的更高层次，“敬诚”奉业就是对国家对社会尽到作为国民的责任。“责任”二字连通了西方和东方、宗教与世俗，我们通过它找到人必须敬业的道德理由。 我们学的这门课程叫思想道德修养与法律基础，开学时我就和同学提到过，做为一个合格的社会的人，一是有德，二要守法。敬业从某种意义上是守法，因为从法律层面来看，敬业是契约精神的一种体现。雇主与员工之间是一种合法的契约关系。双方经过协商，雇主提供工作条件和工作报酬，员工付出智慧与劳动。这样的契约关系一旦生成，双方就得各司其职。就员工来说，保质保量完成合法工作，就是积极履行契约的表现。如果员工无法胜任或无法承受工作，那么可以提出换岗或解除合同，而非消极怠工。消极对待工作，从道德上说是品性问题，从法律上说是契约精神不强的表现。现代商业社会，谁也不愿意与没有契约精神的人打交道。 除了以上的理由，我想和同学分享我感悟到的另外一个敬业的理由，它是从美学的角度来看的，在我看来敬业本身能够带来美与尊重。 从美学范畴来看，敬业本身能够带来美与尊重。敬业者的专注与专业，力求完美的状态是美丽的风景：风雪交加的北疆冬日，坚持戍边的士兵不美吗？2003 年“非典”期间，北京小汤山医院争分夺秒挽救病人生命的医护人员不美吗？耐得住寂寞，兢兢业业修复文物的工匠青年们不美吗？张家界风景区，专注维护索道安全的工程师不美吗？ 在座的同学，未来从事的是神圣的医务工作，在你们的职业领域有一位著名的医生，他因为敬业被世界铭记，他就是古希腊医生希伯克拉底，他心中永远装着病人的利益，想病人之所想，仅此还不够，为了让自己不懈怠，他甚至不惜发下重誓。两千多年后，世界医协大会根据他的誓言，制定了国际医务人员道德规范。今天借此机会重温希伯克拉底誓言：

续表

主体部分	我愿尽余之能力与判断力所及，遵守为病家谋利益之信条，并检束一切堕落及害人行为。我愿以此纯洁与神圣之精神终身执行我职务。无论至于何处，遇男或女，贵人及奴婢，我之唯一目的，为病家谋幸福并检点吾身，不做各种害人及恶劣行为。凡我所见所闻，无论有无业务关系，我认为应守秘密者，我愿保守秘密。我苟违誓，天地鬼神共殛之！
	课程总结：是啊！敬业是多么庄严而神圣的啊！在今天的课程中，我们从功利、道德、法律、美学四个层面分析了人为何敬业的理由。人对物的依赖，表明着功利性因素必不可少，但相对于在功利性面前人的被动性，道德、法律理性和美学触发的敬业则突出了人的主观能动性，是马克思主义思想中人摆脱对物的依赖，追求真正自由的体现。 敬业，于私于公于德于法均是非常好的职业品质。望同学们课后再仔细品味。最后送一句话给大家，那就是“敬业做事，敬诚做人”。

案例二：“寻匠悟道”之飞亚达刘中华

[寻匠篇]

小表盘上构筑人生大舞台

——访中国航天表点油技术独一人刘中华

（深职“寻匠悟道”访谈组）

[编者按] 采访刘中华师傅之前，“寻匠悟道”小组对他的总体情况已有初步了解，主要信息来源于中航国际、深圳电视台等机构与媒体的报道。从这些报道中师生们知道如下一些基本事实。

刘中华，男，1971 年 7 月出生，高中文化程度，广东揭西人，高级技师职称。从 1990 年开始，一直就职于深圳市飞亚达精密计时制造有限公司。主要从事手表装配、维修工作，在特种手表及特种计时器装配、维修等方面经验丰富，技能精湛，是我国神舟载人航天工程航天表项目的主要研制人员，曾获得多项国家级、省级比赛冠军，拥有多项专利。2016 年度刘中华荣获“深圳市百优工匠”；2016 年度被批准设立以他个人名字命名的“深圳市刘中华精密计时制造技能大师工作室”。2017 年刘中华获得“深圳市劳动模范”“深圳市地方级领军人才”等荣誉，享受国务院特殊津贴。

坦率地说，这些事实构建的刘中华印象会给同学们一些压力，但是采访当天，当同学们亲眼见到刘师傅时发现他是那样的低调谦逊，脸上总是挂着笑容，是一个非常容易让人接近的人。当天，学生摄像师在选择访谈地点和进行灯光调试时花了很长时间，刘师傅没有露出半点急躁之色。听说他们是学生创业，就宽容地鼓励说：“没事，你们慢慢调，调到你们认为的最好的角度。”

本篇访谈录，根据访谈录音整理，尽量还原当时的问答内容。被访人刘中华（简称“刘”），采访人为深圳职业技术学院马克思主义学院苏艳丽老师（简称“苏”）、孙晓玲老师（简称“孙”）、深职院媒体学院学生林丹仪（简称“林”）、机电学院学生景强（简称“景”）和陈佳华（简称“陈”）。其他参与人员有动画学院、机电学院、人文学院的部分师生。

喜欢深圳的钟表“小白”

苏：刘师傅您好，我们是深圳职业技术学院的师生，首先非常感谢您给我们这个机会，让我们零距离目睹航天表设计师的风采。我们想通过您从一个普通打工者到一位顶级大师的成长历程，来领悟到底是什么样的一种精神支撑您走到今天。我们就先从深圳开始聊起。您当时是一种什么情况来到深圳呢？当时您多大？

刘：我是高中毕业以后大约 19 岁来到深圳的。

苏：当时兜里揣着多少钱呀？

刘：其实那时候家里很穷，我是农村出身，并没有什么钱。

苏：一开始就来到飞亚达公司吗，还是说也有在其他企业中做过？

刘：到目前为止，我只在飞亚达公司干过。

苏：就是在这一家公司打工吗？

刘：是的。

苏：打工的时候直接就来飞亚达，然后和工友结缘？

刘：我和飞亚达还是比较有缘的。我刚毕业以后就在家里待业，没有什么事干。恰好遇到飞亚达到我们家乡揭西招工，于是我就借这个机会来到了深圳，当时其实是对深圳有一定的向往。我也不了解飞亚达是怎么样一个企业，主要是对深圳这个城市憧憬才来的。

十年磨剑机遇降临

苏：您是怎么爱上这个行业的呢?

刘：其实一开始自己没有选择，因为我是普通高中毕业，对这方面一点基础没有，也没有其他一技之长。当时感觉能在深圳这边找份工作就很不错了。但是在飞亚达工作过程中慢慢学到了对于技能有帮助的东西，对自己的技能有所提升，我慢慢觉得这个行业很有意思，逐渐爱上了这个行业，不知不觉就这样一直做下来，干到现在。

苏：在飞亚达工作期间，有没有遇到什么关键的人或者关键的事呢?

刘：公司给我很多学习和锻炼的机会，其中最主要还是航天表给我留下很深的印象。

孙：像航天表这个项目，您觉得正好碰到了，是您的幸运呢，还是说当时您已经为这个未来可能的项目做了很多准备呢?

刘：这个有一点幸运因素吧，中国这么多钟表企业，为什么会选到咱们飞亚达来完成这个任务?既然选择了飞亚达，那下面也必须要有一个团队来完成任务，在这个过程里面呢，为什么我能被选为成员，就是在工作当中我有一点经验的积累，没有一点基础也谈不上能完成任务。

孙：当时是怎么挑选的，有没有一些条件呢?

刘：可能是这样，我从 1990 年到 2002 年已经在飞亚达干了十多年了，在这过程中我们也参加过市里或者国内的一些劳动竞赛之类的，付出了很多，也获得了一些成绩，打了些基础。

孙：您刚才提到的就是飞亚达到农村去招聘，那农村还有亲戚和你一样在飞亚达吗?

刘：我记得当时那一批一起来飞亚达的有 40 多人，但是现在还和我一样待在飞亚达的已经没有几个了。包括我，好像只有三个人了。

苏：您觉得是什么原因让您脱颖而出呢?为什么你能在这个行业成为顶级大师呢?

刘：这个怎么说呢，是飞亚达一直在培养着我。这个要从上世纪 90 年代初说起了，90年代石英表比较流行，因为它的外观新颖，走时比较准确，受到了很多人的喜爱，当时我们飞亚达表供不应求的。随着产量上去以后，在市场上很多维修保养问题就突出了，所以当时就出现了很多维修员。而一般为了保证质量，维修员都是从本部往全国各地派的。当时凡是男同志，来两年以内的，通过培训基本上都被派到全国各地维修了。但是我呢，就给安排到了一个小组，我是唯一的男同志，可能是因为工作原因吧，我就留在深圳本部了，没有被派出去。这个因素也是有可能的。

苏：你认为就是因为您是男同志，所以被留下来了吗？

刘：是的，也有可能是工作原因才留下来吧，至于有没有什么技术方面的因素我就不太清楚了。

干技术需要沉淀

苏：我们常常听到职业倦怠这个词，有时候做一个行业久了，难免就会想换一换。而且现在机会很多，市场也很大，那么多年轻人都是频繁地跳槽，是什么样的力量让您坚持在您的岗位30年呢？

刘：我觉得从跳槽这个角度来说，各个行业也不同。但是对于我们靠技术来生存的活，喜欢跳槽我觉得不是很合适，因为你要掌握一门技术，你没有一定的时间沉淀，基本上都是达不到效果的。

孙：一定有一个量变到质变的过程，是吗？

刘：对的，这需要一个技术的沉淀，慢慢的积累，你如果是跳槽到别的公司里面去，你都还没有熟悉这个东西，你就又跳槽到另外一个环境，对你技术提升可能没有什么好处。

孙：到您现在这个年龄，可能是深有体会的。那如果是二十来岁的年轻人，这种话他们是不能理解的。您当时也是二十多岁的年龄，你也是这么想的吗？

刘：其实没有什么多想，跟现在的时代条件也不太一样。以前你要找到一份好的工作很难，工作竞争激烈，现在也许就是行业比较多才这样选择。再有一个可能是现在的学生，他们学的专业的知识不一定对口，也可能私下会有别的想法。

坐得住又好问很重要

孙：您带徒弟吗？

刘：徒弟还在带，但一般都是在工作中互相交流。有什么问题随时都可以过来问，有什么我能解决的，我都会毫无保留地告诉他。

孙：那这么多年，您应该是带了一批又一批的徒弟了，有没有感觉到他们有些不一样，就像大家现在说的60后、70后、80后，他们其实是有一定的差别的。

刘：我觉得不明显。其实这个跟个人的性格有关，有的人可能太外向了会坐不住。做手表要特别细心，我们连接点比较小，他如果太活泼了，坐不下来那就不行了。但也有一种呢，他有问题不提出来，太内向了，这也不行的。

孙：要好问，是吧？

刘：是的，要好问好学，悟性也要有。我们工作时遇到一个问题解决一个问题，有可能一坐下来就是半天时间，没有起身的时候。如果你坐都坐不住，那你根本完成不了，解决不了问题。比如说我要修一个机芯什么的就需要很长时间。

孙：那你修机芯的时候就是对着一个很小的东西，对吧？有时甚至是很小的一个点。

刘：是的，没错。一般我们修理之前都要戴一个放大镜，在放大镜下面操作，所以就特别需要细心耐心。

林：刘老师，我是深职院的学生。一般来说，像您这样的人，时间管理都是非常严格的，您在生活中也是一个有目标有规划的人吗？

刘：俗话说人要有一个小目标嘛，有目标才能有方向，所以我们就按这个目标方向把该做的事情做好就可以了，其他的我没有多的考虑。把你本分的东西做好就可以了。

林：您在工作之余会去学习或培训吗？这些学习和培训对您成为大师有帮助吗？

刘：钟表行业有很多品牌，我们接触的还是很局部的东西，世界上还有很多先进的技术值得我们去学习。比如他们的新技术、新材料等各方面都是值得我们去学习的，不是说某方面你能做好了，你就很了不起，你是要学很多东西的。我们要把眼光放宽一点，放远一点。

林：老师您的精神和思想很值得我们去学习，谢谢您！

不眠不休做实验

苏：刘师傅，我们还是特别想了解一下，例如我们在报道中看到您是航天表点油技术里唯一的一个人，能不能向我们这些外行通俗地介绍一下这是一个什么样的技术，解决了什么样的难题呢？

刘：简单说吧，航天表这个表油跟普通表是完全不一样的。第一要耐高低温正负 80 度的工作范围，还有一个就是高温不挥发不变质，低温不能凝固，如果一凝固，表就走不了了。在油比较稀少情况下，那这个量你就得把握好。油量你得控制得特别准。因为它也没有什么量器可以去测量，量太小了，所以就要靠平时你的经验积累和手感。

孙：那为什么全国只有您一个人能做到呢？应该说一个行业有很多呀。

刘：飞亚达是世界上能生产航天表的三大行业品牌之一，在这个品牌里面，我比较幸运地能接触到航天表。再一个，公司领导比较信任，就把这个任务交给我，我是比较幸运吧。

孙：您刚才说了两遍幸运，但是您又说这个点油技术是很难把控的，那您有专门地去练习过吗？是因为这么多年的积累您就自然而然地掌握了这个技术，还是说接到这个项目之后，您拿出了几年或很多的时间去刻意地去做这个训练呢？

刘：在接到任务之前是没有针对这个航天表来训练的，因为以前根本就谈不上，也不知道这个任务，没有说特意地去练习。而接到以后也是凭之前的经验积累打下的基础，在这个基础上你再去提升可能会轻松一些。

孙：那会不会有阶段性的集训呢？

刘：有的有的。

孙：每天都是做这样的工作，那段时间你是一种什么样的心态呢？

刘：我记得有一次做实验的时候刚好是中秋节晚上，大家都在跟家里人团圆。我们几个工作小组为了保证产品能在第二天拿到北京去做实验，也是做到通宵才把任务赶出来的，赶到航班起飞之前把这个产品送上飞机。

但是实验回来还是一个失败的结果。我们也没怎么休息，很快又回到工作岗位上。本来通宵工作后是要好好休息的，但是因为那个实验是不成功的，所以我们很快又投入到工作当中去。因为这个任务是必须要完成的，也没有说有其他的想法。

孙：也没有想到抱怨什么是吗？就是想着解决问题。

刘：对对对，没有抱怨的。

心怀感恩看进步

苏：刘师傅，今天来到飞亚达有一个感受，刚才是章馆长，现在是向您取经。我能感觉到您对这个企业确实是怀有很深的感情。而且这个企业的文化也让我们觉得这是一个有格局、有责任感、有情怀、有理想的企业，那我想向您了解一下，您是如何看待自己的企业？您是怎么评价这个公司的呢？

刘：我来飞亚达之前对钟表行业是零基础，这么多年来飞亚达通过培训把我从一个学徒工带到现在。如果我没有在飞亚达里面工作，可能会错过很多机会，比如现在的航天表，那根本就谈不上有这个机会，我很感谢飞亚达这么多年的培养。

苏：我们在您的身上真的是一丝一毫的傲慢都没有感受到。那您觉得这个境界是怎么达到的？

刘：刚才前面的同学也说到了，其实就是很多东西我们也是在边工作边学习，没有什么比人家值得骄傲的。

苏：也有人说您是“中国的第一人”，到现在也没有人突破您，那您会觉得这是很骄傲的一件事情吗。这种骄傲不是一种自傲。

刘：对，我们能完成航天表的任务，确实值得我们中国骄傲，但骄傲归骄傲，我们还是要脚踏实地，把自己的工作做好，接下来我们还有很多任务，前面还有很多挑战要我们积极去做积极去闯。

孙：您的名字叫“中华”，而今天我看到您承担了神舟系列航天表的整个研发过程，同时我感觉到中国表业的发展进程，其实您也是见证者。那么您觉得您的名字和国家之间是不是有一种微妙的联系呢？您怎么看您这样的一种人生经历，怎么理解人的价值呢？

刘：我们赶上了祖国快速发展的好时机，我们能赶上航天表随“神舟七号”上天，航天表任务能交给我们，这是我们的幸运。如果这个时候祖国没有这个需要，我们也没有这个机会去展现我们的能力。因为做航天表也不是随便一个企业能完成的，没有一定的基础和实力是完成不好的。

孙：个人的发展也是离不开国家和时代的发展，就是从这个角度来看您觉得您是幸运者。

刘：是的，我们赶上了这个好时机。

做好自己迎接新挑战

苏：刘师傅，还有一个问题，就是钟表行业它是一个传统行业，它会受到时代发展的挑战，你刚才谈到了石英风暴，那现在也有很多热词，比方说人工智能，那您是怎么看待这些新技术的发展呢？您有危机感吗？

刘：现在手表不单单是一个看时间这么简单的工具，就比如戴在手上有一个符号啊，还有其他不同场合不同的表。我们只是把自己的东西做好了，把应该做好的东西做好，其他的东西我其实没有去考虑那么多。

苏：就是做好自己本职的工作，是吗？

刘：是的，其实时代怎么发展都离不开人，把自己技术提升好了，打好基础那就可以了。

孙：我看到表业的销售，大头是国外的进口表，国内的销售方面还相对弱势，像瑞士或者日本他们可能比较好，那我们的差距主要在哪儿呢？

刘：其实我们从历史方面来说，中国钟表行业起步比较晚，但我们有自己的优势，比如说像飞亚达表做了很多融入民族特点方面的设计，比如苏绣、掐丝珐琅啊。我们做好我们的特色，我们也可以打到人家国家的市场去，他们也很欣赏我们的产品。主要做好我们自己的特色就行了，其他我们也尽量和他们去竞争。

和谐家庭关系是后盾

苏：刘大师，我还有一点很好奇，我想了解一下您的家人怎么看待您的这份工作，您的小孩是做什么行业的呢？

刘：做好自己工作肯定也离不开家人的支持，比如说我们做这个行业的经常要加班加点，但是家里肯定要把家里人照顾好，家人很支持。

苏：那您的小孩在职业选择的时候会受到影响吗？

刘：小孩现在还在上学，以后的职业选择还是看他自己的爱好，没有说特别去强求他，不比以前接班的形式，现在时代变了，没有这种想法。

孙：他会不会对钟表机械之类的感兴趣呢？

刘：男孩子对机械方面都比较感兴趣的。

孙：那还是比较有希望的。你有什么兴趣爱好吗？

刘：业余爱好上，我打乒乓球、羽毛球，可以锻炼身体，对眼睛也有好处。我们一般上班都是低着头，打打羽毛球，这对颈椎方面很有益处。

陈：刘师傅您好，我是深职院机电学院的学生，您如何平衡工作与家庭之间的关系？

刘：一般是周末陪陪家人，平时有时候比较晚回家。我是住在市内的，现在（工厂）搬到光明之后，回到家里面小孩可能都已经睡觉了。但上班的时候我也得早点起来往这边赶，来这里上班路上得要一个小时，而小孩那时可能还没起床，就有可能几天都没有见过一次面，因此在周末有空的时候还是要尽量陪陪家人，逛逛公园，一起运动，比如说前面说的打羽毛球之类的，就是要多多培养小孩，一个是跟他们沟通，另一个是也能锻炼身体。

陈：这是一个两全其美的做法。

殷切希望寄学子

苏：刘师傅，我们是职业院校，所以肯定是以技高为荣，你看这方面对我们的青年学生有什么建议和忠告呢？

刘：现在的学生其实很幸福的，我们那时候一个县也才三所普通高中，要考上高中都是不容易的事情，跟挤独木桥一样。然后高中上大学升学率是很低的，像我们那里只有百分之十几，几百人高中上下来，能上大学的也是寥寥无几。像你们现在的学生基本上都能上大学，能受到高等院校的教育，能学到专门的知识，对以后的工作都是有很大帮助的。不比像我们是半路杀出来的，一点钟表方面基础都没有，你们有专业知识，对你们以后的工作、走上社会都有很大的帮助。

景：老师好，我是深职院机电学院的学生，我想请教您两个问题，第一个问题就是，据我了解，以往飞亚达的面试中会有性格测试，您觉得性格或者品质在职业发展中重要吗？还有就是您能给我们高职学生在做人方面一些建议吗？

刘：刚才我们也谈到了，性格确实对钟表行业是很有帮助的，你坐不住，太活泼了是不行的，做钟表是做不好的。有问题你一定要交流，你才能学到好的东西，你不能一直把问题藏在心里，你不说出来问题怎么解决呢？交流是很重要的。

景：还有一个问题，就是像90后、00后相比于以往的60后、70后来说有了更好的工作条件，但也面临着更大的社会竞争压力，您觉得应该是干一行爱一行还是说爱一行干一行，您觉得怎样好一些呢？

刘：像我这种，就是干一行爱一行。你既然干这一行了就要把交给你的任务做好。现在可能是人们选择的行业会多样一些，也会变得爱一行干一行了，反过来了。但如果是太频繁去变化的话，可能对你各方面的提升没有什么好的帮助。我觉得还是不要太频繁地去变化。

孙：今天非常感谢刘师傅跟我们详细地分享了您的人生经历、工作经历以及怎么样处理好个人和家庭间的关系。我们真的受益匪浅，我们感觉工匠精神其实没有那么玄妙，它其实就是像时间一样，一点一点地积累。在您身上我真正的理解了什么叫厚积而薄发，非常感谢您！

［悟道篇］

心无旁骛　积极事功

（马克思主义学院教师　孙晓玲）

采访结束后，我给刘师傅看了看我平时戴的手表，他一看是块飞亚达表，笑了，很欣慰满足的样子。我说我能知道您戴的啥表吗，他伸手给我看，也是飞亚达牌的，表盘较大，是有着男性阳刚特色的机械表。我惊叹说，这款应该是限量的吧。他说是一款纪念空军活动的表，属于量产，价值8000元左右，价格一般人可接受。他接着说："对于像我们做表的人来说，这么多年来，接触了多少块表，价值多少，自己也说不清楚，但是我做一千块钱的表和做几十万块钱的表心境是一样的，就是要把表做好，保证质量。"

这是多么质朴的话啊！但同时，这又是多么具有专业精神的表达啊。

我们用什么样的心境去对待工作，在很大程度上决定我们能把工作做成什么样，而刘师傅的工作心境最大特色就是三个字——平、稳、纯。

“平”，表现为“平和”“接纳”，化被动为主动。当年除了对深圳这座城有憧憬外，其他自己要做什么，能做什么样，刘师傅都是懵懵懂懂的，对表更是一窍不通，这样的职业开场并不令人信心十足。但是刘师傅十分平和地接受了这一切的不完美。对表谈不上喜欢，先接触看看；不懂表，也没关系，公司有耐心让员工接触，自己就学起来；零基础，不可怕，有不懂的就去请教，学一点就高兴一点，问题解决一点就满足一点，时间一长，能力就自然而然增强了。这样的平和心态让刘师傅不仅接受了自己曾经陌生的行业，也接纳了自身的不完美，给自己的成长打开了广阔的空间。

这种平和的心态在他攻克技术难题时也发挥了积极的作用。关键试验，夜以继日地琢磨生产，以为能解决问题，结果没有成功。虽然失望，但没有时间焦虑沮丧，而是平和接受失败的事实，积极投入精力，研究如何解决难题。平和的心境，极大地避免了精力和能力的无谓浪费。这是一位大师难得的工作定力，值得我们去学习。

“稳”，表现为“坐得住”“经受得住内外考验”。在交流中，刘师傅时不时会强调表业的特点：慢工细活、急躁不得。耐得下心、坐得住、稳扎稳打对一个人的发展很关键。如今，刘师傅已把这些作为经验之谈分享给我们，而想当初，能否稳得住年轻而驿动的心，直接关系到刘中华和他的工友是去还是留的选择。当初和他同来的，有些早早离开飞亚达，不少人就是缺少这个“稳”，受不了做表的冷清、细慢，又被深圳都市的繁华和热闹吸引，因此“义无反顾”地辞职走人了。而刘师傅说，幸好自己性格比较内向，熬下来了，成为技术骨干。而且现在慢慢习惯了这样的工作节奏，且能够享受这种节奏，一坐半天都不觉得累，反而觉得很有成就感。刘师傅在接受采访时告诫年轻人，老是跳槽是不行的。他给出的理由是，不少行业技术是需要花时间积累的。由此可见，“稳”住干一行，对于成为行业大师非常重要。

“纯”即“纯粹”。在一行言一行，在一行就做好一行，不去想其他的太多东西，防止干扰自己。在我们访谈时，我们向刘师傅列举了表业可能遇到的诸多挑战，本来以为可以稍稍“打击”一下刘师傅的大师自信。没想到，刘师傅的反应依然是平和而不是焦虑。他说，挑战再多，关键在人，我们要把我们自己的特色做出来，就会有市场。当初日本石英表挑战欧洲机械表，欧洲人没有全盘接受石英表，而是一边熬过苦日子，一边在机械表上不断深耕、不断创新，结果，机械表至今市场魅力不减。今天中国的表业要在国外成熟表业市场上有所突破不容易，但是我们中国人要做的不是模仿他们，而是要学习他们，并在学习的基础上研究如何把我们中国的表性能做好、设计出特色，那么世界表业市场自然会有中国表的位置。比如飞亚达做的苏绣系列表，就是把中国传统元素和表有机结合起来，这就是中国特色。这样类似的对话，在访谈中还有多处，但每一处，都体现出刘师傅表业人那种积极的“纯粹”——无论风云如何变幻，都会心无旁骛地用情于表、用心做表。

平和纯粹之心，造就平凡而又不凡的钟表大师。心无旁骛，积极事功，大师之路，奋进不息；绵绵用力，久久为功，大师之道，山高水长。惟愿你我能够得其一二。

做好被幸运眷顾的准备

（机电工程学院 17 级一体化班 景强）

很高兴能够来到飞亚达参观，也遇见了刘师傅，我才知道平凡真的伟大。从和他的交谈中，我常常能感到质朴谦和、平易近人。他 19 岁入行至今，不断学习、不断努力，不断克服重重困难、接受重重挑战，终成杰出工匠。

刘师傅说他去做航天表也是有一点点的幸运，但是我觉得：幸运不会眷顾每一个人，但是我们都应该做好被幸运眷顾的准备，有着能承受住幸运的能力。

“干一行，爱一行，专一行，精一行”，俗话说“行行出状元”，只要在自己的行业刻苦钻研，只有保守着谦逊的心态，成功才会越来越近。我从刘师傅身上看到了这一点。

我相信经过这次的参观与学习，我会成长很多。我希望在以后的学习工作中也秉承“工匠精神”，在自己的工作中刻苦钻研，做出成绩。我也希望这种精神能一直鼓舞着我，使我在以后的道路上能走得更远。

耐得住寂寞　才有明天

——飞亚达寻匠悟道有感

（传播工程学院 17 图文 3 班 林丹仪）

对于我而言，钟表很神秘，这么精密的计时仪器，我对它一无所解，不曾想过有一天，我会向钟表设计靠近，领略并揭开它的一点面纱。

从参观飞亚达计时文化中心到章馆长接待，我们了解了手表计时的历史进程和发展，以及飞亚达企业逢时而生、随机而变的创业文化。我肃然起敬，手表文化零碎、相关记载又少，而章馆长用逻辑探索分析，向我们解读了令人惊叹的手表文化。在这里，我了解了计时技术的发展史，看到了设计师们的手稿，皆是心血之作。飞亚达花费约千万元建起飞亚达计时文化中心，每年的维护运行还要花费 300 万元，这个听起来不太划算的展馆，实在出人意料，充分展现一个管理者的格局和胸怀，对国家和社会的责任和担当。有此种胸襟，飞亚达一定会有更高更惊人的成就！

此次之行，我们采访了中国航天表点油技术第一人刘中华，从“神五”到“神十一”的航天表，都有这位大师的贡献。我能近距离和他交流，倍感荣幸。采访当中，我能感受到刘师傅朴实、无杂念、甘于寂寞的心态。刘师傅讲到很多次“幸运”，自己的成就，甚至只字未提，一直谈的是飞亚达给予的机会，是国家给予的机会，是自己遇到的好机会。这样的人，是多么平和、不争不怨、毫无傲慢之心。刘师傅说做一千块的手表和做一万块的手表，心态是一样的，原来做人做事，勤恳坚守初心，久而久之，会有意想不到的收获。内心纯粹、沉淀，少些浮躁，坚持下去，我们或许会更懂得平凡中的可贵和开心！所谓“何须浅碧轻红色，自是花中第一流”，一样卓尔不群！

耐得住寂寞，才有明天。坚持自我，不为诱惑所诱，路漫漫其修远兮，吾将上下而求索。一个人内心的善良、诚恳、坚守是可以散发的正能量。对于我来说，这一次参观无疑开阔了我的视野，打开了我的格局，“苔花如米小，也学牡丹开”，人真的可以生如蚁而美如神！祝愿我们的人生之路都能越走越宽阔，并且懂得感恩与珍惜！

飞亚达之行收获一二三

（机电工程学院 17 级学生 陈佳华）

2019 年 1 月 18 日，我有幸加入飞亚达集团“寻匠悟道”访谈小组，走访飞亚达，采访工匠级大师——刘中华师傅。

在此次与刘中华师傅的谈话中，我悟到了一些工匠精神，真是受益良多。

1. 专注无二心，做实眼前事

刘师傅能有如此成就，是因他有一颗专注且认真的心。从 19 岁开始从事钟表行业至今，他工作时心无旁骛，仔仔细细地做好手上的事。绳锯木断，水滴石穿，才会有刘师傅这样的巨匠。在大学，如想学到更多，便是靠自觉，但又有多少人因抵不住身边大大小小的诱惑，到最后后悔当初没有珍惜时光呢？或是毕业后堕云雾中，茫无头绪，频繁跳槽。实际还是因为我们心里有太多繁杂琐碎的牵绊，我们理应为自己的心灵“扫地除尘”，使黯然的心变得亮堂。

2. 性格无好坏，各有利弊

这个对我来说真的印象最深。我是比较内向的女生，我时不时会羡慕那些主动活泼的女孩子。我也曾试过改变，但后来发现为了改变而做的事，心里会觉得特别难受和别扭。刘师傅在采访时说：“内向的性格并不是坏，内向有内向的好处，有些工作反而需要较内向的人，内向的人大多比外向的更容易静下心来，但是内向不是不说话，有问题也要及时提出来解决，内向外向各有利弊。”这番话让我豁然开朗，人之所以痛苦，在于追求错误的东西。也许过于羡慕他人，却没有仔细看看自己。要看清自己，了解自己，才能把优势更好地发挥出来。

3. 工作家庭，皆不耽误

像刘师傅这样的大师，要花很长时间在工作上。繁忙的他也不忘多与家人在一起，陪伴家人。最宝贵的不是你拥有的物质，而是陪伴在你身边的人。我们也正处于奋斗拼搏的年纪，忙碌的工作让人喘不过来气，但时间是属于我们自己的，别被匆忙的生活节奏给冲晕了，一句问候都是关心，请别错过了眼前爱你的这些人。别做失陪族，别让忙碌空白了回忆。

采访过后，我们与刘师傅和飞亚达计时中心的章馆长闲聊，章馆长称飞亚达也是他们的家。章馆长和刘师傅一样，都是非常低调谦虚的人。“未出土时先有节，已到凌云仍虚心”，这便是他们了。这次走访中感觉到的不是拘谨，而是亲切、热情。也许就是有这样氛围的集团，才能培养出优秀的人才。

案例三：经典工匠精神案例挖掘——深职思政教师敦煌工匠精神调研报告

［**编者按**］敦煌文化绵延近两千年，是世界现存规模最大、内容最丰富、保存最完整的艺术宝库，也是研究我国古代各民族政治、经济、文化、艺术等的珍贵史料。但是对敦煌莫高窟背后的匠人以及匠人精神有充分了解的人并不多。十八大以来，伴随中国对传统文化的保护和弘扬力度的加大，创造和保护莫高窟的功臣才渐渐为公众所知悉。2019 年 8 月，习近平在敦煌研究院的讲话中表示：“70 年来，一代又一代的敦煌人秉承‘坚守大漠、甘于奉献、勇于担当、开拓进取’的莫高精神，在极其艰苦的物质生活条件下，在敦煌石窟资料整理和保护修复、敦煌文化艺术研究弘扬、文化旅游开发和遗址管理等方面做了大量工作，取得了不少重要研究成果。”这是对敦煌保护者的充分肯定。在 2019 年夏，深职工匠精神研究小组专门到莫高窟参观调研，结果发现，敦煌匠人以及莫高窟的一代代保护者身上所体现出的品质，是展现工匠精神的现代百科全书，生动地体现了新时代工匠精神的传统内涵、革命内涵、外来内涵和现代内涵。这样全面系统展现新时代工匠精神的案例并不多，参与考察的老师曾多次在思政课上讲述相关案例，同学们深受感动与启发，尤其是对艺术、动画、建工等院系的学生影响更大。为此笔者对这次考察进行了综合整理，以飨读者。

从传统到现代：莫高窟背后的匠人与匠人精神

（马克思主义学院教师　孙晓玲）

回想起来，笔者最早接触的敦煌艺术形象应该是飞天。20 世纪 80 年代，大我十几岁的大姐正值青春，是那个时代的追星族，父亲单位过期的《大众电影》杂志常被她私藏。我那时七八岁，很是顽劣，看书看杂志之类的雅事跟我沾不上边。我唯一的爱好就是画画古典美人。一日，嫌自己画的美人总是一个造型，就想从别处找点灵感临摹，当时家里除了有点报纸，没什么课外书，报纸上没找到，自然想到在《大众电影》上碰碰运气，结果还真的找着了。那是一幅电影“飞天奖”奖杯的照片，奖杯上的金色美人，轻盈优雅、修长灵动，气场强大。那天，我好像哪儿也没去，一直埋头画……再后来，我知道那美人叫“飞天”，是佛教中侍候天帝的一种神，百姓视野中的飞天形象多源于敦煌壁画。去敦煌看壁画由此成为我成长过程中的一个念想，实现它则是在三十多年后的今天。

真正到了敦煌，我才发现时间已经悄然改变了很多。精美绝伦的莫高窟壁画当然能激发我的兴趣。先人流畅的线条，明丽的色彩，赋予千余年前的创造以灵气。无论是少数开放的窟，还是众多封闭的窟，在我的眼里，都是有血有肉，有气息有故事有历史的存在。佛祖高大而肃穆，双眸却慈悲温柔；供养人虔诚又谦卑，他们双手合十，缓步向佛而行，心外空无一物，似乎唯有裙裾发出“簌簌”之声；净土变相和经变故事一幕上演又一幕落下，繁复的佛经由抽象变得具象。看着他们，绘画和艺术的技巧倒已不是关注的重点了，我的内心不由自主地生发出很多惊叹：是谁绘制了壁画，是谁让他们安然于洞窟之中，自顾自地留存中国千余年的踪迹？又是谁让一度掩没的洞窟整齐地呈现在世人面前？

1. **由物及人**

好奇心真是人体内最有趣的发动机，在它的驱使之下，一个人二三十年积累的有限的历史常识会被一股脑地挖掘出来，一个大致的轮廓被迅速构建出来，去回应冒出的问题。

莫高窟又名千佛洞，它的形成和佛教在我国的传播和兴盛有着密切的关联。关于佛教何时传入中国，历史很难考证，有说汉武帝开辟西域即已传入，也有说是在东汉初年，白马驮经入洛阳。但是有一点可以肯定，东汉末年，魏晋十六国时期，佛教已在中国盛行。西晋时期，中原生灵涂炭，河西走廊相对稳定，佛教传播通道中的必经之地——敦煌一时香火鼎盛。公元 366 年，高僧乐尊经过敦煌祁连山支脉三危山，据说见到了佛光，觉得山如千佛，遂在山下大泉河谷、鸣沙山东麓的崖壁开凿石窟供佛，此后一发而不可收，从北魏直到元朝，从一窟发展七百多窟。从零星建窟到石窟在河西走廊散现。当然这其中，最为耀眼的还是敦煌莫高窟，建窟早、规模大、塑像和壁画精美都是重要因素，莫高窟至今保留有十六国、北魏、西魏、北周、隋、唐、五代到宋、西夏、元十个朝代，历时千年的洞穴共有 492 个，壁画 4.5 万多平方米，彩塑像两千身，是世界现存佛教艺术最伟大的宝库。另外不得不说，1900 年敦煌遗书的发现，更增添了莫高窟的价值。

莫高窟某种程度上是中国佛教兴衰和国家兴衰的重要见证者，它的辉煌与暗淡都与此相关。十六国、隋唐时期，佛教为中国统治阶层接受，国家大力宣扬，佛教在中国日渐兴盛，中国文化由儒家独大变成儒道释三位一体。宋元之后，佛教在印度衰微，对中国的影响大不如前。而佛教在中国唐代达于鼎盛，民间影响越来越大，侵蚀着朝廷的统治空间，朝廷渐渐收紧了对它的控制。元代以后，敦煌和莫高窟的重要性伴随印度佛教的式微，以及中华帝国统治中心的东移而下降。到清朝后期，帝国大厦将倾，夕阳余晖难以温泽边塞，莫高窟被风沙无情掩没。它能在 20 世纪重见天日，从无人问津到 21 世纪的今天游客众多，一定程度上和中华民族的复兴、国力增强，国家对文化遗产的重视密不可分。这是看待敦煌莫高窟不可回避的历史维度。

历史和现实、传承与创新离开关键节点上的人，都是空泛的、无趣的。莫高窟也一样。敦煌之行，住在敦煌画院的附属酒店，这个酒店主要为在画院进修的艺术家服务，碰巧有间空房被我们提前预订，住进去才发现，环境简洁雅致，工作人员说话轻声柔语，让人怀疑是否身在西北。那天吃完早餐经过走廊，两侧几幅敦煌壁画临摹作品吸引我驻足停留。正在欣赏时，一位大学生模样的小姑娘走了过来，说如果我有兴趣，可以给我介绍一下《千手千眼观音图》，我说当然有。没想到，这羞涩的姑娘说到画则滔滔不绝，画的来源、与佛教的关联、绘画技法、历史地位等一一道来，让人耳目一新，我夸她了解真多，她却说和壁画的制作者、保护敦煌的艺术家们相比她无足轻重，古代匠人虽名不见经传，但一笔一画没有一丝含糊，保护敦煌的常书鸿等老一辈艺术家把一辈子奉献给莫高窟，他们的匠心更令她敬畏。她建议我在参观莫高窟时可以关注一下人——过去的、现在的，那些对莫高窟的存在和今日辉煌投注过热情的人。她的提醒起作用了，去敦煌前，我的目标是考察古典工艺上的匠心表现，可以说是一个模糊的目标，她这一说，我的目标倒是清晰了——人是关键。

2. 莫高窟的出资人

一处石窟从始建到完成，大体经过整修崖面、凿窟、制作壁画和塑像、修造并装饰窟檐或殿堂等程序，需要耗费不少物力财力，莫高窟中的洞窟从一两平方米到几百平方米，贫苦百姓一般没有这个能力。前文提及佛窟的建立与佛教得到统治阶级上层的欢迎以及佛教在敦煌比较兴盛有关。因此，洞窟的主要出资人是那些有资产和地位的信徒，他们出于信仰或政治地位考虑，自发出资建造石窟以供养神佛，因此被称为供养人。细究下来有这么几类人，一是豪门贵族，出资建造大的石窟；二是寺院僧侣，如僧统、寺主、法师、比丘、比丘尼等宗教职业者，以及信徒居士；三是戍边将士，如节度使、军将、校尉、押衙等；四是少数民族统治阶层，如于阗国王、回鹘公主等等；五是邑社社人，下层僧俗官员、城乡士绅、普通百姓、下层劳动者集资者；六是有一定资产的家族，建家族窟。仔细观察莫高窟，就会发现其基本建造规格是“前甬道，后洞窟”，在多数甬道两侧的墙壁上会有人物绘画，这些人物就是供养人，画工将他们的画像画在甬道上，多数用来体现宗教虔诚或彰显地位，其中比较有名的是为不少画家临摹的《都督夫人礼佛图》。根据考证，重要的供养人不会亲力亲为造窟，他们甚至很少到莫高窟，只是出钱雇人开凿洞窟，逢大型活动或有特别需要才会来。真正建造莫高窟的人主要是工匠。

3. 莫高窟的修建者——中国古代工匠

（1）敦煌古代工匠

莫高窟每一个洞窟的开凿建设都是系统工程，需要比较细致的职业分工，参与洞窟营造的工匠按工种分，主要有这么几类：打窟人、石匠、泥匠、木匠、塑匠、画匠。打窟匠主要负责在崖壁上凿岩镌窟；石匠负责制造修理开石工具，开凿石窟，建筑石料加工；泥匠从事土木建筑；木匠进行土木建筑和木制器具制造、加工和修理；塑匠从事泥塑赋彩；画匠绘画。各类工匠按其熟练程度和地位，也有不同的级别称呼。根据敦煌博物院展览资料，重要的有这么几类：

A. 都料（都师、都匠），具备高级技艺的师傅，能从事本行业工程规划和组织实施，并负责行内事务。通常修窟时，他是总设计和监工，多数由学徒一级级干上去，或者是得到了官府的肯定或奖赏而获得这种身份。比如归义军时期的压衙，一般是官府中的低级办事员，但是他们在手工行业内又有一定的地位。

B. 博士，它虽然与现代评价学术水平的“博士”称呼相同，但意义却有差别，它类似于“把式”的意思。这个级别的工匠在各行各业都有，有石匠博士、画匠博士、木匠博士等等，他们具备过硬的专业本领，是可以从事高难度技术劳动、能独立承担本行业所有技术施工任务的高级工匠。

C. 师（先生），主要从事画、塑行业，他们一般具有博士级，能教带徒弟。

D. 匠，是工匠队伍中人数最多的，指能独立从事本行业一般技术性工作的劳动者。

E. 生，即低级别画工，既能在匠师的带领下从事绘画劳动，亦能独立从事绘画工作。

由上文看，似乎敦煌地区在魏晋时期手工业已分工明确，级别鲜明。然而，但凡对中国古代社会有所了解的人就会提出质疑，以农耕文明为主的古代中国，手工业有那么发达吗？众所周知，士农工商是古代中国的主要阶层划分，农业是我国的主业，手工业一般依附于农业，目的主要是为了自给自足。汉代豪强地主集中，形成田庄经济，有了较细致的手工业活动，但是也是在私人田庄内部。独立的手工业其实少之又少。

中国传统工匠群体主要是官匠，先秦时期，他们“受官府豢养，受政府管控，且身份世袭，专门技能，世代相传”。秦代到唐代，工匠被迫到官府作坊接受无偿徭役或部分有偿服役，并被政府用户籍固定下来，方便对其管理和征役。①《大唐六典》卷七中的《尚书工部》规定“工巧业作之子弟，一入工匠后，不得别入诸色”。但唐代在敦煌一带，工匠地位比全国的平均水平要高。根据敦煌文书，工匠的地位比农、商要高，原因是“工人之上，虽无四人之业，常有济世之能，此工人之妙矣”②。当时还出现了雇佣付费现象。但

① 蔡丽：《从官匠到民匠——古代工匠身份的变化对中国古代建筑发展的影响分析》，《宁波大学学报（人文科学版）》2017 年第 4 期，第 89 页。

② 马德：《敦煌古代工匠研究》，文物出版社 2018 年版。

是到了元代，对工匠的控制又加强，编入专门的匠籍。宁波大学蔡丽博士对此有专门的研究，这里不再赘述。

据敦煌文书记载，跟全国相比，敦煌地处边塞地区的商务交通要道上，商业、手工业较为活跃，敦煌市区有专门行市划分。从总体上看，敦煌工匠主要有这么几类，一类是官匠和寺院工匠，一类是境内外民匠，还有一类是农民“兼业”匠人。寺院工匠比较容易理解，主要有两类，一类是寺院工匠，依附于寺院生存；另一类是僧侣，这类工匠不受官府控制，不会承担赋税徭役。官匠主要有两个来源：移民实边的被贬官员大户带来的工匠、不同时期在敦煌上任的官吏带来的工匠。境内外民匠也有几个来源，从西域来的画师工匠，他们带来了佛教绘画的样式和技法，魏晋、隋唐早期的敦煌壁画印度艺术痕迹明显，就是这个原因；敦煌周边的少数民族画师，他们为敦煌艺术注入了新的内涵，敦煌西夏宋元时期壁画有些带有少数民族特色，主要得益于他们；专门从事壁画创作的中原画师，敦煌佛教艺术的兴盛为他们提供了生存发展的有利环境，隋唐后期的敦煌壁画汉化色彩浓郁应该和他们有关。农民“兼业”，主要是敦煌当地或周边的农民，他们是自由民，主业是耕种放牧，有空时从事打窟、建筑等兼职劳动，属于个体工匠。[①] 除了这三类人以外，还有少量的贵族子弟从事工匠劳作，如归义军政权时武将张淮深的儿子张延锷就是一位画匠，他们与敦煌工匠一样从事绘画工作，却无劳役之责，仅是为了宗教信仰与艺术追求。

与洞窟供养人将自己的画像留在洞窟甬道上不同，尽管工匠是莫高窟的建造者，他们通过辛勤劳作为后世留下了万古不朽的敦煌石窟艺术，但是他们总体来说是以群体的形象为后世铭记的。至于个体的工匠分别是谁，敦煌资料中关于他们的详细记录很少。庞大的敦煌工匠群体没有专属的篇章，今天的研究者只能从以下三方面史料中找些有关工匠的只言片语。第一是记载和歌颂“功德主”营造佛窟的碑、铭、赞、记资料中有关“良工”与“巧匠”的零星描述；第二是供养人画像与题记；第三是官府和寺院的收支账目中关于工匠的役使和供给记录。[②]

---

① 马德：《敦煌的农民工匠及其“兼业”》，《敦煌研究》2010 年第 5 期。

② 马德：《敦煌古代工匠研究》，文物出版社 2018 年版，第 22 页。

莫高窟有近500个洞窟有巨幅壁画，绘画面积达4.5万平方米，历时千年，从事绘画的工匠保守估计得上千人，但是洞窟内有关壁画作者的记录只有40多条，有完整姓名的画家只有12人。比如画匠都料董保德，从记载文献中可以看出，他不仅是绘画行会的头目，而且自己是一位出色的画家，制作了许多真正属于他本人的作品。氾英振博士，是一个能独立承担佛堂全部施工任务的泥匠。还有如元代画匠“史小玉”，因为他在壁画处罕见地落了款，他画的千手千眼观音经变，以线写形，以色显容，线条遒劲有力、晕染凸显神韵，是公认的敦煌壁画的极品。当然，关于他，也有人说他有可能只是个喜欢胡乱题字的游客，并不一定是画匠本人，那么有名有姓的画匠就又少了一人。这与供养人画像多则上千人形成鲜明对比。他们被笼统地称呼为画匠、塑匠、皮匠、木匠等，尊重一点的叫法是“良工”“巧匠”。

敦煌工匠劳动条件比较艰苦，每天大多定食，多一天两顿、一顿两个胡饼。加班延长工作时间，不过是多一个胡饼的福利。即便是高级工匠，也仅能维持温饱，《塑匠都料赵僧子典儿契》就记录了塑匠赵僧子的遭遇，他虽然手艺绝佳，但自己却没有方寸之地。这也难怪敦煌文书中流传着这样的记录“工匠莫学巧，巧即他人使。身是自来奴，妻是管家婢”。这从另一个侧面反映了工匠劳动和福利条件之艰辛。但就是这样一群人用他们的匠心营造了绵延千年的敦煌艺术。今天细究下来，古代敦煌匠人有着经久不衰的精神魅力，着实教人叹服。

（2）敦煌古代工匠的精神遗产

首先，尊重自然、因地制宜的创造。敦煌一带属于砾石地质结构，佛教造像很难在石崖上精雕细刻而成，敦煌工匠通过琢磨和长期试验，发明了敦煌彩塑——一种木骨泥塑并敷以彩绘的方法。这种彩塑在选材、工艺上有独到之处，可塑性很强，能够耐受当地强劲风沙的考验。敦煌工匠善于因地制宜、就地取材。“敦煌古代匠师最善于利用树木，他们选用适当弯曲的树木枝干或根茎，稍加斧凿，即鲜明生动地展现出人物身体的曲线动态。特别是红柳这种沙漠野生植物在敦煌随处可见，古代匠师随手采来都是上好的骨架材料。”① 工匠们巧妙地根据柳条的性状“应物象形”，将它们制作成为似乎带

① 马德：《敦煌古代工匠研究》，文物出版社2018年版，第151页。

有人类温度和气息的肢体，再以木楔固定，塞进芨芨草、芦苇，裹以麻布，再泥塑、彩绘。所有的材料均来自当地旷野，工匠们在代代摸索、尝试中，将他们的经验和实验成果用在树木、芦苇、矿石上，结果实现了神奇的转化，用今天的眼光看，其惊人的可贵之处是，他们用最自然的方式实现了人类文明的呈现，却不留一丝污染。

敦煌壁画的制作更进一步展现了敦煌工匠因地制宜的高度创造力。要在砾石岩上直接作画几无可能，但是敦煌的工匠从来没有放弃希望。他们有着一种没有不可能的信念。没有壁画地仗可以人为创造。他们通过多年的实践，同样就地取材，用粘土和细碎麦秸拌成了草泥，抹在岩壁上，一直抹细，最后再以粘土和棉麻等合成泥抹光抹平，使画壁如纸，从而适合作画。

其次，不因贫苦而枯竭内在的精神追求。敦煌古代工匠所处的时代生产力非常低下，可凭借的工具很少，工匠社会地位卑微，生存条件极端艰苦。敦煌壁画中有一些反映各个时代工匠劳作的画面，画中的基层工匠大多赤膊干活，风餐露宿、劳筋苦骨。因为一方面，参与石窟建造和壁画绘制是他们个体与家庭生存之需，是该服的劳役、该尽的职责，不保质保量完成工作，会受到惩罚与苛责；另一方面，中国封建社会有一套行之有效的管制工匠劳动的严苛制度。

细究敦煌史料，会发现匠人参与石窟建造并不全然为了温饱，并不全然被迫劳作，不少工匠将塑佛彩绘的行为与自身的信仰、与对善的心灵渴望联系起来，艺术创作成为增进个人功德的事。有些工匠有多余的钱财也会积极捐助建窟，没有钱的自由工匠甚至会少收工钱，将自己的劳动自觉奉献出来。这类追求不因阶级和社会地位的差异而天壤之别。

因此，身体再困顿疲劳也阻挡不住他们将朴素的宗教情感和个人对美好生活的期许体现在窟中、壁上。他们手中形塑、绘制的佛祖大慈大悲，天王、力士侠义刚烈、西方净土世界富足豪华、飞天飘逸驰骋、景色山林云雾飘渺……他们日复一日敲打着石块，夜以继日地画、描、绘、勾，动作看似重复单调，内心却热情丰富，如痴如醉，既为成就作品，也为求得心灵的寄托与升华。正如敦煌学专家史苇湘先生所赞颂的：“创造敦煌石窟的世世代代的人民群众，……世世代代把他们的愿望、想象、祈求用形象表达出来，又把他们对生活的憧憬寄托在这些艺术品上。”① 只要留心比对，就会发现，画匠的笔触是那样的刚劲有力，他们笔下的线条是那样流畅自如。再看下去，敦煌没有一尊佛、没有一幅画是一模一样的，造像在面型、表情、体态上总有差异。即便是同一个范模里出来的佛像，由于工匠加工的手艺不同也会呈现出不同的风格。“对照佛典就会发现，石窟里所有的艺术品无一不是创作，因为对照《大藏经》里，无论经、律、论、史都没有提供壁画上的这些细节。”②

敦煌石窟里很多的壁画为经变图，所谓经变就是指将抽象的佛经内容绘制成具象易懂的图画，也被称为变相。它是佛教的一种传播方式，方便文化程度不高的人或对佛教不算了解的人，直观地接触和理解佛教和佛教故事。工匠受窟主要求制作经变，一般来说，只是给一个宏观理念和方向，具体如何呈现，工匠需要发挥丰富的想象力去琢磨、构思、加工、创作，将他对佛经的理解以符合窟主和大众需求的艺术形式生动地展现出来。没有不枯竭的创作灵感，没有一定的对美的追求意志，如何能给后世留下令人赞叹的作品？后世有不少人认为，虽然敦煌工匠是默默无闻的社会最底层劳动者，但是他们的作品都是大师级的。③ 敦煌研究所的首任所长常书鸿先生就曾对敦煌工匠的创意性赞叹不已：“第 172 窟南北两壁，本是内容相同的西方净土变，可是画风却完全不同！再如第 254 窟和第 428 窟的萨陲那太子本生，也是这样；哦，还有，第 61 窟的《五台山图》，那是一幅最了不起的大型壁画之一，它有几百个人物……每个人的神态都是各异的，连马也是，那嬉戏的马就和行路的马绝不相同！”④

再次，兼容并包的学习能力和宽广的胸襟。尽管敦煌地区早期有传统宗教艺术制作的技艺，但是大型石窟艺术最初是随着佛教由印度向中国传播而来，佛教在中国内地兴盛后，中原的佛教艺术也在慢慢兴起。处于佛教传播重要通道的敦煌，在石窟艺术的制作上并未固步自封，而是开放大门，像小学生一样积极向西域画师学习，并且利用敦煌丝绸之路要道的优势地位，融

---

① 史苇湘：《敦煌历史与莫高窟艺术研究》，甘肃教育出版社 2002 年版，第 678 页。

② 史苇湘：《敦煌历史与莫高窟艺术研究》，甘肃教育出版社 2002 年版，第 676 页。

③ 马德：《敦煌古代工匠研究》，文物出版社 2018 年版，第 220 页。

④ 叶文玲：《敦煌守护神常书鸿》，上海文艺出版社 2001 年版，第 514 页。

合外邦与内地技艺之长，将石窟艺术发挥到了极致。早期敦煌工匠主要采用印度的凹凸画，花鸟人物都是外国之物象。经过早期学习后，敦煌工匠在画法上有了不少自我创造，大胆地融入中国元素、中国技法、中国画风。如叠染敷彩技法，它会使得人物更加生动；再比如晕染技法，极大地增添了画像的立体感和艺术效果。前文提及的敦煌工匠有名有姓的代表、五代时期的董保德，据说有关他的文献《董保德功德记》评价其画技："手迹及于僧繇，笔势邻于曹氏。"可见其技法吸收了中国江南东晋、南朝时期佛教艺术的精华，将"秀骨清像、褒衣博带、面短而艳、秾丽丰肥"使用得灵活自如。其他不知名的伟大画匠何尝不是如此，他们一起形成了敦煌画匠淳朴浑厚的画风，更能贴近百姓大众，和后来宋代的文人绘画形成了鲜明的对比。

4. 莫高窟的保护者——新工匠

从元明时期到20世纪初年，随着陆上丝绸之路走向没落，敦煌也从繁盛逐步衰微，莫高窟也慢慢从大众视野中淡出。明嘉靖年间位于嘉峪关之外的莫高窟成为明朝域外之地，洞窟修造和维护就此停滞，长期无人管理，遭到破坏，沦为放牧人躲避风沙的临时避难所。清康乾盛世之时因致力经营新疆，曾经重视过莫高窟，可惜只是短暂的一瞬。19世纪末，流浪道士王圆箓走进莫高窟，心疼宝窟无人管护，破坏严重，四处奔走游说、主动担责看管。1900年莫高窟第16窟发现藏经洞（今编号为第17窟）后，不幸遭到英、法、日、美等国"探险家"的巧取豪夺与劫掠。1921年沙俄军人数百人窜入敦煌，扎营莫高窟半年之久，在窟内烧炕做饭，壁画被火燎烟熏，刀刻涂画，损坏严重。20世纪30年代，被劫掠的文物在世界范围内兴起了"敦煌学"，中国国民政府才感受到屈辱，打算保护莫高窟。而真正让莫高窟得到扎实保护的，则离不开以常书鸿、段文杰、樊锦诗为代表的敦煌新工匠，他们像古代敦煌工匠一样，不计个人名誉和得失，在恶劣的自然与工作条件下，坚守西部，用炙热的爱国之心守护了中华文化，而今敦煌莫高窟已经成为世界最重要的历史文化遗产之一，敦煌不仅属于中国，更属于世界，是敦煌新工匠让敦煌拥有了如此辉煌的魅力。

（1）敦煌守护神——常书鸿

"敦煌守护神"这个别称是中国卓越的佛教领袖、书法家赵朴初送给常书鸿的。今天去敦煌参观，在九层塔对面的沙砾地里会发现一处墓，墓碑上刻着“敦煌守护神”，那是常书鸿的墓。人们说在那个充满神佛的地方，被称为“神”的凡人只有他常书鸿一个。他绝对配得上这样的称颂。

常书鸿1904年出生于杭州，享年90岁。他生命中的前40年是个画家，后50年他全都献给了敦煌，包括他的骨灰都按照他的遗愿埋在了敦煌。少年的常书鸿是个爱画爱学习的孩子，后来遵循父亲实业救国的心愿，报考浙江省立甲种工业学校（浙江大学前身）预科，学习染织专业。毕业后他留校任教，但是到世界艺术之都——巴黎学习并追求艺术一直是他的梦想。1927年自费到法国学习，在法期间，他如饥似渴地吸收西方成果，勤学苦练绘画技艺，积极创作，取得了不俗的成绩。他的作品《浴女》《病妇》《裸女》《D夫人》《湖畔》等获得法国最权威的画廊——巴黎春季沙龙金奖、银奖。个人作品被巴黎现代艺术馆收藏，这是第一位获得如此成就的中国人。常书鸿的父亲当年为他取名，希望儿子将来来往有鸿儒，在法国他基本实现了这一点，一群旅法画家团结在他周围，交流切磋绘画艺术，他自己也成为法国主流画界的宠儿，妻子女儿和他一起在巴黎过着优越而优雅的艺术家生活。一切的改变源于偶然的一次震撼。1935年秋，常书鸿在逛塞纳河畔一个旧书摊时，偶然翻到一本名为《敦煌图录》的画册，是由法国人伯希和编辑的，里面展示了他在中国拍摄的约400幅有关敦煌石窟和塑像的照片。他被深深地震撼了：“中国人创造的奇迹，老早就在中国的土地上发生了，而自己一直对西洋文化倾倒，言必称罗马、行必以蒙巴拿斯画家自居的中国人，对祖国灿烂悠久的文化竟然毫无所知，真正的数典忘祖啊！”“我已经找到我艺术的根了，我的根在中国，在敦煌。”[①] 本来当时的教育部长邀请他回国任教都没能激发他回国的热情，但是遇到《敦煌图录》他就下了决心。当时妻子还没有修完学业，孩子也正适应法国的生活，突然要离开，妻子很不理解，但是常书鸿说：“凉亭虽好，非久留之地，我的理想是将来能让全世界的人知道巴黎一样地知道敦煌，让全世界的人像喜欢巴黎一样喜欢敦煌，我的这个理想只有回祖国去才能实现。”[②] 妻子同意了他的决定，让他先行回国，自己修完学业再返回。

① 叶文玲：《敦煌守护神常书鸿》，上海文艺出版社2001年版，第178页。
② 叶文玲：《敦煌守护神常书鸿》，上海文艺出版社2001年版，第179页。

1936年回国进关时的遭遇让常书鸿进一步坚定了艺术报国的理想。当时火车进入东北地区，日本人态度蛮横，随便翻阅他的私人物品，即便他拿出国际护照也无济于事。常书鸿的民族自尊心被激发了，他后来回忆说："我一向是不问政治的，我一向认为艺术家可以远离政治，不瞒你们说，为艺术而艺术是我坚决的主张，可现在，进关的这一挫折，把我激醒了，搞艺术的一定要背依祖国这棵大树，没有国家的强盛，艺术也强盛不了!"①

常书鸿回国不久，中国已处于被日本侵略的紧张形势之下，他不得不首先在北平艺术专科学校从事教职，很快抗日全面爆发，学校被迫南迁，一家人从北平、湖南、贵阳，再到云南，但在他内心里，去敦煌才是他回国的终点。他一边用手中的画笔与敌人斗争，一边担心敦煌会在战争中被破坏。1942年，他才总算盼来了一个机会——迫于舆论压力，重庆国民政府终于同意成立国立敦煌艺术研究所。在于右任、徐悲鸿的举荐和支持下，常书鸿被任命为研究所筹备委员会的副主任。虽然只有几个北平艺专的学生和他奔赴西北，而且政府拨付的资金迟迟没到位，但是1943年的3月4日，经过了一个多月的颠簸，常书鸿来到了朝思暮想的敦煌，他从驼峰上一跃而下，几乎是飞奔一般去"拥抱"敦煌，而这一抱就是50年，从此他与敦煌密不可分。

当时的敦煌条件极其艰苦，没有住房，研究所不得不在寺庙办公；没有家具，只能用土垒，吃的是面疙瘩，喝的是当地的咸水，最初甚至用红柳枝当筷子。对常书鸿来说，这点苦不算什么。最让他内心煎熬的是，莫高窟的破败与文物的毁坏是惊人的。他要赶紧保护那些洞窟和周边稀有的树木，让它们免遭人为的破坏。西北风沙很大，不少洞窟已被流沙掩埋，需要清理；当地乡民缺乏保护莫高窟的意识，随意进入莫高窟洞窟，在洞里熏香或生火，在周边放牧，牲口随意啃食周边林木。常书鸿到了以后，顾不得劳顿，在经费缺乏的情况下，他多次颠簸几十公里到敦煌县衙游说，为了让官员答应自己的要求，他甚至出卖自己的画作，目的只有一个：修造围墙、清理洞窟、保护珍贵的千佛洞。

常书鸿原本是追寻艺术的艺术家，但是到了敦煌之后，他很多时候无法钻研艺术，因为研究所从吃穿住用到日常运行均需要他操心。清理保护莫高

① 叶文玲：《敦煌守护神常书鸿》，上海文艺出版社2001年版，第189页。

窟很多时候是体力活，需要做最基础的工作。没有做过多少体力活的他，和当地农民一起赤脚拉沙排清洞窟、建墙保护窟区，自制简易脚手架、云梯等；研究所经费因为各种原因迟迟不到位，他不得不到处游说“化缘”；为了让全国人民知道敦煌并保护敦煌，每来一个人到敦煌参观、考察，他都会带着人家转洞窟，亲自讲解。1944 年“敦煌艺术研究所”正式成立，研究保护工作正式开展后，常书鸿“主要精力还是放在考察洞窟、逐窟逐窟地作记录上。他知道这是份看不见实绩、却是为大家今后的研究铺平道路的工作，他也明白年轻人不喜欢做这件琐碎而默默无闻的事，那好，那就自己来”。[1] 临摹壁画成了他奢侈的享受。

经过多年风化，莫高窟壁画已经相当脆弱。1940—1943 年，张大千在敦煌临摹壁画，为了能够临到历代的壁画，采取层层剥离的手法（敦煌壁画跨越时代久远，好多壁画是在前代基础上又抹墙皮继续画的），毁掉了一些外层的本已破败的壁画，消息传出后，遭到文化界的批判。常书鸿来了以后，为防止张大千式的破坏再次上演，对参观和临摹壁画的人立下了规矩：只能对临，不可以接触墙壁，或在墙上留下任何印迹。冬季临摹壁画，他要求所有人必须把棉袄扎紧，他的妻子怀孕也不能破规矩，为的是防止棉衣因过于宽松碰到墙壁，破坏壁画或墙体。[2] 缺乏颜料，他们就就地取材，动脑筋用当地的红土、黄土还有岩石，自制材料修补石窟和塑像。

1944—1945 年，是常书鸿铆足劲克服千辛万苦好好在敦煌干下去的时光，也是他遭遇沉重打击的时光。一是他相伴 20 年的妻子，因为忍受不了敦煌的孤寂、丈夫因工作繁忙对她以及家庭的忽视，离开了他和两个尚未成年的孩子；二是 1945 年春，教育部宣布，因为经费紧张，解散研究所，曾经和他一起闯敦煌的学生董希文、张琳英等纷纷离开，研究所只剩下他和一双儿女。

但是常书鸿不是轻易打得倒的，他自称“杭榔头”。他常说：“如果认为在敦煌工作是犹如徒刑的话，那么即使是无期我也在所不辞。因为这是我多年梦寐以求的工作和理想，也正是这种理想使我能够在多种困难和打击面前

---

① 叶文玲：《敦煌守护神常书鸿》，上海文艺出版社 2001 年版，第 360 页。

② 常书鸿夫人李承仙曾如此回忆，详见《大师・常书鸿》，上海文广传媒集团 2006 年版。

不懈地坚持下来。”① 凭着对敦煌的挚爱，借着一股倔劲，他决定暂时离开敦煌，到外界为敦煌奔走呼号。为了扩大敦煌的影响力，他和女儿常沙娜在兰州举办妇女画展，轰动兰州城。为了让政府重新重视敦煌，他拖儿带女跑到重庆，游说政界要员和文化名人，言必称敦煌。“功夫不负有心人”，他得到了中央研究院院长傅斯年的大力支持，经费、物资、图书设备等有了保障。常书鸿随即在重庆招兵买马，后来鼎鼎大名的敦煌学者段文杰、霍熙亮、李承仙等就是这次招募的成果。1948 年，国民党节节败退，主要力量向台湾撤退。在南京、上海宣传敦煌的常书鸿收到国民政府的命令：将敦煌摹本和文物运往台湾。而在常书鸿看来，敦煌在哪儿这些宝贝就应该留着哪里。他冒险将这些画偷偷放在自己亲戚家里，而自己则回到敦煌静观其变。

新中国十分重视文化和文物保护。1951 年敦煌艺术研究所归属中央人民政府文教委文化事业局，转名为“敦煌文物研究所”，常书鸿任所长，确立了“保护、研究、弘扬”六字管理方针。周恩来总理评价他们的工作说：“通过看你们精心摹制的临本，我如同到敦煌石窟中去了一样，大开眼界。你们多年来在沙漠中艰苦劳动是值得称道的。”② 敦煌的保护从此开始走上正轨。修建栈道、加固崖壁，很多工作安排得有条不紊。1956 年，常书鸿加入了中国共产党，让世界知道敦煌的宏愿促使他一次次带着敦煌作品在印度、缅甸、日本等地展出。其中，1957 年日本的展出吸引了 10 万多人参观，创造了日本购票参观艺术展的最高纪录，此次展览还吸引了一位后来保护敦煌的日本“铁粉”平山郁夫。

“文革”时期，常书鸿遭遇人生中极大的打击，身心俱疲，所幸在周恩来关怀下，他得以重新为敦煌工作，于他而言，只要让他为敦煌做事就是奖赏，所有的苦难都可一笔勾销。

常书鸿作为“新工匠”，与老工匠心有灵犀，他在和当时的艺术教授沈福文交流时，表达了他对敦煌老工匠的敬佩。他说：“他们，这些无名之辈，住的是和野人差不多的山洞，吃的是什么？我们现在在 40 年代尚且有衣食之虞，那他们，就更不能提了！他们艰苦卓绝，惟一能靠的就是对宗教的虔诚

---

① 章琳：《“敦煌守护神”常书鸿》，《中国档案》2018 年第 2 期，第 83 页。

② 章琳：《“敦煌守护神”常书鸿》，《中国档案》2018 年第 2 期，第 83 页。

之心。一代又一代画呀，塑呀!”① 他由衷地称赞他们“个个独具匠心，他们是用心、用灵魂在创作，这种从心灵深处产生的创造力最真实，它与虚假做作绝缘!”②

1994 年，90 高龄的常书鸿与世长辞，按照他的遗愿，他被葬回敦煌，永远守护着他心中的理想圣地。

（2）中国敦煌学的开拓者——段文杰

段文杰是敦煌研究院的第二代掌门人。1945 年，从重庆国立艺专毕业的段文杰，就因为 1944 年欣赏过张大千临摹的敦煌壁画展，疯狂地爱上了敦煌。像当年的常书鸿一样，遵从内心的渴求，他离别新婚妻子来到敦煌，一干就是 60 年。他曾在回忆录《敦煌之梦》中描述初到敦煌时的欣喜之情：“我觉得，自己好像一头饿牛，闯进了菜园子，精神上饱餐了一顿”。如果说常书鸿奔走呼号、投入毕生精力保护敦煌的一洞一窟，那么段文杰则用毕生的精力确认敦煌本应具有的神韵。他首先和同事们做的是给敦煌莫高窟进行全面细致的编号，这些编号至今沿用。20 世纪 50 年代末到 70 年代末，常书鸿需要在全国层面做一些协调工作。那段时期受“文革”干扰，敦煌研究院的很多工作几乎停滞。美术组组长段文杰选择坚守，一是负责管理日常事务；二是潜心壁画临摹，尽量远离纷扰。相较于早年画者撕开外层壁画临摹内层壁画的破坏性做法，以及看似珍惜实质也会破坏壁画的“印稿法”（透明纸蒙在原画上画），段文杰规定了临摹的原则：写生临摹。对于临摹作品实行集体评审，在全体评审中提升质量，激发了全体成员精益求精临出高质量作品的激情。从他初入敦煌工作到退休，经他临摹成功保存下来的敦煌壁画有 340 多幅。有些壁画经历风化，早已不见当年的模样，如果没有这些临本，今人已经很难再见当年的风采。比如莫高窟 130 窟的《都督夫人礼佛图》，如果没有段文杰的临本，人们很难窥见盛唐贵族女子雍容华贵的气度，以及唐代画师精湛的绘画技艺。

临摹壁画以保护文物，看上去很容易执行，但在当时极左风潮之下，段文杰临摹环境极其恶劣，身心遭受创伤。可贵的是，即便是身体遭遇摧残，

① 叶文玲：《敦煌守护神常书鸿》，上海文艺出版社 2001 年版，第 512 页。
② 叶文玲：《敦煌守护神常书鸿》，上海文艺出版社 2001 年版，第 514 页。

心灵遭受打击，段文杰仍然坚持敦煌保护不应受任何外界干扰的观点。他坚持像苦行僧一样去编撰研究所每年的计划和工作。“文革”时期，他甚至白天劳作，晚上思考敦煌壁画，为以后总结敦煌壁画研究理论打下了坚实基础。

改革开放后，段文杰迎来了将自己的热情投入到敦煌保护的机会。1980年他担任敦煌文物研究所副所长，1982年担任正所长。遵循敦煌研究所早年确定的“保护、研究、弘扬”方针，除了常规的保护工作以外，他把珍贵的时间投入到中国敦煌学的研究事业上。[①] 1980年以前，法国、日本的敦煌研究具有深远的国际影响力，中国敦煌学研究相当薄弱，一方面研究人才匮乏，另一方面研究平台缺失。史学界曾流传着一个段子：“敦煌在中国，敦煌学在外国”，这深深刺痛着段文杰，1994年他在纪念常书鸿的一篇文章说：“50年代，真正搞理论研究的只有常书鸿一人，在他主持下编辑出版了《敦煌壁画临本选》《敦煌彩塑》《敦煌壁画》《敦煌唐代图案》《敦煌宝藏》《敦煌飞天》等大型学术性画册。”[②] 段文杰希望能够改变中国敦煌学研究势单力薄的状况。他首先是以身作则鼓励所里工作人员动笔撰写敦煌研究作品，并积极创办国内专业的敦煌学研究期刊——《敦煌研究》[③]。其次则是招募并培育发展敦煌保护和研究的人才。

为了撑起初创的《敦煌研究》，从1982年到1990年，他每年都要贡献两到三篇论文，这是相当不容易的，因为他还有比较繁重的管理工作要做。他认为临摹是一门学问，在临摹的基础上可以进行敦煌壁画内容和艺术形式、特点、历史等研究。此外，他带领研究所研究人员编写了《中国石窟·敦煌莫高窟（5卷本）》《敦煌研究论文集》《敦煌莫高窟内容总录》等书籍。1983年，由他发起筹备，召开了第一次全国敦煌学术讨论会。为了扩大敦煌研究院的影响力，他还积极进行国际学术交流，主办了多次国际性学术研讨会，将敦煌学的研究由艺术延展到音乐、建筑、历史、服饰、风俗等众多方面，推动了敦煌研究从理论到弘扬的工作。

---

① 这一点在敦煌研究院第三任院长樊锦诗的回忆论文中有提及。详见樊锦诗：《段文杰先生对敦煌研究事业的贡献》，《敦煌研究》2011年第3期。

② 段文杰：《悼念敦煌文物事业的开创者常书鸿先生》，《敦煌研究》1994年第4期。

③ 关于创办《敦煌研究》的意图，段文杰在该刊发刊词上有明确的论述。详见段文杰：《敦煌研究的回顾与展望——代发刊词》，《敦煌研究》1982年第1期。

除了研究，段文杰把很多精力花费在人才招募上，敦煌地处边远地区，如何在市场经济大潮席卷全国的时候，还能吸引人才来西部，他主要是靠诚心诚意邀请吸纳有志于敦煌保护研究的人。人来了，还要适应中国敦煌研究保护的需要，必须学习、培训，甚至深造，段文杰积极为同事们争取机会。樊锦诗在回忆段文杰的时候提到，20 世纪 80 年代，段先生将中日合作出版的《中国石窟·敦煌莫高窟（5 卷本）》的出版所得 5 万元人民币全部用于年轻人的培养上。在段先生任期内，先后有近 60 人赴日本、意大利、加拿大、美国等国家学习深造，全院有百余人先后经过各种培训，许多人取得硕士、博士学位。[①] 这些人才为敦煌研究院的国际化发挥了重要的作用。

1984 年敦煌研究院成立，担任院长的段文杰要求将文化的保护、研究和弘扬向纵深发展。在保护方面，引入当时较为先进的气象学技术、沙尘治理技术、崖体保护技术等用于敦煌壁画保护。很多技术不仅保护了敦煌文物，还对国家保护西部文化，防止风沙侵蚀发挥了重要的作用。

得益于国家改革开放，以及两三代敦煌人的努力，终于在段文杰任期内取得了重要的突破，敦煌研究院的资金第一次相对充裕了。1988 年，日本东京艺术大学教授、著名画家平山郁夫向敦煌研究院捐赠 2 亿日元，成立基金会，资助敦煌学术研究。20 世纪 90 年代，在段文杰推动下，基金会在国内募集 500 万元。在这些资金支持下，中国敦煌学在中国的影响力日渐扩大，在国际上也拥有了它该有的地位。

敦煌的这些进步，离不开第二代敦煌人的坚守与坚持。他们最大的特色，是将敦煌研究作为这代人重要的使命。

（3）敦煌的创新保护和文化弘扬者——樊锦诗

在敦煌研究院有一尊叫“青春”的石雕，是一位手拿草帽、背着背包、洋溢着青春气息的少女，迈着轻盈的步伐走来。雕塑的原型就是樊锦诗——敦煌研究院第三任院长，那是她 25 岁、刚毕业来到敦煌的样子。1998 年，从段文杰手中接过重担时，她已经 60 岁，真正从青春到白发。可是，一切刚刚好，正是她这样的娇小女子将敦煌文物保护带入创新科技的层面，实现一劳

① 樊锦诗：《段文杰先生对敦煌研究事业的贡献》，《敦煌研究》2011 年第 3 期，第 3 页。

永逸。如今樊锦诗已经八十多岁，她曾在自传中说：“敦煌是我的宿命”①。她是被老一辈敦煌人的工匠精神感染，从而成功留在敦煌的“敦煌的女儿”，同时她自己也是时代工匠精神的书写者。

如果说常书鸿、段文杰是一见敦煌就疯狂地迷上敦煌，立刻义无反顾地做出坚守的决定，那么樊锦诗则不是这样。她于上海长大，在北京大学学习考古，实习时在敦煌，很喜欢那些石窟和壁画。1963 年毕业时，在时代的号角下，她响应国家号召，服从安排到敦煌开始了工作生涯。敦煌的艰苦环境是所有东部地区去的青年最初要过的第一关，而对樊锦诗来说，她还要承受分离之苦。她的男友（后来成为她的丈夫）在武汉工作。她承诺，三年后争取调回武汉。可事实的情况时，敦煌而非武汉更缺像她那样的人才，而且，敦煌她接触得越深入，就陷得越深，爱得越深，即便 20 世纪六七十年代敦煌保护和研究举步维艰，都没有让她离开或者是停止工作。后来，孩子在上海老家、丈夫在武汉、她在敦煌，分离成为他们家的常态。

改革开放后，莫高窟的研究与保护步入正轨，樊锦诗如鱼得水，她与马世长、关友惠、刘玉权等专家合作的敦煌莫高窟分期排年研究成果得以发表，并在世界敦煌学的研究留下一席之地。1984 年开始，她担任敦煌研究院常务副院长，孜孜不倦，协助段文杰将研究所发展向前推进了一大步，让敦煌不再是中国的敦煌，而是世界的敦煌。1998 年，担任院长之后，她最突出的贡献就是利用现代化手段保护莫高窟，从这点上来说，这是她与以前保护敦煌的“工匠”最大的不同之处。

1987 年，敦煌莫高窟进入世界文化遗产名录，热度大增，想一睹其风采的中外人士迅速增加。振兴区域经济需要旅游业，但是进入洞窟的人太多、湿度太大，最终会毁了洞窟，怎么办？樊锦诗感觉责任重大，不建立起以预防为主的科学保护制度，她既无法向历史交代，也无法向后世交代。所以她放下自己钟爱的考古学，一心一意投入到保护莫高窟的工作中去，做了四件特别有创新价值的事。

一是反对莫高窟借商业化之风上市。莫高窟是不可多得的旅游资源，敦煌又是西部明珠，发展西部，很多人都盯着莫高窟这块“肥肉”，一时间莫高

① 樊锦诗、顾春芳：《我心归处是敦煌：樊锦诗自述》，译林出版社 2019 年版，第 48 页。

窟和敦煌其他的风景地上市之风悄然兴起。樊锦诗坚决反对，她率领同事在北京、兰州两头奔走呼吁，该争辩她就争论，该详细解释敦煌文化与历史价值，她就不厌其烦讲解。为省下几十块钱，她和同事一起挤招待所。终于上市这个事总算打住了。她说，想赚钱的人，要骂就让他们骂去。回看这段插曲，当时的樊锦诗无疑是有远见的。

二是立法保护敦煌莫高窟。身材娇小瘦弱的樊锦诗，毅然不顾劳顿，多方奔走和呼吁，最终获得甘肃省政府和文物局的重视与支持，《甘肃省敦煌莫高窟保护条例》在2003年生效，莫高窟的保护从此有了具体的法律保障。有法可依，是现代化的保护文物的手段，立法保护莫高窟体现了樊锦诗超出一般人的现代管理思维。

三是用数字技术实现莫高窟洞窟壁画艺术的永久保存以及更大规模的无损害展览。20世纪、21世纪之交，刚接触电脑的樊锦诗就萌生了用计算机技术保护莫高窟的想法。她利用作为政协委员的机会，在2003年全国政协十届一次会议上提交了利用计算机技术进行敦煌壁画、彩塑艺术永久保护和展陈利用的提案。经过5年可行性论证，2008年底，投资2.6亿元的莫高窟历史上规模最大、涉及面最广的保护工程开始实施。樊锦诗团队不仅创造性地提出风沙治理、崖体加固的新方法，而且完成近150个A级洞窟的数字数据库建设，洞窟、壁画、彩塑及与敦煌相关的一切文物被加工成高智能数字图像，分散在世界各地的敦煌文献、研究成果以及相关资料也可以汇集成电子档案，形成一个有关敦煌的电子“图书馆”。到2014年9月，敦煌数字展示中心投入使用，参观者可以在游客接待大厅、数字影院、球幕影院等场所宏观地了解有关敦煌以及莫高窟诸多洞窟的数字影像。这一方面避免了游客稀里糊涂看洞窟，另一方面也避免游客都挤着去看实体洞窟，造成实体洞窟因客流量巨大，参观人数众多而保护难度加大。同时“数字敦煌”艺术展不仅可以在敦煌实现，也可以在全国很多城市实现展示，让人们即便不去敦煌也能依靠网络和现代技术，在线领略真正的莫高窟魅力。所以，樊锦诗开创了敦煌莫高窟开放管理的新模式，有效缓解了文物保护与旅游开放的矛盾。

四是加强国际合作。从20世纪80年代起，樊锦诗就努力加强敦煌与国际相关机构及组织的合作，使得敦煌的文物保护日益与国际接轨。特别是在壁画的病虫害防治以及利用数字技术保护文物层面，突破非常大。例如她倡导加强敦煌研究院与日本、美国、加拿大等研究机构合作，找到了防治壁画病虫害，诸如酥碱、起甲等的有效办法。再有就是在国外调研学习时，接触到了计算机技术以及数字档案，为回国后萌生数字敦煌档案保护奠定了基础。

从东部城市到西部乡野，从青春少女到白发老媪，从最初的犹豫到最终的坚定，樊锦诗“择一事终一生”，她用坚忍的意志扎根戈壁沙漠下的敦煌，以改革与创新的洞见管理并保护着莫高窟，与莫高窟结下了一辈子的缘分。季羡林先生评价其为“功德无量”。

2018 年 12 月 18 日，党中央、国务院授予樊锦诗同志改革先锋称号，颁授改革先锋奖章。2019 年 9 月 17 日，国家主席习近平签署主席令，授予樊锦诗“文物保护杰出贡献者”国家荣誉称号；9 月 25 日，获“最美奋斗者”称号；12 月 6 日，获 2019 年第七届“中华之光——传播中华文化年度人物”奖；2020 年 5 月 17 日，被评为“感动中国 2019 年度人物”。面对这些荣誉，她总是淡然，她说，“我的那些故事，翻来覆去就是那么多”。而她的内心就像她的自传《我心归处是敦煌》一样，一切的繁华和荣耀都不及敦煌的旷野给她以安定与欢愉。

从敦煌无名工匠到常书鸿，从常书鸿到段文杰再到樊锦诗，千年敦煌是一部文明史，更是一部工匠文化史。古代工匠的忠诚虔信、革命年代匠人的民族情怀，现代匠人的不断创新都能在这里找到痕迹，它是有关匠心的百科全书。新中国建立后，敦煌研究院 70 多年事业发展的背后，凝聚的是几代莫高窟人的心血。他们“坚守大漠，甘于奉献，勇于担当，开拓进取”的“莫高精神”正是值得我们每个人学习的工匠精神。

参考文献

1. 中共中央马克思恩格斯列宁斯大林著作编译局编著：《马克思恩格斯文集（第 1 卷）（第 5 卷）》，人民出版社 2009 年版。

2. 列宁：《列宁全集》，人民出版社 2013 年版。

3. 毛泽东：《毛泽东选集（第 1 卷）（第 3 卷）》，人民出版社 1991 年版。

4. 中共中央文献研究室编：《毛泽东在七大的报告和讲话集》，中央文献出版社 1995 年版。

5. 朱文通等整理编辑：《李大钊全集》，河北教育出版社 1999 年版。

6. 刘少奇：《刘少奇选集（上卷）》，人民出版社 1981 年版。

7. 习近平：《习近平谈治国理政（第一卷）》，外文出版社 2018 年版。

8. 中央党校采访实录编辑室：《习近平的七年知青岁月》，中共中央党校出版社 2017 年版。

9. 中共中央文献研究室编著：《习近平关于全面建成小康社会论述摘编》，中央文献出版社 2016 年版。

10. 骆郁廷主编：《思想政治教育原理与方法》，北京师范大学出版社 2020 年版。

11. 《毛泽东思想和中国特色社会主义理论体系概论》编写组：《毛泽东思想和中国特色社会主义理论体系概论》，高等教育出版社 2018 年版。

12. 戴钢书等：《高校思想政治理论课实践教学论》，中国人民大学出版社 2015 年版。

13. 陆文：《高职院校思想政治教育中加强工匠精神的理论研究》，北京工业大学出版社 2016 年版。

14. 付守永：《工匠精神：向价值型员工进化》，中华工商联合出版社

2015 年版。

15. 周少斌、张翠英、田文艳：《对话与塑造—— 高铁工匠精神融入轨道交通类高职院校思政课教学》，中南大学出版社 2018 年版。

16. 伊焕斌：《工匠精神与人才培养的供给侧结构性改革研究》，人民出版社 2018 年版。

17. 工业和信息化部工业文化发展中心：《工匠精神——中国制造品质革命之魂》，人民出版社 2016 年版。

18. ［美］马克斯·韦伯著，于晓、陈维纲等译：《新教伦理与资本主义精神》，三联书店 1987 年版。

19. 许纪霖：《家国天下》，上海人民出版社 2017 年版。

20. ［美］阿尔伯特·哈伯德著，余小译：《把信送给加西亚》，江西人民出版社 2012 年版。

21. ［法］涂尔干·埃米尔著，渠敬东译：《职业伦理与公民道德》，商务印书馆 2015 年版。

22. ［德］汉娜·阿伦特著，王丽寅译：《人的境况》，上海人民出版社 2009 年版。

23. ［美］理查德·桑内特著，李继宏译：《匠人》，上海译文出版社 2015 年版。

24. ［日］秋山利辉著，陈晓丽译：《匠人精神》，中信出版集团 2015 年版。

25. 闻人军译注：《考工记》，上海古籍出版社 1993 年版。

26. 孔安国传，孔颖达疏：《尚书正义》，北京大学出版社 1999 年版。

27. 杨伯峻：《论语译注》，中华书局 1980 年版。

28. 胡长荣、胡勇编著：《中国传统工匠》，中国农业科学技术出版社 2016 年版。

29. 余同元：《传统工匠现代转型研究——以江南早期工业化中工匠技术转型与角色转换为中心》，天津古籍出版社 2012 年版。

30. 王前：《“道”“技”之间——中国文化背景的技术哲学》，人民出版社 2009 年版。

31. 费孝通：《乡土中国》，北京大学出版社 1985 年版。

32. 宋应星：《天工开物》，中国画报出版社 2013 年版。

33. 郁达夫：《春风沉醉的晚上》，安徽文艺出版社 2015 年版。

34. 夏衍：《包身工》，工人出版社 1959 年版。

35. 曹云明：《马克思劳动伦理思想的哲学研究》，人民出版社 2015 年版。

36. 蔡元培：《蔡元培全集（第 3 卷）》，中华书局 1984 年版。

37. 逄先知主编：《毛泽东年谱（1893—1949）（中）》，中央文献出版社 2013 年版。

38. 陕西省社会科学院编：《陕甘宁边区政府文件选编》，档案出版社 1988 年版。

39. 刘成纪：《先秦两汉艺术观念史（上卷）》，人民出版社 2017 年版。

40. 黄炎培：《黄炎培职教文选》，上海教育出版社 1985 年版。

41. 石军玲：《雷锋精神学习读本》，新华出版社 2012 年版。

42. ［美］肯尼斯·霍博、［美］威廉·霍博著，丁丹译：《清教徒的礼物》，东方出版社 2013 年版。

43. 张萃萍：《社会进步与人的发展的职业解读》，中共中央党校出版社 2003 年版。

44. 章清：《思想政治理论实践教学课程》，浙江人民出版社 2011 年版。

45. 陈广忠译注：《淮南子》，中华书局 2014 年版。

46. 肖平主编：《理工科高校职业道德教育研究》，西南交通大学出版社 2011 年版。

47. 赵卿敏：《创新能力的形成与培养》，华中科技大学出版社 2002 年版。

48. 陈昌曙：《自然辩证法概论新编》，东北大学出版社 1995 年版。

49. 马德：《敦煌古代工匠研究》，文物出版社 2018 年版。

50. 叶文玲：《敦煌守护神常书鸿》，上海文艺出版社 2001 年版。

51. 樊锦诗、顾春芳：《我心归处是敦煌：樊锦诗自述》，译林出版社 2019 年版。

后　记

北京大学何怀宏先生在一本探讨伦理学的小书中，提到人们之所以关注伦理学，通常有两个因素：一是遇到了实践焦虑，即碰到了自己感到相当困扰而又紧迫的实践问题；二是出于知识兴趣，即职业、学科关联或纯粹知识上的好奇心。①

笔者关注高职院校工匠精神培育研究，若要溯源，则要回到十一二年前。2009 年 4 月，从国际政治相关工作转而从事思政课教学不久，笔者参加了一次伦理学会议。大会主席、上海师范大学王正平教授研究的领域为应用伦理学。② 在与我们交流时，他提及职教领域的伦理教育极为必要且大有可为。在他看来职业教育如果仅仅停留在技术层面，那么是极其短视的，因为职业院校直接为中国各行各业培养一线员工，学会做事固然重要，懂得做人，理解行业规则、善于处理利害冲突，表现得专注和专业更为必要。高职院校可以尝试在德育课程和通识教育过程中渗透职业伦理的内容，这样的学生才会更受社会欢迎。他的建议激发了笔者和同事们对职业伦理的研究兴趣。另外，高职教育中的实践焦虑也坚定了笔者的研究方向。高校教学质量调查公司麦可思对笔者所在地区高职毕业生就业状况追踪调查表明，用人单位最为看重的不是一般人认为的专业技能，而是综合职业素质和通用职业能力。高职毕业生虽然上手快，适应性强，但是吃苦耐劳精神和职业忠诚度均有待进一步提升。笔者感到在高职院校加强学生职业精神教育、提升学生职业素质很有

---

① 何怀宏：《伦理学是什么》，北京大学出版社 2008 年版，第 3—4 页。

② 王正平在应用伦理学领域著作颇丰，代表作有《应用伦理学》（世纪出版集团 2013 年版）、《伦理学的理论与实践》（上海社会科学出版社 1996 年版）。

必要。因此，从2010年至今，笔者的教研基本围绕职业伦理、职业道德、契约精神开展。2016年以来，“工匠精神”成为热词，笔者认为，工匠精神本质属于职业精神，遂将研究聚焦于此，并从相对熟悉的思政教育入手。之后陆续获得市级、省级相关项目研究资助，并因此和几位同事志同道合。

2018年，“新时代工匠精神内涵构建与高职高专思想政治理论课融合研究”获教育部示范马克思主义学院和优秀教学科研团队建设项目，这对笔者的研究是一种引导与鼓励。作为曾经的思想政治教育“门外汉”，笔者的思政专业研究能力和研究水平与思政教育科班同辈或前辈相比，差距不是一点点，陷入研究的迷茫和彷徨是常有的事，幸好前文所提及的兴趣和教育焦虑还在。更幸运的是一些前辈、同事和朋友在关键的时候总能默默给予支持。借完成拙作之机，我想表达对他们的感激。深圳职业技术学院宣传部长谭属春教授、马克思主义学院陈永力书记和谭翀副院长对本研究的实践工作开展提供了极大的支持。多次的“大国工匠”进校园活动，如果没有宣传部和马克思主义学院从校级层面协调并提供资金支持则很难成行。项目组成员苏艳丽、杜芳、刘静、黄牡丹、房尚文、葛桦等或给予持续的研究协助或提供必要的精神支持。每当项目因为疫情或精力等原因停滞，他们都给我以坚持的力量。此外，笔者还要感谢同事尹晓龙、汪婧、汪薇等的无私帮助。

最后，想借此机会感谢全国劳模陆建新、“大国工匠”乔素凯、“鹏城工匠”贺鹏麟、航天表点油工艺大师刘中华、深圳人才公园设计师祝捷、飞亚达计时文化中心馆长章剑峰、怡丰自动化科技公司副总詹凯频、“中国医师奖”获得者陈军，感谢他们付出宝贵的时间，给予高职学子感受匠心的机会。

对于上述前辈、同事和朋友的感谢，本人发自肺腑。拙作的疏漏之处，欢迎批评指正。

孙晓玲

2021年4月2日